문예신서
2013

아이들의 고민, 부모들의 근심

다니엘 마르셀리
기유메트 드 라 보리

김교신 옮김

東文選

아이들의 고민, 부모들의 근심

아이들의 고민, 부모들의 근심

Pr Daniel Marcelli
Guillemette de La Borie
Tracas d'ados, soucis de parents

All rights reserved
This edition was published by arrangement
with Éditions Albin Michel S.A., Paris
through Bestun Korea Agency, Seoul

Ⅶ. 인생의 대사건들

Ⅷ. 둘이서 또는 혼자서 청소년 자녀와 대면하는 부모들

Ⅸ. 크고 작은 어리석은 행위들

Ⅹ. 성적, 진로 지도

서 론

휴대전화를 찬성해야 할까요, 반대해야 할까요? 아들 녀석이 헬멧을 쓰지 않고 스쿠터를 탄다면 어떤 반응을 보여야 할까요? 딸이 뚜렷한 이유 없이 울음을 터뜨릴 때는요? 언제까지 부모가 자녀의 등 뒤에 지켜 서서 공부를 시켜야 할까요? 아들이 마리화나를 피우면 어떻게 해야 하죠? 딸의 귀가 시간이 제멋대로라면요? 이 모든 게 심각한 거 맞죠, 선생님?

아직 아이임에는 틀림없지만 끊임없이 변하고 있고, 쉬지 않고 그 변화를 해독해야만 합당하게 대처할 수 있는 대혼란을 겪고 있는 청소년들을 대면한 부모들이 매일같이 제기하는 이런 질문들.

네 청소년의 어머니인 한 여기자가 표면적으로는 단순해 보이는 이 다급한 질문들을 시간의 흐름에 맞게 모았다. 다니엘 마르셀리는 이 질문들의 의미를 해독하고 재작성하여 더 많은 시각을 부여하고 그것들을 광의의 교육 안에 집어넣었다. 그는 '그것이 어떻게 진행되는지를' 설명하고, 청소년기에 접어든 자녀를 관찰하고 그들을 바라보는 시선을 바꾸고 깊이를 더할 것을 매번 부모들에게 권고하고 있다. 그는 비결을 가르쳐 주지는 않는다. 대신 위기에 처한 청소년들과의 수많은 상담에서 끌어낸 경험을 일러 준다.

그는 청소년들이 자율성을 요구할 때 부모가 엄격하지도, 방임적이지도 않은 교육자로서의 역할을 진지하게 취해야 하는 까닭을 부모들에게 제시한다. 그리고 그들이 자신의 미래를 손에 쥘 수 있도록 이 마지막 단계에서 그들과 동행하는 데에서 찾을 수 있는 모든 행복도 흘려보낸다.

교육의 유일한 모델은 이제 없다. 이전 세대들에게 전달될 수 있었던 '좋은 원칙들'은 20세기의 생활 리듬과 기술의 격변 속에 산산조각이 나고 말았다. 따라서 모든 가정은 가훈을 비롯하여 가정의 고유한 교육 방침을 형편에 맞게 만들어야 한다. 부모들, 아버지와 어머니들은 그들이 채택할 행동 방침을 곰곰이 생각해 보고 동의해야 한다. 그것도 되도록이면 청소년이 되어 가는 중인 아이들이 그것의 확고부동함을 시험해 보기 위해 다시 문제 삼기 전에 하는 것이 좋다. 이제부터는 자신의 선택에 대한 이유도 말해야 한다. 왜냐하면 더 이상 그것들은 당연한 것이 아니기 때문이다! 이 책은 좌표와 실례들을 제시하고 실질적 태도를 제시함으로써 그것을 도와주고자 한다.

하지만 이 일은 간단한 게 아니다. 사실 요즘처럼 좌표나 가치 서열, 도덕을 제공하는 기능이 점점 더 약해져 가는 세상에서 후견인 노릇을 하기 위해 젊은이들과 함께 이 굉장한 모험에 나서서 시간과 관심을 기울일 준비가 된 보통 어른들, 특히 부모들이 필요한 시기는 아마 없었던 것 같다. 청소년들은 그 어느 때보다도 더 부모의 신념을 알아야 할 필요성이 있다. 또한 부모의 애정도 필요하다. 그들이 그것을 부인하고 거기에 저항할 수는 있다. 하지만 그래야 건강한 자아를 형성할 수 있다.

I

청소년이 된다는 것

1
아이들은 어떻게 청소년이 되는 걸까?

어느 날 갑자기 새로운 태도가 우리를 당황시킨다. 아들은 사람들이 자기 볼에 입 맞추며 인사하는 것을 거부하고 그때까지 당연한 것이었던 어떤 질서 앞에서 반발한다. 딸은 갑자기 어색한 웃음을 그치지 못하고 욕실에만 들어가면 나오질 않는다. 아니면 몰래 피운 담배 냄새를 풍기거나. 정녕 청소년기가 시작된 것인가?

청소년기는 사춘기와 함께 시작되는데, 10세에서 15세까지 아이들마다 각자 다른 나이에 시작될 수 있으며, 2년 반에서 4년 또는 5년간 지속된다. 그것의 연표는 항상 같으며 피할 수 없다.

소녀들의 경우 젖가슴(흔히 비대칭으로)과 체모의 발달과 함께 발육 현상이 시작된다. 생리는 이보다 18개월에서 2년 뒤에 시작된다. 생리 뒤에는 엉덩이와 허벅지 영역에서 골반과 '지방질'의 발달이 나타나지만 16-17세경 뼈 속의 '성장판'이 닫힐 때까지 키는 아직 몇 센티미터 더 클 수 있다.

소년들의 경우 사춘기는 소녀들보다 대개 2년 늦게 시작되며 이 과정의 첫 단계——고환과 음경이 커짐——는 크게 드러나지는 않는다. 첫번째 발기와 사정은 12-13세경 나타나며 자위에 의해, 또는 14세경

되면 꿈을 꾸다가 저도 모르게 야기될 수 있다. 주된 발육 현상은 그 뒤에 나타난다. 그것은 사지에서 시작되며(특히 다리. 이제 막 청소년기에 접어든 남자아이의 경우 3개월마다 신발 치수가 바뀔 수 있다!) 몸통이 넓어지면서 끝난다. 18세경 연골이 결합되면 발육은 끝이 나고 만다.

청소년기는 '위기'가 아니라 육체적·정신적 변화의 연속으로 나타나며 매번 긴장이나 불편함을 야기할 수 있다. 이 시기는 성격에 따라 다소 공공연하게, 다소 거칠게 연속적인 사건들을 통해 나타난다. 사춘기가 시작되면 청소년들은 통제하기 어려운 새로운 충동들과 대면하게 된다. 그 때문에 수많은 의문, 걱정, 일종의 성적 흥분에 사로잡히지만 매번 그것들의 정체를 확인할 수 있는 것도 아니고, 자신에게 무슨 일이 일어나고 있는지를 제대로 이해하는 것도 아니다. 그들은 격심한 변화를 맞고 있는 육신으로 인해 자신을 인정하기 힘들고 자기가 누구인지 알기도 어렵다. 이 모든 것이 그들로 하여금 기준을 잃게 하고 불안정하게 만든다. 특히 그들은 또래 친구들이나 부모들 같은 타인의 시선을 두려워한다. 산발적 폭발을 야기할 수 있는 모든 요소가 집결해 있다. 주변 사람들이 신중하고 적절한 반응을 보일수록 이 문제는 더 잘 해결될 수 있을 것이다.

대응법

이런 육체적·정신적 격변이 시작될 때 청소년들은 원치도 않았는데 여정도 기간도 모르는, 그리고 성적 성숙이라는 귀결을 향한 어떤 여행에 말려든 듯한 기분을 느끼게 된다. 여행의 동반자들이 그러하듯 부모들은 일상생활의 틀 안에서, 아이에게 주어진 시선들 속에서 안정성을 의미한다. 부모가 부재할 경우 자녀는 정말로 길을 잃을 수 있다! 그러므로 부모는 이런 급변 현상을 가능한 한 가장 호의적으로 받아들여야 할 것이다. 그들은 자녀의 명예를 실추시키지 않으면서 변화들을 지적할 수 있다. "어머, 이 청바지가 너한테 너무 짧아졌구나 ......" "이젠 이걸 싫어하는 걸 보니 취향이 바뀐 모양이네?" 소녀에게 나타나는 젖가슴의 발달 같은 성적 암시를 지닌 것은 전혀 강조하지 않으면서도 그럴 수 있다! 부모의 상징적 중요성이 매우 크기 때문에, 특히 아버지가 놀릴 경우 딸을 당혹스럽게 만들 수 있다. 유머가 허락되며 나아가 권장되기도 하지만 소년의 경우 변성기에 접어들어 나오는 이상한 쇳소리를, 소녀의 경우 새로운 체형을 놀리는 안이한 빈정거림은 큰 상처가 될 수 있으므로 삼가는 편이 낫다.

자녀에게 일어난 일과 그것의 의미를 이해하고 싶은 부모는 자기 자신의 추억을 돌이켜 보면 된다. 자신이 청소년이었을 때로 돌아가 당시의 모든 감정과 걱정을 당사자의 입장에서 느껴 보는 것이다. 물론 각자가 자신의 청소년기를 겪은 방식은 후대로 전달되어 이를테면 어머니가 딸의 초경, 첫사랑 등을 바라보는 방식에 영향을 끼친다. 자녀가 목하 겪고 있는 일을 대면할 때 부모는 과거로 돌아가 그 나이 때의 자신을 바라보는 다정한 시선으로 청소년기에 접어든 자녀를 바라볼 수 있다. 그러면 전에 없던 여유가 생길 것이다.

물질적 보살핌이 덜 중요해지는 때가 되면 오히려 아들 또는 딸의 내면에서 무슨 일이 벌어지고 있는지를 알고 이해하는 데 관심의 촉각을 곤두세우는 것이 중요하다. 그러면 적절한 질문들을 제기함으로써 자녀가 이 단계를 극복하는 것을 도울 수 있는 교육적 태도를 발견하게 된다. 다행히 자녀가 커가는 것, 자신의 개성을 드러내는 것, 새로운 것들에 열중하는 것, 가족간의 교류 안에서 새로운 자리를 차지하는 과정을 지켜본다는 것은 참으로 기쁜 일이다! 이런 자아 형성의 길 위에서 뜨거운 가슴을 지닌 용감한 청소년들은 많은 질문을 제기하고,

이미 자명한 이치들이 확고히 뿌리내린 곳에서는 변화를 위한 활동을 재개하는 등 각자 자기 방식대로 나아간다. 그들은 본보기 · 진리 · 대결을 추구하고 그들의 열정 · 유머 · 정력을 제공한다.

이때 우리의 교육적 역할을 포기하면 안 된다. 청소년기는 변화하고 자신의 기준을 잃어버리는 시기이기 때문에 어른들이 연속성을 보장하고 혼란 속에서 안심할 수 있는 분위기를 유지해 줘야 한다. 이 몇 년 동안 불편함과 갈등의 시기가 주기적으로 닥치는 것은 지극히 당연한 일이다. 그것이 반드시 거친 싸움을 거치는 것은 아니지만 침묵 · 긴장 · 이해 부족의 시간들을 피할 수는 없다.

세계보건기구의 정의에 의하면 청소년기는 11세부터 19세까지 전개된다. 하지만 그것의 경계는 매우 모호하다. 우리는 신체적 · 정신적 변화에 따라 이 기간을 흔히 세 시기로 구분하고 있다.

― 전기 청소년기는 특히 사춘기와 밀접한 관계가 있으며 소녀들의 경우엔 10-11세부터 14세까지, 소년들의 경우엔 12세 반-13세부터 15세까지에 해당된다. 이 시기의 핵심은 신체적 변화이다.

― 진정한 청소년기는 소녀들의 경우 14-15세부터 16-17세까지, 소년들의 경우 15세부터 17-18세까지 이어지며 개인적 편차가 심하다. 성적 특징들이 정착되고 성장이 끝난다. 따라서 자신을 남성 또는 여성으로 규정하는 것, 부모로부터 분리되어 자신만의 고유한 개성을 찾는 것이 중요한 문제다.

― 후기 청소년기는 성인기로 인도하는 시기이다. 위의 두 단계가 끝나면 청소년들은 생리학적으로 남성, 여성이 되며 가정에서도 더 큰 자율성을 얻으며 자신의 인생을 건설하는 데 필요한 사랑, 일, 다양한 형태의 창의성 등 세 가지 큰 분야에 몰두할 수 있게 된다.

2
딸은 10세, 아들은 11세밖에 안 됐는데 벌써 청소년 태를 낸다

이제 겨우 11세밖에 안 된 아가씨가 벌써 머릿속에 온통 남자애들 생각뿐인 것 같고 조숙한 소녀들을 위한 옷가게에서 옷을 사겠다고 고집부리며 청소년을 대상으로 한 텔레비전 시리즈 앞에서 뒹군다. 한편 멋 부리는 데 열심인 12세 소년은 외설적인 난어를 구사해서 어른들을 놀라게 하고 저녁 귀가 시간이 점점 더 늦어진다. 이 아이들이 벌써 청소년기가 된 것일까?

19세기말부터 1960년에 이르기까지 사춘기가 시작되는 연령은 일정하게 낮아지다가 지금은 거의 굳어졌다. 요즘 소녀들은 그들의 어머니와 같은 나이에 사춘기가 된다. 사춘기의 시작은 청소년기에 접어들었음을 알리는 기준이 된다. 일부 아동들, 특히 일부 소녀들의 경우 사춘기는 초등학교를 졸업하기 전에 시작되지만 그런 경우는 많지 않다. 대개 C.M.2(초등학교 4학년쯤)와 6-5학년(초등학교 5-6학년)에 해당하는 9세부터 12세까지의 아동들은 아직 신체적 변화로 지나치게 혼란스러워할 때가 되지 않았으며, 부모와의 관계도 대개는 만족스럽고 큰 긴장은 없다. 그들은 매일 조금씩 늘어나는 자율성을 획득하며 가장 나이 많은 형제들을 바라보면서 매력과 매혹을 동시에 느끼며 청소년들을 위한 텔레비전 시리즈(이것들은 저학년 아이들이 집에 돌아올 시간에 방송된다)에 빠진다. 우리는 경쟁과 예측 사회에서 살고 있기 때문에 모두들 단계를 건너뛰고 매일 좀더 빠른 시간 안에 일을 처리하려고 노력하는 경향이 있다. 그 결과 아이들은 옷·언어·영화 같은 청소년기의 외적 기호들을 미리부터 따르라는 은근한 압력을 받고 있다.

자신의 몸이 더 커지고 더 강해졌다고 느끼는 순간 큰 아이들은 청소년이 된 것처럼 행세하고 '전 말이죠'를 남발하며 자기 주장을 펴기 시작할 수 있다. 마치 이미 청소년기에 들어선 것처럼. 하지만 거기에 속아서는 안 된다.

대응법

어떤 교육적 틀을 유지하고 이 아이들에게 결여되었을지 모르는 한계를 빠른 시간 안에 다시 부여하는 것이 매우 중요하다. 12세나 13세도 안 된 아이들이 '다 큰 체하고' 상스런 소리로 그들을 매료시키는 더 나이 많은 청소년들을 흉내낸다면 반드시 이에 대처해야 한다. 만일 이 나이에 부모나 교사 같은 어른들의 권위가 존중받지 못한다면 15세에는 훨씬 더 많이 무시당할 것이다. 그것은 훨씬 더 큰 탈선 위험을 초래할 것이며 통제는 불가능해질 것이다. 따라서 부모들은 합당하다고 판단되는 한계를 정함으로써 권위 있는 보호자 역할을 재확인하고 '항상 더 많은 것을 허용하는' 악순환에 빠지지 않도록 주의해야 한다. 이를테면 "안 돼. 10세짜리가 밤에 혼자 외출할 순 없어!" "12세 소녀가 그런 식으로 화장하고 학교에 가면 안 되지"라고 말해야 한다.

부모들은 또한 '조숙한 멋쟁이'나 '어린 숙녀'의 태도 앞에서 웃거나 감탄하는 태도를 보이지 않음으로써 그들은 항상 완벽하다고 믿게 해야 한다……. 더 보편적인 방법으로는 아이들이 누군가를 흉내내고 다른 사람들을 따라하는 맹목적인 태도에서 벗어나도록 도움으로써 자신만의 개성을 발견하게 하는 것이 있다(196쪽 54번 질문을 보라).

더 많은 정보를 얻으려면

B. 코페-루아예, 《당신의 자녀는 어른이 아니다 *Vos enfants ne sont pas des grandes personnes*》, 알뱅 미셸 출판사, 2000년.

H. 몽타르드르, 《딸 가진 부모, 아들 가진 부모, 같은 방식으로 기를까? *Parents de fille, parents de garçon: les élève-t-on de la même façon?*》, 밀낭 출판사, 1999년.

3
전에는 안 그러던 아들이 부모와 거리를 두고,
딸은 더 이상 아무 이야기도 하지 않는다

언제부턴가 딸은 다른 사람들이 통화 내용을 듣지 못하도록 수화기에 대고 속삭이기 시작했다. 그리고 일요일 오후 아버지와 공놀이하는 것을 그토록 좋아하던 아들이 이제는 부모와 산책하기를 거부한다…….

이것은 자녀가 청소년이 되어 간다는 징후다. 이제는 '모든 것'을 말하지 않는다고 섭섭하게 여길 필요가 없는 것이, 자녀가 모든 것을 부모에게 말해야 한다는 것은 환상이며 시간이 멈추기를 바라는 것과 마찬가지이기 때문이다. 오히려 반대로 자신만의 비밀을 갖게 된 새로운 사생활을 존중해 줘야 한다.

사춘기가 되면 청소년들은 아이라는 위치와 가족의 가치관(검증된 훌륭한 것들!)에서 벗어나 미래의 성인으로서의 자기 자리를 찾을 필요성을 느끼게 된다. 이제는 어린 시절처럼 오직 가정에서만 행복하다고 느끼지도, 가족과 있을 때에만 마음이 편하고 기쁨을 느끼지도 않는다. 물론 식사나 공동 작업처럼 가족과 공유하는 즐거운 시간들이 아직 있기는 하다. 하지만 아이는 막연하게나마 집만이 자기 '자리'가 아니며 다른 곳에서 또래의 친구들과 함께 취미와 관심사를 찾아야 한다는 것을 느끼며, 그것이 부모와 자식 간의 유대를 재검토하게 만든다.

청소년기의 이 유대는 풀을 바른 표면에 비유될 수 있다. 즉 유년기 동안 충분한 풀이 없었다면, 다시 말해 유대가 존재하지 않는다면 청소년은 건강한 자아를 형성할 수 없다. 가벼운 감정적 돌풍에도 '날아갈' 수 있고 그를 사로잡는 충동들을 억제할 수 없다. 반대로 풀이 지나치게 강력하면 청소년기에 필요한 거리가 부모 자식 간의 고통스러운 이별을 초래한다. 풀의 적절한 양은 종이가 잘 붙어 있다가도 어렵지 않게 떨어질 수 있는 그런 양이다. 마치 포스트잇처럼.

대응법

부모는 협상을 최우선 사항으로 삼아야 한다. 왜냐하면 다음과 같은 두 가지 극단적인 태도는 모두 자녀의 성장에 도움이 되지 않기 때문이다. 지나치게 큰 구속은 자녀를 가두고 청소년기를 제대로 경험하는 것을 방해한다. 그렇다고 자녀를 어른으로 간주하고 지나치게 일찍부터 모든 걸 혼자 해결하도록 내버려두는 것도 같은 결과를 낳는다. 이 빠른 변화의 시기 동안 결정적인 것은 아무것도 없다. 청소년은 부모 앞에서 자신의 정체성을 찾기 위해 이중적 행동을 취해야 한다. 즉 어른이 되기 위해 자신을 부모와 동일시해야 하는 동시에 부모로부터 벗어나 살기 위해 그들과 차별화되어야 한다. 그렇기 때문에 수많은 반항적 태도와 시도들 사이에서 갈팡질팡하는 것이다. 부모와 자신이 다르다고 느낄 수 있는 최선의 방법은 당연히 그들과의 불일치를 주장하는 것이다!

이때 관계의 새로운 불균형을 받아들여야 한다. 이제 청소년들은 그들의 사건과 행동을 시시콜콜 보고하지는 않겠다고 주장하면서도 아직까지는 부모가 항상 시간을 내어 주고 필요할 때에는 도움을 주기를 바라고 있다……. 부모는 자녀가 원할 때 곁에 있어 줘야 하지만 그들의 요구보다 앞질러 가서는 안 된다. 청소년에게, 특히 청소년기 초기에 부모는 안전 지역을 알리는 표시물, 없어서는 안 되는 마음의 피난처 노릇을 한다. 그리고 부모는 유년기 시절에 비해 축소된 이러한 지위를 기꺼이 받아들여야 한다.

4
아들은 내가 뽀뽀하는 걸 원치 않고, 딸은 아버지가 다가가는 걸 싫어한다

슬플 때 무릎에 앉혀 놓고 꼭 껴안아 주던 시절도 끝났고 길을 건널 때 큰 손 안으로 미끄러져 들어오는 작은 손을 꼭 잡던 시절도 끝났다. 뭐 좋다! 하지만 이제 아들은 내가 인사하려고 다가가면 뒤로 물러서고, 딸은 아버지의 시선을 모면하기 위해 마주치기를 피하고 있다……. 심지어 딸은 부모가 애정 표현을 하려고 하면 어색한 태도로 시선을 돌린다.

청소년기에는 몸의 언어도 변한다. 어릴 때에는 부모와의 신체적 친밀함을 통해 자신이 사랑받고 있음을 느끼고 싶어 했다. 그런데 그를 안심시켜 주던 이런 동작들이 청소년들에게는 그 자신이 이해할 수 없고 오히려 불안하게 만드는 낯선 감정을 야기한다. 그리하여 그는 갑자기 가장 가벼운 다정함의 표현을 포함한 신체적 접촉을 피하게 된다. 적어도 후기 청소년기까지 애정 표현은 더 이상 이런 식으로는 이루어지지 않게 된다. 시간이 지나 성욕이 더 잘 통제되고 다정함과 분리되면 애정 표현은 더 평화로워지고 자연스러워질 것이다. 이는 특히 애정 표현을 극도로 자제하는 부자 관계에 해당된다. 부자간의 교류는 오히려 신체적 경쟁을 거친다. 테니스 시합에서 누가 이길까? 수영에서는? 이는 곧 누가 가장 강한가, 남자다운가 하는 말로 번역될 수 있다. 어머니와 자녀들 사이에는 더 오래되고 문화적으로도 더 잘 받아들여지는 신체적 동조가 존재한다. 하지만 아들에게 어머니는 그것을 조심스럽고 신중하게 사용해야 한다. 왜냐하면 이 시기의 아들들은 성적으로 아주 민감하기 때문이다.

대응법

한쪽의 사랑과 다른 한쪽의 자유, 사생활 사이에서 적당한 거리를 찾기는 매우 힘든 일이다. 청소년들에게는 세 가지가 똑같이 필요하다. 그들 자신도 때에 따라, 이를테면 부모 중 하나가 지나치게 간섭하면 애정에서 쌀쌀한 냉담함 쪽으로 가기도 한다. 이 나이 때 아이들은 부모의 애정에 쇄도당하는 것을 좋아하지 않는다. 그들은 대뜸 그것을 일종의 침입으로 느끼고 짜증내고 화낸다.

이 시기에는 자녀들에게 신체 접촉의 주도권을 주는 편이 낫다. 그들로 하여금 먼저 나서게 하고 다양한 태도들 중에서 자유롭게 선택하도록 놔두는 것이다. 그러면 그들은 부모의 애정을 누리면서도 구속받지 않을 수 있고 부모라는 존재를 위험 요소로 느끼지 않을 수 있다. 부모는 항상 자식을 받아들일 준비가 되어 있는 사람들이라는 것을 경험으로 알게 되면 자녀들은 그때그때의 감정적 욕구에 따라 애정 표현을 요구할 줄 알게 된다. 이때 부녀간의 관계에서 조심해야 하니, 딸들은 지나치게 다정한 아버지의 어루만짐에 순응할 수도 있지만 불편해할 수도 있고 나아가 불쾌감을 느낄 수도 있다. 어른은 통제할 수 있지만 아주 어린 소녀는 통제할 수 없는 감정들을 가지고 '장난을 쳐서는’ 안 된다. 재혼 가정, 특히 두 사람 중 한 사람의 자녀가 청소년이 되는 시기에 사랑과 관능의 새로운 역사를 경험하는 부부들은 자녀 앞에서 벗은 몸을 드러내거나 은밀한 사생활을 공유하는 것을 피해야 한다. 그에 대해 아무 말도 하지 않을지라도 자녀들에게 그것은 참을 수 없는 일이며 통제하기 어려운 매력·흥분·혐오감·수치심의 혼합물을 유발한다.

5
아들은 공격적으로 변하고 딸은 건방져져서, 모두 싸울거리만 찾는다

　대체 아이에게 무슨 일이 일어난 걸까? 딸은 뾰로통해 가지고 귀찮은 듯 하늘만 쳐다본다. 아들은 또 부모의 행위와 행동을 멸시하는 태도로 판단한다. 아이들은 정치적 견해를 표출하거나 하늘 색깔을 감상한다. 그런 다음 문을 쾅 닫으면서 무례한 말들을 내뱉는다…….

　큰다는 것, 어른이 된다는 것, 그것은 부모의 자리를 빼앗는 것, 상징적으로 보자면 부모를 조금 죽이는 것이다. 그리고 그것은 쉽지 않다. 많이 사랑하는 부모라면 특히!

　청소년은 자신이 누구인가를 알려면 부모와 구별되어야 하지만 또 자신이 어른이 되었을 때의 모습을 알려면 부모, 특히 딸은 어머니, 아들은 아버지와 동일시될 필요가 있다. 이런 이중적 행위는 그것의 모순 때문에 받아들이기가 힘들다. 흔히 아들은 어머니로부터 떨어져 나오기 위해 아버지에게 기댄다. 그리고 딸은 아버지와 구별되기 위해 어머니를 의지한다. 대개 청소년기 초기의 딸들은 어머니를 무척 필요로 하고 다가가지만 그때 때로는 적잖은 공격성과 무례함을 보이기도 한다. 시간이 흘러 17,18세쯤 되면 더 쉽게 어머니에게 반항할 수 있을

것이다. 아들들은 오히려 사춘기 초기에는 부모에게 반항하지만 청소
년기가 끝날 무렵에는 어머니와 가까워지는데 그것은 이런 친밀함이
그들의 불안을 덜어 주기 때문이다.

모두는 아니지만 일부 청소년들은 부모에게 '싸움을 걸고' 그들의
아픈 데를 찌르고 싶어 하는데 그것은 부모는 과연 누구일까, 그들은
어떤 생각을 할까 하는 것을 이해하기 위함이다. 가족들과 거리를 두
고 관찰하고 스스로 생각하면 할수록 그들은 부모의 약점이나 불가피
한 결점을 더 잘 인식하게 된다. 이 모든 것이 많은 걱정, 내적 갈등,
나아가 불안을 낳는다. 그러면 그들은 최선의 경우 나쁜 기분으로, 최
악의 경우에는 폭력 사건으로 그것을 드러내게 된다. 이런 공격성은
어느 정도는 대상이 정해져 있을 수 있다. 딸은 어머니에게만 공격적
이고 아버지와는 좋은 관계를 유지할 수도 있다. 반대로 아들은 어머
니를 자기편으로 만들기 위한 조처를 취하면서 아버지와는 대결 게임
을 할 수 있다.

대응법

갈등이 인생의 일부를 이루는 것처럼 반항은 청소년기의 일부를 이
룬다. 그런 일들을 피하려고만 하지 말고 반대로 그것들을 관리하는
법을 배워야 한다. 도피는 시간을 지연시키며 상황을 악화시킬 뿐이
다. 이때 위험한 것은 아무것에도 도움이 되지 않는 반항이 무조건적
으로 행해지는 것이다. 사사건건 부모를 부정한다는 것은 부모를 많
이 닮았다는 뜻이다……. 따라서 그런 반항을 개인적인 사건으로 만들
면서 "네가 이런 행동을 하고 이런 말을 하는 건 나를 난처하게 만들기
위해서야. 왜냐하면 너는 내가 이런 것을 좋아하지 않는다는 것을 잘

아니까……"라는 식으로 지적하는 일은 피해야 한다. 그건 고전적인 함정이다. 설령 이런 지적이 사실이라 해도 그것은 자녀의 부정적 태도를 고조시키고 대립 상황에 빠뜨릴 뿐이다. 자녀가 자신의 의도가 드러났다고 느끼기 때문이다. 일상적 관계들에서 모든 인간에게 베풀어야 할 존중하는 마음을 위기에 처한 청소년에게도 베풀고 인정하기로 결정했으면 그의 다름을 인정하고 그의 취향이 변하는 것을 받아들이고 거기서 긍정적인 면을 보고——"어쨌든 네 말이 완전히 틀린 것은 아니야"——이런 대립의 실질적인 이유를 이해하려고 노력하는 편이 낫다.

아이를 잘 살펴보다 보면 현재의 상황을 이해하고 개입이 필요한지 아니면 그저 시간의 흐름에 맡겨 두어야 하는지를 알 수 있다. 아이가 이따금 한 번씩, 겨울이 되면 과민해지는가? 아니면 반대로 잠시도 긴장을 풀거나 유머를 즐기지 못하고 여러 달 전부터 자기 세계에만 갇혀 있는가? 아이의 공격성의 피해를 입을 사람이 부모밖에 없는가, 아니면 그것이 아이의 남은 인생에 영향을 미치는가(그것은 아이가 통화할 때의 말투에 잠깐만 귀기울여도 충분히 알 수 있다)? 다른 불안 증상(불면증, 학교 성적 하락 등)은 없는가? 만일 있다면 그때는 진짜 도움을 요청해야 한다(387쪽 '언제 정신과 의사의 도움을 받아야 할까?'를 보라).

6
딸이 끔찍할 정도로 무례하게 군다

섬세한 소녀의 입에서 상스러운 어휘들이 쏟아진다……. 대체 이런 말들은 어디서 나오는 걸까? 부모들은 한 번도 입에 올리지 않은 단어들이 줄줄이 쏟아진다. 아들은 저속한 말이나 이해할 수 없는 표현들을 사용하지 않고서는 말할 수가 없는 모양이다. 일부러 그러는 것 같기도 하다…….

모든 세대는 앞세대와 구별되기 위해 자신만의 언어 코드를 만들고 싶어 한다. 부모와 구별되고 싶어 하는 시기, 즉 13-14세경의 모든 청소년은 가족이 용납할 수 있는 범위를 뛰어넘는 단계에 속하는 어휘를 채택한다. 그리하여 할머니가 흥분했을 때 '젯(제길)' 정도의 표현을 쓰고 어머니가 '메르드(빌어먹을)'란 말을 내뱉는 반면, 딸은 '퓌탱(창녀), 꽁(여성의 음부)'을 대놓고 외치는 것이다. 거기에는 명백한 차원의 의미 격화, 도전이 들어 있어서 모욕당한 가족들의 반응쯤은 가볍게 무시하고 넘어간다. 동시에 그것은 학교나 식당 같은 곳에서 사용되는 말투를 사용함으로써 청소년으로서 자신의 존재를 확실히 드러내는 하나의 방법이기도 하다.

대응법

청소년에게 부모처럼 말하도록 강요할 수 있다고 생각하는 것은 헛된 일이다. 그렇다고 아이를 끊임없이 비난하면 대화가 불가능해지고 모든 사람이 짜증날 수 있다. 그러므로 이따금 한 번씩 귀에 거슬리는 단어들을 지적하면서 아이에게 다른 식으로 표현할 수 있다는 것을 강조하고 대화의 맥을 끊지 않는 것으로 충분할 것이다. 그러면서 스스로 '욕설'을 사용하지 않도록 주의해야 한다! 무례한 언행을 지적하는 것은 우리가 '그의 다른 점'을 잘 알았으므로 그걸 과장할 필요는 없다는 것을 알리는 하나의 방법이기도 하다!

반대로 청소년들에게 말과 글에서 다양한 언어의 영역을 구별하고 구사하는 법을 가르치는 것은 어른들이 응당 해야 할 일이다. 선생님, 할머니, 친구에게 하는 말이 다 다르다! 청소년들은 어른과 함께 있을 때에는 어른의 언어를 사용할 줄 알고 학교 울타리 안에서는 그들만의 분위기를 회복할 줄 알아야 한다. 일부 청소년들은 이러한 의식이 없어서 아무 때나 나쁜 의도 없이 무례하게 군다. 그들은 그들이 사는 사회의 규범을 이해하지 못한다. 이러한 증상의 기원은 청소년기 훨씬 전으로 거슬러 올라가며 다른 행동 장애들과 결부되어 있다. 이는 다른 많은 증상들 중 하나로 개별적으로 접근해선 안 된다.

7
아들이 어른들의 권위를 참지 못한다

아버지가 아들에게 간단한 지시를 내렸는데 아들은 비굴하게 복종하지 않겠다고 한다. 열번째 명령을 지시하는 아버지의 어조가 마음에 들지 않았기 때문이다. 반대로 어머니는 아들을 한 시간 동안 뚫어지게 바라보며 잠깐만이라도 시간을 내 달라고 트집을 잡는다……. 선생님은 아이에게 과제물을 제출할 것을 요구하고 딸은 교실 안에서 소동을 일으킨다. 그리고 이제 그들은 새 근거를 들고 나타나 다시 요구하고 있다. 우리가 종지부를 찍었다고 믿어 의심치 않았던 토론을 다시 시작하기 위해…….

권위는 함께 사회생활을 하는 개인들 사이에 정해진 행동 규범들을 존중하게 해준다. 그것은 각자의 욕망에 한계를 부여하고 욕구불만을 참게 해준다. 부모는 이런 규칙과 법들을 대표한다. 자녀는 그것들을 따르고 청소년은 그것들을 내면화해야 한다. 이런 적응 작업은 시간이 걸리는데, 그것은 자녀가 그러면서도 자기 자신의 개성을 발견하기 위해 부모와 차별화되려고 노력하기 때문이다. 그런데 부모의 권위를 문제시하는 것에는 두 가지 유형이 있으며 이를 구분할 필요가 있는데 그것은 두 유형의 해결책이 같지 않기 때문이다.

일부 청소년들은 어른들뿐 아니라 그들 자신의 한계를 알고 싶어 한다. 누가 명령해야 하는지를 알기 위해 그들은 매번 조금씩 더 멀리까지 '밀어붙이고,' 아버지가 말한 것의 반대를 주장하거나 어머니의 명령을 무시할 것이다.

또 다른 유형의 갈등은 오히려 대화의 추구에 가깝다. 청소년은 부모의 급소를 찌르기 위해, 부모의 진짜 생각을 알기 위해 그들을 '자극한다.' 그래서 정치, 스포츠처럼 청소년이 부모의 반응을 야기하기 위해 뚜렷하고 극단적인 입장을 표현하는 데에서 기쁨을 느낄 수 있는 모든 분야에 관한 토론이 거듭된다. 청소년은 자신이 옳다는 것을 증명하기 위해 최대한 논거를 펼친다. 그럼으로써 한편으로는 자신이 차별화될 수 있기 때문이다. 자신과 다른 의견을 따를 수 없는 것도 그 때문이다. 또 다른 한편으로는 그럼으로써 자신의 새로운 사고력을 시험하고 자신의 논거를 가다듬고 대결할 수 있기 때문이기도 하다.

대응법

모든 가정에는 그 가정만의 문화, 관용의 한계, 권위를 운용하는 방식이 있다. 그것을 행사하는 상황에 놓이기 전에 그에 대해 생각해 보는 시간을 갖는 편이 좋다. 두 개의 반대되는 유형을 구별하고 가장 적합한 해답을 발견해야 한다.

첫번째 경우 어느 정도 엄한 조치가 갈등을 종결지을 수 있다. 어른은 어른대로 상황에 대한 통제권을 되찾음으로써 자신의 영역을 표시하고, 청소년은 게임의 법칙이 분명하다는 것, 즉 어른이 자기에게 관심을 갖고 있으며 넘지 못할 선이 있다는 것을 확인하고 항복하면서 사실은 안도의 한숨을 내쉰다. 선 안쪽에서는 모든 것이 여전히 가능하다…….

대개 부자지간의 대립은 노골적이다. 반대되는 성별의 부모와 자식 사이에서는 매력의 영향력이 개입된다. 이를테면 부자 사이에 어머니가 개입하는 것이나 그 반대는 분위기를 완화시킬 수 있다.

두번째 경우 청소년은 자기 태도——이를테면 왜 가족들이 밥 먹는 자리에 늦게 올 수밖에 없는지와 같은 것——의 정당성을 증명하려고 전력을 다한다. 이 경우 아이는 거기에 사활이 달리기라도 한 듯 굴복할 수 없는 것처럼 보인다! 따라서 이런 설전에서 말대꾸하는 것은 아이에게 좋은 선물을 주는 것과 같다. 그것은 아이에게 자신의 논리를 시험해 보는 안전한 방법이다. 하지만 아이가 부모의 논리의 타당성을 인정해 주기를 기대해서는 안 되는데, 왜냐하면 토론은 바로 자신의

텔레비전 프로그램의 선택권과 리모컨 장악

권위적인 유형의 가정에서는 결정권이 가장에게 있다. 저녁 때 그들은 뉴스를 본다. 그런 다음 모두들 자기 방으로 내뺀다. 이런 행동 방식은 모두에게 확실한 시간표를 제시하며 저녁 시간에 다른 일을 할 수 있는 가능성을 제공한다. 단 재미있는 방송 프로그램을 한 번도 못 볼 우려가 있다.

방임적인 가정에서는 심사숙고된 기준 없이 각자 프로그램을 결정할 수 있다. 가장 강한 사람 또는 가장 까다로운 사람이 이기게 된다.

협상이 가능한 가정에서는 아이들에게 미리 저녁 프로그램을 무엇을 볼 것인지 물어보고 그들의 목적을 달성하기 위한 근거를 설명하도록 유도한다. 이는 매우 활력이 넘치는 동시에 매우 피곤한 방법이다.

가정의 평화를 위해 모든 방에 텔레비전을 설치하는 것은 바람직하지 않다. 이는 어떤 규칙도 세우지 않겠다는 것을 의미하기 때문이다.

그러므로 자녀들을 어떤 세상에서 살게 하고 싶은가를 자문해 보고 이 세 모델 중에서 자기 가정만의 방식을 만들기 바란다.

다름을 증명하기 위한 도구이기 때문이다! 어른 대화자는 자신의 입장을 고수하되 그것을 강요하면 안 되며 타협점을 찾으려고 노력할 필요가 없으니, 왜냐하면 그것이 불가능하기 때문이다. 대신 청소년에게 대결에 열중한 가운데에서도 자신의 충동을 조절할 것, 다시 말해 욕설이나 폭력, 지적으로 부정직한 행위에 빠지지 말 것을 요구할 수는 있다.

그래도 때로는 부모가 토론을 벌일 기분이 아닌 날도 있고 청소년들이 이유 없이 흥분할 때도 있다. 그럴 때 어른들은 주제에서 벗어나거나 우회하지 않으면서 대립을 종결시킬 줄 알아야 한다. "알았다. 그만하면 됐다……. 우리 각자 신문을 읽도록 하자." 윈윈 전략이다.

더 많은 정보를 얻으려면

P. 들라로슈, 《청소년들에게 양보해야 할까? *Doit-on céder aux adolescents?*》, 알뱅 미셸 출판사, 1999년.

8
딸은 자신이 못생겼다고 생각하고,
아들의 몸은 너무나 부자연스럽다

왜 얼마 전부터 딸아이는 검정 스웨터만 입고 다닐까? 바닷가에서는 왜 다른 모든 사람들처럼 수영복을 입지 않고 티셔츠를 입을까? 그리고 또 아들은 손대는 것마다 깨뜨리고 사방에 부딪치고 다니고 자신의 힘이 얼마나 센지 의식하지 못하고 여동생을 떼민다…….

사춘기는 급성장기이다. 골격이 조화롭게 발달하지 않는다. 성장은 팔다리부터 시작되어 몸통에서 끝난다. 얼굴도 변하여 새로운 입체감을 띠게 되고 코도 커진다. 12-18개월 동안 몸은 어느 정도 미학적 단계를 거친다. 당황한 청소년들은 그것을 조절하거나 위장할 줄 모른다. 딸은 낯선 젖가슴의 융기를 감추기 위해 어깨를 웅크린다. 아들은 그 거대한 발로 옆사람 발을 밟고 낯을 붉히며 미안해한다. 이는 모두 '자기 몸의 이미지'를 자신의 것으로 만들기 어려운 데에서 오는 현상이다.

때로, 대개는 사춘기 직후에 청소년은 마음에 들지 않는 자기 몸의 어떤 측면에 초점을 맞춘다. 이를테면 '얼굴 중앙에 있는 듯한' 코, 불쑥 튀어나왔다고 생각되는 귀 등에 대해서 말이다. 딸에게는 너무 크거나 너무 작다고 생각되는 젖가슴, 거대한 엉덩이 등이 그것이다. 그 것이 항상 현실과 일치하는 것은 아니며 다른 사람들은 거기에 그 정 도로 비중을 두지 않는다. 이것이 과도한 비중을 차지하는 것을 '신체 일부의 기형에 대한 공포증'이라 부른다. 이것은 청소년들을 자신의 세계에 침잠하게 만들 수 있다.

대응법

청소년기의 과제는 차차 자신의 몸을 있는 그대로, 결점이 있으면 그것과 함께 받아들이는 것이다. 세상에 완벽한 사람은 없으며, 이상 적인 인체의 미적 기준에 꼭 부합하는 사람도 없다. 혐오스럽게 여겨 지는 신체 기관이 성적 의미를 내포할수록 청소년은 자신의 성별을 인 정하기 어려워하는 것으로 여겨진다.

이런 고통을 부정하는 건 소용없는 짓이다. 부모가 이를 가볍게 무 시하고 "근데 네 코 무지 잘생겼어!"라고 말하면——게다가 그것은 부 모 가운데 한 사람의 코와 똑같을 경우가 많다——그 말을 들은 청소 년은 안심할 수도 있지만, 오히려 '엄마 아빠는 사실은 아무것도 이해 하지 못해'라는 확신을 주면서 혐오하는 대상에 대한 관심을 더욱 집 중시킬 우려도 있다. 이런 신체적 결함으로 인해 청소년이 다른 아이 들과 어울리지 않고 이것만 생각하지 않는지, 이것이 모든 생활에서 아이에게 영향을 미치지는 않는지 살펴보아야 한다. 강박관념 이 한 시기보다 오래 가면 아이가 계속 고통을 당하도록 내버려 두어서는 안 된다. 만일 그것이 진짜 결함이라면 그것을 인정하고 좀더 매력적인 다 른 것을 강조하는 편이 낫지 않을까? 뭔가 할 일이 있다면, 이를테면 튀어나온 귀 또는 눈에 거슬리는 흉터가 문제라면 수술을 고려해 볼 수도 있다. 하지만 성형수술에 관한 한 매우 신중하게 판단해야 하고, 어쨌든 성장이 끝날 때까지 기다려 보고, 여러 사람의 의견을 물어보아야 한다. 단 이때 주의할 점이 있으니 수술을 원하는 사람은 청소년 자신이어야 하며 '기형'에 대해 죄책감을 느낀 부모여서는 안 된다. 부모가 자녀 대신 신청서를 작성하는 것은 자녀의 몸에, 또는 청소년기의 핵심인 자기 몸의 자기 소유에 개입하는 것이다. 이런 무단침입은 부모가 바라는 것과 정반대되는 결과를 낳을 수 있다. 바로 자녀가 자신의 몸을 영원히 낯설게 느끼는 것이다.

9
딸이 아무것도 아닌 것 가지고
울음을 터뜨린다

갑자기, 겉보기에는 평범한 사건 같은데 그로 인해 딸아이의 뺨이 붉어지고 눈이 흐려지고 목소리가 떨리기 시작한다……. 주로 딸들이 울음을 터뜨리지만 때로는 아들들도 울먹거릴 때가 있다…….

이렇듯 자기 자신이 드러나는 것, 주도권을 쥐지 못하고 감내하는 것을 참지 못하는 청소년기의 여자아이들은 자기 방이라는 피난처로 도망치거나 반대로 무력한 분노 속에 빠져 문을 쾅 닫거나 지나가는 남동생에게 발길질을 한다……. 이런 예민한 감수성은 청소년기의 특징 자체로서 이 시기의 여자아이들은 자신도 이해할 수 없고 통제할 수 없는 격한 감정들을 경험하는데, 그로 인해 걱정이 많아지고 불안이 늘어난다. 이런 일이 가끔씩 일어난다면 염려할 필요 없다. 그러나 만일 이런 감정 표현이 거듭되고, 일상이 되고, 사는 데 방해가 되고, 뒤이어 나타나야 할 차분한 시기도 사라지면 이것은 병적 영역에 해당된다고 볼 수 있다. 이는 우울증의 첫 단계, 지나치게 수줍음을 타는 증상, 광장공포증(사람들이 밀집한 곳에 가지 못하는 것)이나 학교공포증(가족과 떨어져 학교에 가지 못하는 것), 세상 모든 사람이 자신

을 비웃는다고 확신하는 것 같은 사회적 공포증의 전조 증상일 수 있
다. 이런 장애들이 정착되는 때가 바로 청소년기이다. 따라서 전반적
인 인격이 이를 둘러싸고 조직되고 형성되는 것을 피해야 한다.

대응법

시도 때도 없이 우는 경우 이런 감정의 동요를 무시하거나 놀리거
나 "또 폭발하셨군!" 하는 식으로 강조하면 안 된다. 다만 조심스럽게
현실을 인정하고 "너 조금 흥분했구나. 나중에 애기하자……"고 말하
거나, 아니면 자녀에게 창피를 주지 말고 부모가 그의 상태를 목격했
다는 것을 보여줘서 자리를 뜰 기회를 주면 된다. 아이는 자신을 울린
것을 확인하는 것을 바라지 않으며 자신을 보호하기 위해 명백한 것을
부인한다. 가장 좋은 방법은 자녀로 하여금 자신의 가지를 낮게 평가
하지 않으면서 시간과 공간 면에서 거리를 둘 수 있게 해주는 것이다.
이를테면 자기 방에 가서 음악을 들을 수 있다.

부모가 감정을 존중해 주고, 그 감정을 호명하는 데 만족하고 절대
놀리지 않고, 특히 그것을 창피 주기 위한 구실로 삼지 않으면 청소년
은 감정의 세계에 관심을 쏟고 인정하고 적응하게 될 것이다. 그러면
장차 아이가 맺게 될 인간 관계의 질이 윤택해질 것이다. 이것이 철저
히 비꼬아지고 과소평가되고 가치를 인정받지 못할 때 젊은이들은 원
치 않음에도 불구하고 엄습하는 이런 감정을 감각 쪽——위험한 짓
감행하기, 환각제나 알코올에 빠져들기 등——에 관심을 쏟음으로써
통제하려는 시도를 할 수 있다.

청소년기에 접어든 여자아이의 경우 자신이 더 이상 대처할 수 없는
감정들에 너무 자주 휩쓸릴 때에는 생각을 정리하고 자존감을 충분히

회복할 수 있는 방법을 제시함으로써 좀더 차분하게 성장할 수 있는 환
경을 마련해 주어야 한다. 그럴 때 심리치료가 도움이 될 수 있다. 감
정의 동요는 일찍 인정받을수록 치유되기도 쉬우며, 심각한 장애로 변
모할 확률도 줄어든다.

10
아들은 사사건건 반대만 하고, 딸은 매사에 반항한다

부모와 나가서 저녁 먹을래, 친구와 영화관에 갈래, 집에 누구를 부르래 하고 제안해도 아들은 다 싫다 한다. 이 모든 제안을 거절할 합당한 이유들도 항상 갖고 있다. 이때껏 무용 학원에 가기를 그토록 좋아하던 딸이 재등록할 때가 되자 아무 설명도 없이 싫다고 한다. 세나가 우리가 이유를 추궁할수록 그들의 반대도 심해진다. 그들에게 무슨 일이 일어난 것일까?

청소년기에는 반대하는 것이 자신의 존재를 주장하는 하나의 방식이다. 아니라고 대답할 때 청소년들은 자신이 존재한다는 느낌, 부모 앞에서 자기 자신으로 있다는 느낌을 갖게 된다. 그렇다라고 말하기 위해서는 충분한 자신감이 필요한데 많은 청소년들에게는 그것이 부족하다. 따라서 아니라고 말하는 것은 연약함, 자신의 정체성에 대한 불확실성을 나타낸다. 또는 청소년과 부모 사이가 지나치게 가까워서 부모로부터 해방되려고 노력하는 것일 수도 있다.

때로는 이런 반항 행동이 특별한 영역에 속하거나 모든 생활을 침범할 때도 있다. 그 경우 위험은 확대된다. 이를테면 자녀가 공부하기를 거부할수록, 부모는 자녀를 공부시키기 위해 더욱 감시하고, 그래서 이 문제를 둘러싸고 부모와 자식 간의 관계가 더욱 밀접해지는데, 청소년기는 바로 그것을 끊는 것이 허락되어야 할 시기인 것이다. 이 작은 게임에서 청소년은 그의 태만한 능력 덕에 강자의 위치에 놓일 것이다. 하지만 그는 또한 많은 것을 위태롭게 할 수 있다. 공부하지 않고, 아무것도 배우지 않고, 교사들과 힘든 관계를 지속하고, 유급하고, 친구들을 잃으면서 자신을 망칠 수 있기 때문이다.

대응법

반항에는 두 가지 유형이 있고 이를 구분할 필요가 있다. 우선 유년기로 거슬러 올라가는 반항이 있으니 과거에 변덕스럽고 까다로운 아이였다가 청소년이 된 경우다. 그리고 이런 특징들은 청소년기의 힘든 시기에 악화된다. 물론 유년기 때 이 문제에 접근해서 관계를 개선하는 편이 좋았을 것이다.

하지만 청소년기에는 특히 갈등이 고조되는 상황에 빠지지 않도록 해야 한다. 그리고 그러려면 신체적 접근, '밤낮으로 감시하는 것'은 피해야 한다. 그것은 청소년에게 많은 짜증과 흥분을 유발할 수 있으며 그런 식으로 계속 하다가는 서로 언어폭력, 나아가 신체적 폭력까지 가하게 될 수도 있다. 절대 양보해서는 안 될 몇 가지 중요한 사항들(이를테면 아이의 안전과 관련된 것)을 제외하고, 긴장이 고조될 때 유일한 해결책은 서로에게서 멀어져서 이 악순환 속에 빠지지 않는 것이다. 부모는 이렇게 말할 수 있다. "이 문제는 이런 식으로 말하지 않는 게 좋겠다. 나가서 동네 한 바퀴 돌고 오던지 아니면 네 방으로 들어가거라. 나도 내 방에 가서 마음 좀 가라앉히마. 이야기는 나중에 하기로 하자……." 그러면 삶은 계속된다.

이것으로 갈등을 완화하기에 충분치 못하다면, 또는 갈등이 너무 커져서 가족들의 정상적인 삶을 방해한다면 제삼자에게 중재를 요청하거나(다른 친척, 교사, 주치의 등) 힘든 기간 동안 거처를 옮기는 것도 고려해 볼 수 있다(이를테면 얼마 동안 다른 집 또는 기숙사에서 머무는 것).

반대로 만일 이제까지 별 문제 없던 아이가 청소년기에 들어 쉽게 흥분하기, 분노, 눈물 흘리기의 형태로 이런 반항을 보이고 이를 양부모에게 행사할 경우 이것은 어떤 불안, 정신적 고통을 드러내며 어쩌면 우울증의 시초일 수도 있다. 그럴 때에는 경우에 따라 어떤 다른 어려움들(수면 장애, 친구들과의 결별 등)이 결부되어 있는지 조사하고, 필요하다면 다른 사람에게 도움을 청함으로써 함께 책임져야 한다.

11
아들은 자기 부모가 늙고 무능하다고
생각하고, 딸은 어머니와 외출하는 것을
'창피하게' 여긴다

최근까지만 해도 아들은 아버지의 장점을 자랑하고 다녔다. 딸이 가장무도회 때 입을 원피스를 빌려 달라고 어머니에게 간청하던 것도 그리 오래전 일이 아닌데. 이제 영웅은 권위를 잃었고, 딸은 어머니의 원피스에 역겨운 시선을 던진다. 아니면 더 나쁘게도 그 옷을 입은 어머니와 외출하기를 거부한다……. 가혹한 환멸이여!

청소년이 성장하려면 오이디푸스 콤플렉스적인 관계에서 벗어나야 한다. 성년이 되어 또 다른 관계를 다시 형성하려면 보호받던 유년기 동안 그를 키워 온 이 관계를 이제는 깨야 한다. 때로는 난폭하게 깨야 할 때도 있다. 구체적으로 이것은 부모에 대한 공격으로 표출된다. 그것은 직접적일 수도 있고("엄마, 아빠도 형편없고 이 집도 형편없어!") 간접적일 수도 있다(뚜렷한 이유 없이 나타나는 분노의 폭발 형태로). 또는 아이가 자기 방에 틀어박히거나 가족의 가치관을 노골적으로 경멸하는 모습을 보이기도 한다. 하지만 아이는 이런 태도 때문에 자신이 버릇없고 나쁜 아이인 것 같은 느낌이 들 수 있다는 것을 알고 있다.

이런 모순이 그의 혼란을 가중시킨다.

부모에게 한 가지 위안이 되는 것은 자녀가 부모를 공격하는 것은 부모에 대한 그들의 사랑의 반영일 뿐이라는 것, 부모의 그늘을 벗어나기 위해 벌이는 내면의 싸움일 뿐이라는 것이다.

대응법

이런 비난들을 가능한 한 가장 침착하게 받아들여야 하며 동요되거나 필요 이상 문제 삼지 말아야 한다. 아이들과 부모의 대립이 심할수록 삼촌·고모·외삼촌·이모·할아버지·할머니 같은 확대된 가족들에게 의지할 필요가 있다. 서로 생각이 잘 통하는 사람이 있을 경우 이 친척이라는 인맥은 아이들로 하여금 가족과 단절하지 않은 채 부모와 거리를 두거나 자신을 다른 어른과 동일시하게 해준다. 그러므로 아이들이 이런 관계를 맺는 것을 도와주고 그들이 넓은 의미의 가족 안에서 부모를 대신할 수 있는 사람들을 찾는다는 것, 자신들이 '가족 안에' 있다고 느낄수록 그만큼 더 잘 반항할 수 있다는 것을 알아야 한다. 피난처가 될 만한 다른 관계를 맺을 수 있는 가능성이 없이 가족이 고립되어 있을 때 부모 자식 간의 대결은 훨씬 더 격렬해진다. 가족이 없다면 부모의 친구들이나 운동 코치 등도 그 역할을 할 수 있다.

더 많은 정보를 얻으려면

J. 아렌, 《아직도 집에 아버지가 있어요? *Y a-t-il encore un père à la maison?*》, 플뢰뤼 출판사, 1997년.

12
어떻게 하면 좋은 관계를 유지하고
마음을 써줄 수 있을까?

이것은 대개 13세 또는 14세 때 일어나는 일인데, 관계는 깨진 듯하고 서로 더 이상 이해하지 못한다. 때로 아들은 큰 소리로 자율권을 주장하지만 자기가 어떻게 해야 하는지를 항상 잘 아는 것은 아니다. 딸은 때로 부모가 저녁 때 외출하면서 '집을 내주는 것'을 좋아하다가도 부모가 집을 비운 것에 대해 곧 심하게 비난한다.

청소년에게 얼마나 시간을 할애해야 할지 판단하는 것은 어렵고 매우 주관적인 일이다. 청소년기 자녀가 부모를 보는 시간이 적으면 적을수록 잘 지내는 듯한 인상을 풍길 때면 특히 더 그렇다! 그리고 부모는 시간이 있는데 자녀가 피하고 시간이 없다고 하고 대립을 자초하거나 또는 부모가 없었던 순간들을 비난할 때도. 자녀가 청소년이 되면 학교나 병원에 갈 때 부모가 따라갈 일이 줄어들며 각자 자신의 관심사에 몰두해 있기 때문에 서로 얼굴 한번 제대로 들여다보지 않고도 한 집에서 살 수 있다. 이제 그에게 중요한 것은 집이 아닌 곳에서 친구들과 노는 것이다. 자녀는 바로 그 친구들과 은밀한 사생활, 감정, 고민거리, 이 또래 특유의 만남들을 공유하게 될 것이다. 하지만 청소년들은 여전히 부모, 그리고 일반적인 어른들을 '배고파' 한다. 미래의 어른들로서 자신을 형성할 때 청소년들은 삶을 공유하는 사람들과 마주하고 있거나 대립하고 있어야 한다. 그리고 어른들이 그들의 말을 듣지 않고, 그들을 붙잡아 줄 만큼 관심이 없으며, 책임을 회피하고 있다는 느낌이 들면 정말로 괴로워한다.

따라서 부모의 존재는 여전히 중요하며 그들의 변화하는 역할도 중요하다. 청소년기에 접어든 자녀 쪽에서는 분명한 요구가 없기 때문에 자녀 곁에 존재하는 방식을 부모가 다시 생각해 내야 한다. 설령 아이가 그것을 원치 않는 것 같아 보이더라도. 청소년들은 매우 빨리 변화하고 그들의 변화에 맞춰 빈번하게 '지식을 개조해야' 하는 만큼 그것은 더욱더 중요하다. 이때부터 청소년이 더 이상 부모와 함께 하기를 원치 않는 것들이 있으니 숲으로 산책하러 가는 것, 마을 축제에 가는 것, 할아버지 할머니 댁에 가는 것 등이 그것이다. 반대로 관계는 생각의 교환, 함께하는 활동이나 여행 같은 다른 차원에서 형성된다. 그것을 회피하지 않고 토론의 장, 새로운 발견과 기쁨의 장을 제공하는 것은 그들에게 값진 선물이 될 것이다.

대응법

부모들에게는 그들의 사생활과 직장생활을 재편성할 것을 권하고 싶다. 집 밖에서 더 많은 시간을 보내는 청소년들은 부모의 시간을 채워 줄 수 없으며, 부모를 '차지하기' 위해 그들과 함께 있어야 한다고 생각해서는 곤란하다. 자기 삶을 제대로 살려면 부모에게도 나름대로의 기쁨이 있다고 느껴야 한다.

더 이상 가족 안에서 작용하지 않는 것에 초점을 맞추기보다는 새로운 관습을 고안하고 개발함으로써 새로운 공통 분야를 모색하고, 그럼으로써 관계의 균형을 회복하고 교류하는 공간을 유지해야 한다. 편안한 마음으로 공유하는 시간들로 채워지는 쇼핑이나 영화 같은 공동 활동이 있는가? 만일 있다면 그것을 잘 활용하고 그런 시간을 늘려야 한다. 그것은 '최소한'의 커뮤니케이션을 사용하면서 덜 유쾌한 시간들은 지나가게 놔두는 데 도움이 될 수 있다. 평온하고 참된 만남의 시간을 갖는 또 다른 방법은 가끔씩 레스토랑에 가는 것이다. 청소년 자녀와 단 둘이 가도 좋고 여럿이 가도 좋다. 아이를 감독하지도 않고, "똑바로 앉아 있어!" 또는 "누가 일어나서 물병을 채워 올래?" 같은 말도 하지 않음으로써 더 부드러운 대화를 나눌 수 있을 것이다. 그리고 모든 사람이 감정을 자제해야 하고 식탁에서 일어나거나 소리를 지르지 말아야 한다는 연회의 법칙이 공공장소에서는 자연스럽게 부과된다. 마지막으로 레스토랑에 초대하는 것은 청소년기 자녀에 대한 관심의 신호로서 자신이 불쾌감을 줄 때가 많다는 것을 너무나 잘 아는 아이에게 만족스런 지위를 부여해 주는 일이다.

그런 기회를 유도하는 것은 각 가정의 취향과 가능성에 따라 알아서할 일이다. 14세 또는 15세까지의 아이들에게 만남은 어떤 공동 활동이나 식사를 거치며 이루어진다. 그 다음에는 더 용이하게 직접적인 대화를 통해 행해진다.

청소년이 부모 중 한 사람과 오붓한 시간을 보내는 것도 중요하다. 온가족이 항상 같이 있게 되면 각자의 취향과 생각의 차이가 감지되기 어렵다. 엄마나 아빠가 아들 또는 딸과 여러 가지 것들을 해보라. 그리고 다른 사람과 있었던 일을 질투하지 마라. 집단으로 있을 때의 소란스런 상태를 벗어나면 말하는 게 더 쉽다는 것은 모두가 알고 있는 사실이다. 이는 또 청소년들로 하여금 성별과 세대의 차이를 경험하고 그에 관해 말할 수 있는 기회를 준다.

어머니들은 물질적인 것들 때문에 일상적인 접촉을 좀더 쉽게 하는 반면 아버지들은 그럴 기회가 적다. 아버지가 장거리 트럭 운전사이거나 회사의 고위 간부라서 집 밖에서 보내는 시간이 많다면 청소년기 자녀들과 엇갈리기 쉽다. 하지만 아들이든 딸이든 아버지와의 접촉은 필요하다. 설령 그들이 아무것도 요구하지 않고 불쾌한 모습을 드러낼지라도. 따라서 아버지와의 만남을 부드럽게 강요하고 그런 만남이 중요하다는 것을 보여줘라. "아빠는 널 자주 보고 싶다. 우리 점심 약속을 잡아보자꾸나……." 이보다 더 좋은 것은 주말에 도보여행을 하거나 외국으로 사흘간 여행을 떠나는 등 일상생활로부터 함께 탈출해보는 것이다. 그것은 아버지와 청소년 자녀 관계의 역사에 중요한 날들로 기억될 것이다.

13
명령하고 벌주는 건 언제까지 할 수 있을까?

당신보다 머리 하나가 더 큰 청년이나 벌써 성숙한 여성의 분위기를 풍기는 아가씨, 복종할 자세가 전혀 되어 있지 않은 청소년 자녀 앞에서 부모는 충돌이 일어나지 않을까 의심하고 두려워하게 된다…….

우리 사회는 세대간의 차이를 부정하고 가장 젊은 사람들에게 지나치게 높은 가치를 부여하며 그들을 가장 나이 든 사람들의 삶의 모델, 사는 이유로 삼는 경향이 있다. 개인의 자기 개발을 추구하는 어떤 이데올로기는 교육의 효용도 망각하고 있다. 그리하여 각자 자신의 역할을 확신하기가 과거보다 어려워졌다. 부모들은 그들의 권위의 정당성에 대해 더욱 빈번하게 회의를 갖는다. 아니면 그저 권위를 행사하는 법을 배운 적이 없는 것인지도 모른다. 이 역할에 재적응하려면 그들이 자신들의 성숙함과 경험으로 자녀에게 제시할 수 있는 것이 무엇인지를 알아야 한다. 이런 과정은 청소년기 전에 행하는 편이 낫다. 왜냐하면 청소년기는 부모의 권위가 명백하게 맹공격당하는 시기이기 때문이다.

청소년기 초기까지는 아직 제약을 가하는 것이 필요하다. 9세에서 14세까지의 아동은 자신의 행동에 전적으로 책임을 지지 못한다. 이

나이의 아동에게는 권위 있는 어른의 지도가 필요하다. 스스로 인정할 수는 없겠지만 이 나이의 아동에게는 어른의 권위가 안전을 의미한다. 규칙이 지켜지지 않을 때에는 그로부터 그 결과를 끌어내야 하고 필요한 경우엔 지나치지 않다는 전제하에 아동이 저지른 잘못에 비례하는 벌을 주어야 한다.

이전 단계가 원만하게 진행되었고 청소년기 자녀가 부모가 제시하는 한계와 기준을 잘 소화했다면 14-15세쯤 되면 서서히 자신의 행동에 책임지는 법을 배우게 될 것이다. 그리고 일상생활에서도 더 이상 권위를 내세울 필요가 없게 될 것이다.

대응법

완전히 지쳐 버리거나 반발을 초래하지 않으려면 자녀의 요구를 세한하고 한정짓는 편이 낫다. 이를테면 학교처럼 청소년이 지도받고 보호받아야 하는 영역에서는 우선은 단호한 태도로 나가라. 그리고 중요하지 않은 일(옷, 머리 모양 등)에는 자녀로 하여금 자신의 스타일을 발견하고 자신의 존재를 드러낼 수 있도록 유연성을 보여라.

청소년기 동안에는 항상 변화를 고려해야 하며, 그것을 인정한다는 것을 보여주고 자녀의 요구와 허가를 조정할 줄 알아야 한다. 가능하면 매번 타협안을 찾아야 하지만 모든 사람이 아무것도 아닌 것 가지고 흥분하여 끝없는 토론을 벌일 때는 중단시킬 줄도 알아야 한다!

이것은 서서히 포기해 나가는 영역이 점점 더 많아지는 것, 자녀의 문제를 해결할 때 부모가 항상 최적임자인 것은 아니라는 생각을 받아들인다는 것을 전제로 한다. 그것이 때로는 고통스럽더라도.

이때 주의해야 할 것이 있다. 자녀의 불복종, 도전이 한 번의 따귀나 엉덩이 때리기(절제된!) 같은 반응을 초래하는 경우도 있지만 이것이 청소년, 특히 사춘기 이후의 청소년에게 커다란 충격을 주어서는 안 되며, 부모의 권위는 여전히 말과 제재라는 상징적 영역 안에 머물러야 한다는 것이다. 구타, 신체적 폭력 행위는 절대로 있어서는 안 되는데, 왜냐하면 그런 행위들은 청소년에게 충격을 주고 창피하게 만들며 폭력성을 고조시켜 점점 더 통제하기 어렵게 만드는 결과를 낳기 때문이다.

더 많은 정보를 얻으려면

E. 리공, 《아빠, 엄마, 저는 절대 성공하지 못할 거예요! 아동에게 자존감을 갖게 하려면 *Papa, Maman, j'y arriverai jamais!, Comment l'estime de soi vient à l'enfant*》, 알뱅 미셸 출판사, 2001년.

F. 돌토, 《청소년들의 입장 *La Cause des adolescents*》, 포케 출판사, 1997년.

F. 돌토, 《청소년들을 위한 발언, 또는 갯가재 콤플렉스 *Paroles pour adolescents, ou le complexe du homard*》, 갈리마르 죄네스 출판사, 1999년.

C. 앙드레, F. 를로드, 《자존감 *L'Estime de soi*》, 오딜 자콥 출판사, 2001년.

청소년 권장 도서

V. 블라몽, 《어른이 되는 건 쉽지 않아 *C'est pas facile de grandir*》, 라 마르티니에르 출판사, 1995년.

II

건 강

14
몇 세쯤 돼야 자신의 건강을 스스로 책임질 수 있을까?

자녀가 태어나면 부모——특히 어머니——는 질병, 예방주사, 치료 등 자녀의 건강과 관련된 모든 것을 관리하게 된다. 자녀의 병력을 기억하고 때로는 주치의나 소아과 의사와 오랫동안 관계를 맺기도 한다. 그렇다면 언제 그 임무를 넘겨줘야 할까?

청소년기가 되면 육체적·정신적 건강 관리, 치료를 받아야 하는가에 대한 올바른 판단, 의약품의 바른 용법에 관한 권리 양도가 이루어진다.

보통은 14-15세경, 조숙한 아이들의 경우엔 조금 더 일찍부터 혼자 의사에게 진찰받게 하는 편이 좋다. 하지만 경우에 따라 아직까지는 약속을 잡을 수 있도록 부모가 함께 가야 하는 경우도 있을 것이다. 그 경우엔 따라가되 대기실에 있거나 자녀가 문의하도록 내버려두라. 만일 아이가 혼자 의사를 만나러 가서 자신의 말을 주의 깊게 경청해 주는 친절한 의사를 만난다면 아이는 자신의 어려움을 초기에 포착해 줄 수 있는 제삼자를 얻게 되는 셈이다. 한편 이때처럼 신체적 변화가 큰 시기에는 종합 신체검사를 받아 보는 것도 도움이 된다. 예방적 관점에서는 매년 사춘기 발육 평가를 해보는 것이 권고되기도 한다(97쪽 25번 질문을 보라).

프랑스의 청소년들은 대체로 건강한 편이지만 모든 고통이나 어려움은 약으로 사라지게 할 수 있다는 생각이 프랑스 문화 속에 뿌리내린 경우가 많다. 많은 가정에서는 가루약이나 알약 없이 건강하게 지내거나 잘자는 것이 불가능해 보일 정도다. 청소년은 대개 이미 유년기 때부터 자리 잡은 이러한 약에 대한 의존을 반복할 확률이 크다.

딸들은 과도하게 병원에 의존하고 기분이 좋지 않을 때에는 일종의 합법적인 중독에 이를 정도로 용량을 늘리는 경향이 훨씬 더 많은 것으로 확인되고 있다. 같은 상황에서 아들들은 오히려 모든 치료를 중단하는 경향이 많다.

또 지나치게 많은 제품들을 마음대로 손에 넣을 수 있는 상황에서 청소년들은 알코올과 약을 함께 복용함으로써 새로운 감각을 느껴 보거나 우울할 때 이런 다양한 가루약과 알약의 과잉 복용 효과를 시험해 보고 싶은 유혹에 빠질 우려가 있다. 그러므로 가정의 약상자에는 꼭 필요한 최소한의 약들만 두어서 청소년으로 하여금 필요한 경우에만 사용할 수 있도록 해야 할 것이다(소독약, 안약, 작은 용량의 아스피린 등).

대응법

의학 분야에서 이런 '권리 양도'는 딸의 경우 13세에서 15세 사이, 아들의 경우 14세에서 16세 사이에 서서히 이루어져야 한다. 건강 수첩은 강력한 상징이다. 청소년에게 서서히 책임감을 지워 주는 좋은 방법 중 하나는 가족의 기록들을 그의 개인 서류함에 넣어 주는 것이다. 그것은 수첩에 예상된 발달 곡선에서 자기 자신의 발육 상태를 점검하고 앞으로 해야 할 일들을 환기시켜 주며(예방주사의 추가 접종은 13세에서 16세 사이에 해야 한다) 건강과 관련하여 과거에 있었던 일을 말할 수 있는 기회가 된다. "네가 어렸을 때 이런 수술을 받았는데 기억나니?" 하는 식으로.

물론 "자, 지금부터는 네가 알아서 해야 돼" 하면서 너무 갑작스럽게 임무를 교대하는 일은 피해야 한다. 하지만 그렇다고 "약을 잘 챙겨 먹을 수 있겠니? 어디 처방전 좀 줘봐, 엄마가 확인하게……" 하면서 지나치게 불안해하는 것도 피해야 한다. 두 경우 모두 청소년은 자신의 건강을 책임지는 데 실패하며 의사의 처방을 지키지 못할 확률이 크다. 부모는 이를테면 병원에 가야 하는 날을 상기시켜 줄 수 있지만 (모든 귀찮은 일들과 마찬가지로 그것도 처음에는 종종 잊어버릴 수 있다. 아이에게 건강상의 문제가 전혀 없을 경우 특히!) 그렇다고 아이 대신 약속을 잡거나 아이를 데려다 주어서는 안 된다.

약 문제도 자율성을 향해 단계들을 밟아 나아가야 한다. 이런 말로 시작할 수 있다. "자, 이것 챙겨라." 그런 다음 설명하라. "자, 이게 아스리핀 한 봉지야. 이 가루를 이렇게 물에 넣고 녹이는 거야." 점차 청소년은 약상자에서 아스피린을 꺼내 적당한 분량을 적당한 간격으로 남용하지 않고 분별 있게 복용할 수 있게 될 것이다.

잘 적발되는 또는 만성적인 병의 경우 청소년은 차츰 치료에 적응하고, 정해진 시간에 약을 복용하고 약이 언제 떨어질지도 예상해야 한다. 이런 자율성이 중독을 초래하거나 아이로 하여금 불법적인 약품들을 시도해 보도록 유도할 염려는 전혀 없다. 약은 아이가 언제든지 손에 넣을 수 있도록 정해진 곳에 두어야 하지만 아이의 방보다는 주방이나 다른 방이 낫다. 만약 부모의 약이 있다면 아이의 약과 같은 장소에 두지 않는 편이 낫다.

의사의 처방 없이 임의로 약물을 복용하도록 지나치게 부추기는 것은 피해야 한다. 다양한 병을 통해 나타나는 마음의 울적함을 치료하는 경우에 특히 그러한데, 왜냐하면 그것이 우울증 초기로 밝혀질 수 있기 때문이다. 진정제와 수면제는 항상 의존을 야기한다. 청소년이 그런 것들을 필요로 하는 것 같을 때에는 대화를 통해 아이가 '잘 지내지 못한다는' 것을 확인해야 한다. 그것은 더 이상 아이가 헤쳐 나

청소년기에 해야 할 예방접종

DTP(디프테리아 · 파상풍 · 백일해) 세번째 추가 접종은 11세에서 13세 사이에 해야 하며 네번째 추가 접종은 16세에서 18세 사이에 해야 한다. 그 다음엔 10년마다 한 번씩 하게 된다.

풍진 예방접종을 하지 않은 여자아이들은 사춘기 때 꼭 해야 하는데, 왜냐하면 그 자체의 증세는 심하지 않으나 어머니가 임신중에 이 병에 걸리면 태아에 심각한 기형을 초래할 수 있기 때문이다. 홍역, 유행성 이하선염, 풍진을 결합한 예방주사도 있다.

투베르쿨린 검사에서 음성을 보이는 청소년들은 예방접종을 할 수 있지만, 대개는 음성 반응이 나왔더라도 두 개의 예방접종으로 충분하다고 보고 있다.

B형 간염 예방주사를 어릴 때 맞지 않았다면 세 번 주사를 맞아야 하는데 처음 두 번은 한 달 간격으로, 세번째 주사는 5개월에서 1년 후에 맞아야 한다. 전염성이 강한 B형 간염 바이러스는 마약중독자들 사이에서 주사기를 통해 전염되기도 하지만 피어싱과 문신을 통해서도 전염된다. 몇 년 전까지만 해도 예방접종은 학교에서 체계적으로 실시되었으나 다발성 경화증과 관계가 있다는 의혹 때문에 폐지되었다. 하지만 이러한 관계는 한 번도 입증된 바 없으며 심각한 간염과 암으로 진행될 위험이 훨씬 더 크다.

한편 지금의 청소년 세대는 세계를 누비는 여행가들이 될 확률이 크다. 따라서 지구촌의 몇몇 지역에 가려면 예방접종을 하는 편이 낫다(황열병 · A형 간염 · 장티푸스). 경우에 따라 필요한 유예 기간을 미리 고려해야 한다.

갈 수 있는 '사소한 일'이 아니다. 전문가의 도움을 받게 해야 하며 필요하면 약도 처방받게 해야 한다.

'사기를 고무' 시키는, 또는 공부를 돕는 것으로 간주되는 약들, 도움이 될까요?

강장제, 스트레스를 막아 주는 약, 흥분제, 그밖에도 시험 전날 밤 약국에 넘쳐나는 기억력 강화제들은 대개 위험하지는 않지만 부작용은 항상 있을 수 있다. 청소년들로 하여금 시험 기간 동안 버티려면 약을 먹어야 한다, 또는 이런 약들이 성적을 올려 줄 수 있다고 믿게 하는 것은 바람직하지 않다. 이것은 부모의 동의하에 거의 합법적인 마약중독을 허용하는 길로 이런저런 상황, 결국 삶의 모든 분야에서 '뭔가를 복용' 해야 한다는 생각을 조장한다. 훗날 시합 전에 흥분제를 복용하는 운동선수들이나 술을 마셔야 흥이 나는 어른들로 성장하는 것도 당연하다.

종종 부모들이 신비한 효과를 기대하는 비타민과 마그네슘도 그보다는 과도한 흥분과 수면 장애를 유발할 때가 더 많다. 특히 그것들이 커피 같은 다른 흥분제와 결합하면 그렇다.

부모들이 청소년의 학습과 시험 준비를 도와줄 수 있는 방법은 그밖에도 많다. 가장 중요한 것은 자녀에게 최상의 컨디션을 만들어 주는 일상생활의 건강 관리법, 다시 말해 정해진 시간에 규칙적으로 식사하기, 휴식 취하기, 필요한 만큼 잠자기 등을 지키는 법을 가르쳐 주는 것이다.

특히 시험 전 마지막 순간에 어떤 약을 처음 먹는 것은 절대 피해야 한다. 왜냐하면 그 약이 부작용 또는 심지어 기대한 것과 반대되는 효과를 낳을 수 있기 때문이다.

더 많은 정보를 얻으려면

A. 브라코니에, D. 마르셀리, 《천의 얼굴을 한 청소년기 *L'Adolescence aux mille visages*》, 오딜 자콥 출판사, 1998년.

C. 돌토(기획), 《청소년 백과사전, 생활 용어 *Dico Ado, Les mots de la vie*》, 갈리마르 죄네스, 2001년.

P. 알뱅, D. 마르셀리, 《청소년 의학 *Médecine de l'adolescent*》, 마송 출판사, 1999년.

A. 브라코니에, D. 마르셀리, 《청소년기와 정신병리학 *Adolescence et Psychopathologie*》, 마송 출판사, 1999년.

15
아들이 여드름이 났다. 부모가 나서서 무슨 조처를 취해 줘야 할까?

코 언저리에 외롭게 돋아난 작은 여드름 또는 무수하게 솟은 화농성 여드름들. 그들의 피부는 더 이상 유년기 때처럼 매끄럽고 풋풋하지 않다. 일부 청소년들, 특히 일부 여자아이들은 끊임없이 얼굴을 만지작거리거나(이러한 행동은 전혀 도움이 되지 않는다) 거울 앞에서 비탄에 잠긴다. 개중에는 마치 아무 일도 아니라는 듯, 나아가 사춘기의 당당한 '훈장'으로 보이는 여드름을 과시하는 것이 싫지 않아 보이는 청소년들도 있긴 하다. 어떻게 해야 할까?

여드름은 사춘기의 정상적인 생리적 합병증이며 부수적 결과이다. 남성과 여성의 경우 모두 테스토스테론이 만들어지면서 피지가 생기는 동시에 피부가 두꺼워진다. 이 피지는 모공을 막음으로써 피지선 차원에서 여드름을 형성하게 된다. 이렇게 해서 갇힌 병원균은 피지에서 양분을 취함으로써 증식하고 그것이 감염, 즉 여드름을 야기한다.

어떤 청소년들은 얼굴에만 몇 개 나기도 하지만 또 다른 청소년들은 심각한 여드름, 다시 말해 어깨와 등까지 퍼진 농포(고름주머니)들을 보이기도 한다. 발진으로 변한 여드름은 청소년기가 끝날 때까지 계속

될 수 있으며, 때로는 20세 넘어서까지 날 수도 있다. 음식하고는 아무 상관이 없다. 사람들이 흔히 생각하는 것과 달리 초콜릿이나 햄 같은 돼지고기 가공품이 여드름을 악화시키지는 않는다. 반대로 햇볕을 쬐는 것은 바람직하지 않다. 당장에는 여드름을 말리는 것처럼 보일지 몰라도 사실은 피부를 더 두껍게 하고, 그 결과 여드름을 악화시킨다.

심하지 않은 여드름에 상당히 잘 적응하는 청소년들도 있다. 하지만 개중에는 자신의 이미지가 조금이라도 손상되는 것을 참지 못하고 과장된 반응을 보임으로써 자신의 불안과 허약함(때로는 어머니들이 사랑하는 자녀의 '흉해진' 모습을 못 보는 경우도 있다!)을 드러내는 청소년들도 있다. 반대로 심한 여드름 증상을 보여도 그것을 전혀 중시하지 않는 청소년은 자신의 몸에 대한 존중감이 결여되어 있고 신경 쓰지 않는다는 것을 반영한다. 여드름은 또 모녀간의 대립의 장이 될 수도 있다. 왜냐하면 어머니는 여드름을 치료하기를 바라는데 딸은 조금도 개의치 않는 듯하고 치료를 거부하기 때문이다. 하지만 사실은 딸도 그로 인해 고민하고 있다.

대응법

한 젊은이가 자신의 여드름을 받아들이는 방식은 그가 자신의 몸에 대해 느끼는 방식을 반영한다. 따라서 부모는 청소년 자녀가 자신의 여드름에 어떤 반응을 보이는지를 관찰하고 나서 자연스럽게 개입해야 한다. 관심을 표명하고 해결책을 제시하되 강요하지는 말며 처음에는 과정에 동참하다가 차차 자녀가 알아서 하도록 놔둬야 한다. 부모, 특히 어머니가 자녀의 몸과 피부를 가로챈 듯한 인상을 주는 것은 금물이다!

자녀가 여드름 때문에 비탄에 잠기도록 내버려두는 것은 도움이 안 된다. 장기간, 다시 말해 3개월 이상 잘 따르기만 하면 여드름을 끝낼 수 있는 효과적인 치료 방법이 많다. 중증인 경우에는 반드시 치료를 받아야 한다. 여드름이 피부의 탄력을 해치고 작은 구멍 형태로 된 흉터와 함께 상처를 남길 수 있기 때문이다.

청소년은 장기간 꾸준히 실천해야 하는 이 치료의 신청자이자 수취인이 되어야 한다. 그렇지 않을 경우 그는 성과를 얻기도 전에 빨리 포기하거나 그것을 반항의 동기로 삼을 것이다. 여드름 치료는 그에게 스스로 자신을 돌보고 혼자 정기적으로 병원에 가고, 의사와 함께 다른 문제들도 논의해 보는 기회가 될 수 있다.

치료

가벼운 여드름인 경우에는 약국에서 파는 건강 관리 제품, 즉 지성 피부용 비누, 세정력 강한 로션, 실균소독제, 연고 등으로 치료해도 충분하다.

심한 양상을 보일 때에는 의사의 진찰을 받아야 한다. 치료는 국부적인 항생제 치료, 또는 처방전에 따른 전용 치료제가 결합될 것이다. 정제 형태의 알약과 에스트로겐(여성호르몬)이 한 세트인데, 왜냐하면 테스토스테론이나 그것의 부산물들이 피지 생산을 변화시키기 때문이다. 소녀들의 경우 이 치료법은 임신했을 때 태아의 기형을 예방하기 위해 피임약으로 쓰이기도 한다.

대개 여드름을 만지작거리는 일, 특히 두 손가락으로 짜서 터뜨리는 일은 피해야 한다. 그러면 피하 조직이 파괴되고 여드름이 안에 퍼진다. 이상적인 것은 메스를 가지고 피부결 방향으로 살짝 절개해서 피부를 훼손하지 않고 여드름이 나오게 한 다음 국부적으로 소독하는 것이다.

16
아들이 잘 씻지 않는 것 같다

중학교 선생님이라면 누구나 공기 탁한 교실로 들어가 본 경험을 갖고 있다……. 그리고 의사들은 진료실에서 옷을 벗을 때 고약한 냄새를 풍기는 청소년들을 대면한 적이 있다고 말한다……. 이럴 때 부모들은 어떤 조처를 취할 수 있을까?

이는 특히 14세 전후의 소년들에게서 자주 볼 수 있는 반응이다. 자신의 통제를 벗어나 때로는 약간의 두려움도 갖게 하는 이 낯선 몸에 대해 그들은 무관심해지고 더 이상 돌보지 않기로 결심한다. 샤워를 하게 되면 자기 몸과 대면해야 하기 때문이다……

하지만 아동은 매일 하는 목욕을 며칠씩 안 해도 부모가 모르고 지나갈 수 있지만 청소년기에는 그것이 불가능하다. 왜냐하면 사춘기는 테스토스테론에 매우 민감한 내분비선이 활동에 들어가는 시기이기 때문이다. 그런데 이 내분비선은 겨드랑이와 생식기에 많이 분포되어 있다. 따라서 내분비선의 분비물은 피부의 성격에 따라 다른, 강한 냄새를 풍긴다. 박테리아의 활동으로 물과 미네랄이 오염되고 이것은 냄새를 한층 더 강화시킨다. 내분비선과 분비물의 활동이 고조되는 것은 일시적 현상으로 20세가 넘으면 감소한다.

그런데 최근 청결을 지키는 방법이 많이 발전했다. 특히 소녀들은 더 규칙적으로 몸을 씻고 있다.

대응법

친구들로부터 "저리 가, 냄새 나!"라는 충격적인 말을 듣는 것보다는 부모가 살짝 지적하는 편이 낫다. 청소년에게는 낯선 몸과 그것의 발현에 대해 배우고 적응할 시간이 필요하다. 부모는 자녀가 새로운 몸과 새로운 청결관리법을 인식하고 그로부터 어떤 결론을 얻을 수 있도록 도울 수 있다. 규칙적인 샤워를 위한 중성 비누, 탈취제, 멋쟁이를 위한 가벼운 향수 같은 청소년용 피부 관리용품세트를 선물함으로써 이 사건을 기념하는 것은 어떨까? 땀을 정말 많이 흘리는(특히 발에) 청소년들은 약국과 대형 마트에서 파는 살균제가 든 스프레이를 사용할 수 있다. 이걸로도 충분치 않을 때에는 병원 치료도 가능하며, 이는 사회복지 보험으로 환불받을 수 있다.

이것은 아이와 함께 청결 면에서 가정이라는 조직을 재검토하기 좋은 기회이기도 하다. 만일 지금껏 언제 양말을 갈아 신어야 하는지 결정하거나 아이 방에 있는 더러운 속옷의 권리를 가진 사람이 어머니였다면 이제는 새로운 규칙을 정해야 한다. 이런 종속이 아이에게 참을 수 없는 것이 되었을 것이며, 그래서 아이가 혼란스런 행동을 보인 것일지도 모른다. 아이의 불결함을 강조하고 놀리고 그래서 반항할 기회로 삼게 하느니 아이와 함께 '청결에 대한 약속'을 정하는 편이 낫다. "화요일과 토요일에 세탁기를 돌리니까 그 전에 빨랫감을 모두 바구니에 넣어 주기 바란다." 또는 "오후에 일찍 집에 오는 날 욕실은 네 차지야. 그때마다 샤워를 하면 잊어버리지 않겠지."

17
아들이 항상 어딘가 아프다고 불평한다

사흘돌이로 딸은 배가 아프다고, 아들은 걸을 때 무릎이 아프다고 투덜댄다. 세 달돌이로 아들은 발목을 삐고 팔꿈치에 깁스를 한다. 딸은 아침부터 밤까지 한숨을 쉰다. "난 지쳤어요……." 이것이 정상적인 현상일까?

이 모든 게 사람들이 '모호한 불평들'이라고 부르는 것에 속한다. 청소년기에는 몸이 변한다. 그런데 이 몸은 걱정스럽고 이해할 수 없고 통제하기 힘든 몸이다. 전과 다른 식으로 반응하기 때문이다. 이런 불평들은 일반적인 불편함의 증상일 수도 있고, 또는 사춘기의 발육과 연관된 고통들일 수도 있다.

이럴 땐 우선 여유를 가지고 관찰해서 이 '어딘가 아픈 것'이 열흘 이상 가거나 정상적인 생활을 방해하지 않는지, 점점 더 심해지는지 아니면 일상생활의 여러 돌발적인 사건들에 따라 생겼다 없어졌다 하는지, 고통이 단독으로 나타나는지 아니면 수면 장애나 갑자기 울음보를 터뜨리는 현상, 성적 하락 같은 다른 불편한 증상들을 동반하는 지 보아야 한다. 서둘러 진통제를 사용하여 증상을 치료하는 것보다는 청소년 자녀로 하여금 요즘 고민, 걱정, 어려운 일들이 무엇인지 표현할 기회를 주는 편이 낫다.

대응법

□ 아들이 관절통이 있을 때

'성장통'이라 불리는 뼈의 통증은 대개 척추와 관절(이를테면 슬개골)에 영향을 미친다. 이것은 저녁 때, 힘들었을 때, 피곤할 때 척추와 관절 양쪽에서 나타난다. 통증은 심하지 않으며 푹 쉬면 사라진다. 이것은 단순히 뼈의 일시적인 약함을 알리는 증상이다.

빈도는 적지만 더 골치 아픈 것은 한쪽만 해당되고 아침부터, 그리고 쉴 때 나타나는 통증이다. 만일 이 통증이 열감을 동반하고 어느 한 관절에만 나타난다면 염증으로 생각해야 하며, 그것의 원인은 의사의 진찰을 받아야 알 수 있다.

통증이 청소년 자녀의 생활에 변화를 초래하지 않는다면 관절을 고정시키지 말고 친구들 만나는 것, 학교 가는 것을 막지 마라. 이 경우 할 일은 아무것도 없으며 다만 약간의 동정을 표하며 아픈 부위를 너무 자극하지 말고 쉬라고 충고하면 된다. 진통제도 권해 볼 수 있지만 반복적으로 복용하면 안 된다. 무거운 것을 들어 올리는 운동, 도보경주만 피한다면 굳이 학교 체육 수업을 빼먹을 필요는 없다. 반대로 수영은 권장된다.

통증이 계속되고 일상생활을 방해하고 움직임이 불가능해지면 의사의 진찰을 받아 보아야 한다.

□ 딸이 등이 아플 때

당연히 청소년들은 자세가 별로 바르지 않다. 그들은 학교의 너무 작은 의자에 허리를 틀고 앉으며 음악을 듣기 위해 한쪽 허리에 체중을 실거나 웅크리고 있다. 다행히도 우리가 비난하는 나쁜 자세가 등을 비정상으로 만들지는 않는다. 하지만 등에 매는 가방, 손에 드는 가방, 온갖 배낭의 무게를 고려할 때 아이들이 등이 아프다고 투덜거리는 것도 이해가 간다.

불평이 반복된다면 한번 진찰을 받아 볼 필요가 있다. 척추는 보통 앞에서 뒤로 휘어져 있다. 척추가 허리뼈 부분에서 두꺼워져 있을 때(휜 정도가 너무 클 때) 우리는 그것을 척추 전만증이라 부른다. 척추가 등뼈 부분에서 두꺼워져 있을 때(등이 너무 굽었을 때) 우리는 그것을 척추 후만증이라 부른다. 척추를 옆에서 볼 때 S자 굴곡을 보일 수 있는데, 그것은 나쁜 자세에서 온 척추 변형으로 상당히 흔한 증상이다. 일부 청소년들, 특히 소녀들의 경우 척추가 나선형 S자를 형성하고 있는데 그것은 척추 변형으로 엄격한 감독을 필요로 한다.

의사가 엑스레이 사진을 보고 물리치료를 권할 수 있는데 성장 속도가 매우 빠르고 근육 강화 운동을 꾸준히 계속할 수 없는 시기인 만큼 이것은 큰 도움이 된다. 청소년의 몸은 계속 변화하기 때문에 이런 재활훈련이 매우 효과적일 수 있다. 만일 이런 처방을 받았다면 꾸준히 그것을 따라야 한다. 이 불확실성의 시기에는 근육의 강화 외에 물리치료사와의 관계도 부모 아닌 다른 어른의 시선이 자신의 몸을 지켜본다는 점 때문에 청소년으로 하여금 책임감을 갖도록 도와주는 데 매우 건설적인 역할을 할 수 있다.

만일 의사가 재활훈련을 권하지 않았다면 등의 통증이 단순히 성장에 기인하기 때문이다. 이럴 땐 청소년에게 돛대 꼭대기에서 양 뱃전으로 드리워져 돛대를 고정시키는 밧줄처럼 척추 근육이 척추를 앞뒤로 지탱한다는 것을 설명해 주면 된다. 그리고 아이에게 몸을 움직이고 한 가지 운동, 특히 수영을 해보라고 권할 수도 있다. 그러면 아이의 근육도 단련되고 기분도 좋아질 것이다. 나아가 운동은 몸매를 멋지게 만드는 효과도 있다(건강의 논리보다 더 설득력 있는 논리)…….

□ 아들이 머리가 아플 때

두통이 규칙적으로 반복돼서 청소년의 생활을 방해한다면 반드시 의사의 진찰을 받고 종합검진을 받아야 한다. 가장 흔한 경우인 '긴장성 두통'은 스트레스에서 기인하며 두개골과 목 근육의 불수의적 수축을 유발한다. 이때는 스트레스의 원인(학교 공부, 이런저런 문제로 인한 걱정 등)을 밝혀내어 운동이나 긴장을 푸는 훈련을 통해, 또는 고민거리에 대해 대화를 나눔으로써 이 과도한 무엇을 비울 수 있도록 도와야 한다.

종종 두통은 눈의 문제에서 기인하기도 한다. 두통이 1,2주일 이상 지속되면 안과를 한번 방문하는 것이 도움이 될 수 있다.

두통은 또 우울증의 증상들 가운데 하나이기도 하다. 그럴 가능성이 있다면 진통제를 주는 것보다는 그것을 주시하고 그에 따라 대응하는 편이 낫다. 통증을 완화시킬 수 있는 전문 치료법들도 존재한다.

□ 아들이 팔 다리를 삐거나 부러뜨렸을 때

뼈의 성장으로 인해 정도의 차이는 있지만 청소년들은 많이 허약한 편이라 사고도 빈번하게 일어난다. 이때 첫번째 부상을 잘 치료하지 않거나, 아니면 자녀가 광적인 스포츠맨이라 의사가 움직이지 말라고 명령한 기간을 지키지 않으면 염좌와 건염이 재발할 수 있고, 성인이 될 때까지 계속되거나 악화될 수도 있다. 따라서 자녀가 의사의 처방을 지킬 수 있도록 힘껏 도와주고 자기 몸에 대한 책임을 자각하도록 해야 한다. 설령 운동을 못하는 것으로 인해 아이가 실망하고 불행하다고 느끼더라도. 또 경우에 따라서는 아이가 급작스레 할 일이 없어졌다는 느낌이 들지 않도록 시간적 여유를 갖고 대체할 수 있는 운동을 찾아야 할 것이다.

때로는 특별히 약한 곳이 없는 청소년기 자녀가 훈련 도중에 또는 그냥 거리에서 모험을 감행하다가 반복적 사고를 초래할 수도 있다. 그럴 때 부모는 '운이 없어서 저지른 실수'라는 변명에 귀기울이지 말고 심리상담가의 도움을 받아 무슨 일이 있었는지를 하나도 빼놓지 말고 정리해서 청소년기 자녀가 왜 그런 위험한 짓을 저질렀는지를 알아보아야 한다.

18
아들이 밤엔 잠을 못 자고 아침엔 일어나질 못한다, 딸이 항상 피곤해한다

밤에 딸아이 방 불이 늦게까지 켜 있고 음악 소리도 들린다. 그리고 아침이 되면 도저히 아이를 깨울 수가 없다. 아이는 자명종 소리도 못 듣고 다시 잠들고 마지막 순간까지 이불 속에서 질질 끌다가 아침식사도 제대로 못하고 밤에 잠을 못 잤다고 투덜댄다…….

수면 욕구는 사람마다 다르다. 우리들 대부분은 하루 약 여덟 시간을 자야 하는 데 반해 어떤 사람은 아홉 시간을 자야 좋은 컨디션을 유지하고, 또 어떤 사람은 여섯 시간 또는 일곱 시간 자는 것으로 만족한다(후자의 수면이 짧은 것은 그만큼 더 효과적이기 때문이다).

따라서 자신의 욕구를 알 수 있는 사람은 청소년 자신밖에 없다. 사춘기 초기에는 수면 욕구가 크지만 생활 리듬에는 유연성이 크다. 다시 말해 아침까지 늘어지게 자는 것으로 밤샘의 피로를 쉽게 회복할 수 있다. 생리적 차이도 존재한다. 청소년들은 늦게 자며 등교 시간만 허락한다면 늦게 일어나고 싶어 할 것이다. 여기에 흔히 주중(일찍 자고 일찍 일어나는)과 주말(늦게 자고 늦게 일어나는)의 생활 리듬 차이도 추가된다. 그리하여 청소년들에게는 커다란 수면 격차가 쌓이며 휴식의 양상 면에서는 훨씬 더 큰 격차를 보인다. 이 모든 이유 때문에 많은 청소년들이 수면이 부족하고 피곤하다고 불평한다.

며칠씩 밤새우기, 예민한 감수성, 불충분한 영양 섭취, 아침식사 건너뛰기 또는 계획성 결여로 생리적으로 자신의 몸을 학대하는 경우도 있다. 또는 성격 변화로 커다란 육체적 피로를 느낄 수도 있다. 하지만 이 나이에 낮에 수업중에 졸고 몸이 마음대로 움직여 주지 않는 것 같은 고통스러운 느낌이 들거나 활동을 제한해야 할 정도로 지속적으로 피곤해하는 것은 정상이 아니다.

대응법

부모가 여덟 시간의 수면을 강요하거나 밤에 외출하는 것을 지나치게 금지해서는 안 될 것이다. 청소년기는 자신의 수면 시간, 건강한 생활을 위한 규칙들을 지키는 법을 배우는 시기이다. 그러므로 유년기 때처럼 "가서 자라"고 말하기보다는 그냥 "네 방에 가라"고 제안하는 편이 낫다. 그렇게 하면 청소년은 자신의 욕구, 휴식하기 위해 필요한 여건들, 침대에 들기에 적합한 시간을 자기 스스로 확인하게 될 것이다. 청소년은 거기서 어떤 기쁨을 찾는 법을 배우고, 그 고독한 시간 동안 자기 자신에 대해 생각해 보는 습관을 갖게 된다. 잠들기 어려워하는 아이들에게는 물론 '민간요법'을 권해 볼 수 있고, 그러다 보면 그들 자신만의 잠들기 의식을 생각해 낼 수도 있다. 이를테면 잠자리에 들기 전에 미지근한 물로 샤워하기, 허브차(산사나무꽃, 꽃시계덩굴, 베르가모트 등) 한 잔, 머리를 비우기 위한 조용한 음악 또는 만화나 시 몇 쪽 같은.

자녀가 불평하는 것이 어떤 유형의 피곤함이고 그 이유는 무엇인가를 알아보는 것도 필요하다. 하룻밤 푹 자거나 즐거운 활동을 기대하는 것만으로도 충분히 해소할 수 있는 '갑작스런 피로'는 구별하기 쉽다. 수면 부족에서 오는 피로는 쉽게 회복할 수 있다. 이를테면 방학 동안 청소년기 자녀의 수면 리듬이 너무 많이 늦춰졌을 때에는 늘어지게 낮잠을 자서 밤에 잠이 안 오게 하기보다는 자지 않고 그 다음 밤을 기다리게 하는 편이 낫다. 시차의 경우와 마찬가지로 며칠 만에 효과적으로 이전의 시간대로 '돌아갈' 수 있을 것이다.

하지만 몇 달씩 지속되는 만성 피로도 있다. 청소년의 "피곤해"라는 말은 "공부하기 싫어" 또는 "난 우울해" 아니면 "잠이 오지 않아" "나 자신이 지긋지긋해" 등으로 해석될 수 있다. 이런 피로감은 여러 가지 다른 증상들, 죽음 같은 우울한 생각들을 동반할 수 있다. 이럴 땐 그로 인해 아이가 자기 세계에 틀어박히고 또래 친구들로부터 고립되는 지를 살펴보는 것이 중요하다. 피로는 우울증의 첫번째 증상 중 하나이므로 피로라는 한 가지 증상보다는 우울증을 치료해야 할 것이다. 경험에 의하면 이런 경우 쉬라는 처방이나 체육 수업의 면제는 아무 도움이 되지 못한다.

19
딸이 경련 발작을 일으킨다

'신경 발작' '히스테리' '관심을 끌려는 의도.' 갑자기 이성을 잃는 것처럼 보이는 이 소녀들의 태도를 어떻게 정의해야 할지 모르겠다. 다만 이것이 매우 시선을 끈다는 것, 그리고 모든 사람이 동원되어야 한다는 것만 빼곤…….

이런 표현은 프랑스에만 존재한다. '경련성 체질' 또는 '테타니(근육의 경련 발작을 특징으로 하는 증상) 발작'은 전신 근육 수축으로 나타난다. 손발도 수축된다. 하지만 테타니와는 무관하다. 진짜 테타니는 훨씬 더 보기 드물다. 이 발작은 청소년기에 더 자주 나타나는데, 이는 아마도 사춘기 특유의 과도한 감정 흐름 때문인 듯하며 남자아이들보다는 여자아이들에게 더 큰 피해를 입힌다. 이는 과도한 호흡으로 인한 혈액(혈액 속에서는 칼슘과 마그네슘이 순환하고 있다) 균형의 일시적 변화 때문에 발병하는 듯하다. 발작이 끝나고 평정을 되찾으면 칼슘과 마그네슘의 비율은 정상으로 돌아온다. 이런 현상은 항상 어떤 격한 감정이나 흥분 상황(이는 '신경 발작'이라 부를 수 있다), 또는 대립 상황(어떤 아이들의 경우엔 반대에 부딪치자마자 발작이 다시 발행하는 것으로 관찰된다)에서 나타나는 것으로 확인된다.

대응법

경련 발작은 그 자체가 하나의 병은 아니며 병의 증상에 가깝다. 우리는 이를 '소마티자시옹〔정신적 고통이 신체적 고통으로 전환되는 것—역주〕'이라 부른다. 발작이 나타날 때 가장 먼저 해야 할 일은 의무실 또는 아이 방 등에서 자녀를 진정시키는 것이다. 그 다음에는 자녀의 얼굴에 비닐봉지를 올려 놓음으로써 산소를 덜 들이마시게 하는 등의 방법으로 과호흡 증세를 감소시켜야 한다(질식에까지 이르지 않게 하려면 이런 일에 익숙한 사람이나 간호사가 하는 편이 낫다).

발작이 끝난 뒤에는 그 원인을 알아보고(갈등을 극복할 수 없음, 의무실로 '도망치게끔' 만드는 교실 안에서의 어려움 등) 혹시 거북함을 나타내는 다른 증상들은 없는지 살펴보아야 할 것이다. 혹 진짜 원인을 다른 곳에서 치료하는 중이라면 마그네슘을 먹여 보는 것도 도움이 될 수 있다. 이런 조처를 취하지 않으면 혹 이것이 '공갈협박'이 아닌 경우 발작을 반복하다가 나중에는 모든 어려움을 발작으로 표현하는 거부 상황에 이를 수도 있다.

20
아들에게 만성 질환, 장애가 있는데
더 이상 치료받기를 원치 않는다

오늘날 만성 질환(신부전, 천식, 점액과다증, 당뇨병 등)을 앓는 청소년, 가볍거나 무거운 장애를 가진 청소년들이 과거보다 많아졌는데, 그것은 치료법의 발달로 그들의 수명이 연장됐기 때문이다. 청소년기는 새로운 문제들이 제기되는 시기이다……

병이나 장애는 해당 청소년과 부모와의 관계에서 항상 무거운 짐이 된다(불안, 의존, 항상 옆에 있어야 하는 것 등). 고통을 겪은 덕에 그들은 대개 무척 성숙한 면을 보이지만 입 밖에 내기 어려운 의문들을 품게 된다. 그들은 실현 불가능한 이상적인 몸의 이미지를 자신들의 손상된 이미지와 비교한다. 자신이 아이를 낳을 수 있는지, 자신의 병이 유전되지는 않는지 궁금해한다. 그들은 스스로 친구들과 다르다고 느낀다. 자신의 모델과 일치하고 싶은 지대한 욕구를 가진 다른 청소년들은 이런 차이로 인해 불안해하고 '똑같지 않은' 친구들을 흔히 가혹하게 왕따시킨다. 청소년은 병이 눈에 띄지 않을수록 더욱더 그것을 교우 관계의 장애로 여기는 경향이 있다. 왜냐하면 평범한 환경 속에서 다른 아이들과 경쟁 관계에 있고 다른 아이들과 비교되기 때문이다. 그래서 축구를 하거나 남자를 유혹할 때 가벼운 절뚝거림이 심각한 고민거리가 될 수 있다. 반면 휠체어를 탄 아이는 근본적으로 다른 처지에 있다.

병을 앓거나 장애가 있는 많은 청소년들은 그들에게 부과되는 치료를 문제 삼고 나아가 치료 자체를 거부하는 시기를 거친다. 그리고 그들이 자신들의 병에 관한 정보, 치료의 필요성을 잘 안다고 해서 치료법을 철저히 지키는 것은 아닌 것으로 확인되고 있다. 하지만 그들도 무엇이 가장 중요하고(이를테면 청소년 당뇨병 환자에게 인슐린 같은 것) 덜 중요한지, 치료를 거부했을 때 무엇이 가장 먼저 타격을 입히는지는 잘 알고 있다.

대응법

병을 앓거나 장애가 있는 청소년들도 부모의 영향력으로부터 벗어날 필요는 있으나 그것이 다른 아이들보다는 훨씬 더 어렵다. 부모와 거리를 두려면 반항 단계를 거쳐야 하는데, 이는 흔히 치료의 필요성을 받아들이지 않는 위험한 태도로 표현된다. 한때 의사들이 젊은 환자들에게 가능한 한 빨리 치료를 책임지도록 요구하던 시절이 있었다. 그런데 청소년이 된 뒤 그들은 거의 자살하려는 듯한 태도로 치료를 포기했다. 오늘날 의사들은 그런 방식보다는 핵심은 지키되 부담은 덜한 치료법을 찾기 위해 협상하려고 노력하는 편이다. 이런 관점에서 보면 의료팀이 더 이상 얌전하고 말 잘 듣는 어린아이가 아니라 치료의 능동적 상대가 되고 싶은 하나의 개인이 되어 가는 중인 청소년들의 새로운 욕구를 고려하는 것도 중요하다고 하겠다.

사회 편입을 위해서는 어떤 이데올로기도 경계하고 각자에게 맞는 해결책을 찾아야 한다. 같은 병이 같은 장애를 나타내는 것은 아니며, 획일적인 방식으로 사회에 편입하는 것은 가능하지 않다. 한 청소년이 다른 사람들과 함께 사는 것이 이롭다면 그렇게 살 수 있도록 싸울 필요는 있다. 하지만 환자가 동료들의 놀이와 관심사를 공유할 수 없다면 이런 편입은 겉치레에 불과한 것이 된다. 때로 부모에 의해 제기된 통합 주장은 청소년에게 어떤 수고, 어떤 고통을 필요로 하며 그것이 그의 고립감을 가중시킬 수도 있다.

부모들은 보살핌을 다른 사람들에게 위임하는 법, 자녀의 삶이 병이나 장애 문제에 의해 완전히 점령당하도록 방치하지 않는 법, 자신의 사회생활과 다른 자녀들에 대한 관심을 유지하는 법을 배워야 한다. 주위 사람들은 장애에 대한 두려움을 극복하고 환자를 받아들임으로써 부모의 짐을 덜어 줘야 한다.

그가 어떤 병을 앓든 청소년기는 어른이 되면 필요할 자립을 배워야 하는 시기이다. 때로는 특수 기숙사가 이런 분리를 도와줄 수 있는 좋은 방법이 되기도 한다.

더 많은 정보를 얻으려면

V. 시나송, 《장애 있는 자녀 이해하기 *Comprendre votre enfant handicapé*》, 알뱅 미셸 출판사, 2001년.

S. 알망 보시에, 《장애-자립을 위한 지침서 *Handicap: le guide de l'autonomie*》, 라 마르티니에르 출판사, 2001년.

21
치과 교정을 꼭 해야 하나?

우리 사회에서 치아 교정은 보편화되어 있다. 8세부터 소년 소녀를 막론하고 많은 아동들이 번쩍이는 미소를 과시하고 새는 발음으로 밤 동안 치열을 장식하는 다양한 고무 제품들에 관한 이야기를 나눈다. 이것은 때로 청소년 집단에 통합했음을 알리는 하나의 신호가 됐을 정도다! 하지만 이것은 하나의 유행이 아닐까?

이 치과 교정 치료는 시간도 오래 걸리고 비싸고 사회보장 보험으로 보상받기도 어렵다(항상 견적서를 요구해야 한다). 이 방법은 아동들에게는 거추장스럽거나 고통스러울 수 있으며 보기 흉한 기구 때문에 아이들 자신의 이미지에 손상을 입을 수도 있다.

그래서 치료는 아동기가 끝날 무렵 시작된다. 16세 전에 사회보장에 신청서가 제출되어야 한다. 사회보장은 6개월씩 6회의 치료를 허가한다. 치료는 보통 2년 걸리지만 그 이상 갈 수도 있다. 이 치료의 목적은 영구치가 바르게 자리잡을 수 있도록 턱뼈의 성장을 이끌고 덧니를 교정하는 것, 요컨대 아이에게 씹는 기능을 올바르게 수행하고 고통을 안겨 주지 않는 건강한 치열을 제공하는 것이다. 금속식과 고리로 만들어진, 고정되거나 고정되지 않은 치아 교정 장치는 치아를 이동시킴으로써 치열을 재정비하게 해준다. 이는 이전 세대들은 누리지 못한 기술의 발전으로, 장기적으로는 치아의 그릇된 위치에서 올 수 있다고 생각되는 척추와 경부의 통증을 막아 준다. 한편으로는 외모에 대한 관심이 매우 커지고 그로 인해 많은 변화들이 생김으로써 수많은 부모와 직업인들이 더 이상 고르지 못한 치아나 사소한 결점을 용납하지 못하게 된 것도 있다.

대응법

부모들에게는 '최선'을 다하겠다고 결심하는 것만으로는 충분치 않다. 왜냐하면 그들은 자녀가 완벽하기를 바라고, 훗날 자녀로부터 어떤 것 때문에 비난을 받고 싶지 않기 때문이다. 치아 교정을 위한 치료에 뛰어들려면 당사자인 아이는 수취인이 되어야 하고, 자신이 해야 할 일을 미리 알아야 하며, 정기적으로 병원에 가고 교정 장치를 지속적으로 착용하고 의사가 처방해 주는 보기 흉하고 거추장스러운 고무 장치를 받아들이는 일 등을 할 자신이 있어야 한다.

만일 결정하기가 어려우면 이 사람 저 사람, 또는 객관적 위치에 있는 의사, 이를테면 교정을 하지 않는 치과 의사에게 의견을 물어보는 것도 도움이 될 수 있다.

교정 장치가 치아에 가하는 압력 때문에 아플 수도 있다는 말을 해주고 그럴 때 처방된 진통제로 통증을 다스리는 법을 청소년에게 가르쳐 주는 것은 의사의 역할이다(이를테면 교정에 들어가기 전에 치료를 더 잘 받을 수 있도록).

교정시에는 평상시보다 더 잘 생기는 충치를 막기 위해 치아 관리가 중요하다. 충치를 치료하지 않으면 세균 감염에 이를 수 있기 때문이다. 치료를 받았다고 해서 치과 정기 검진을 받지 않아도 되거나 매일 하는 양치질을 건너뛰어도 되는 것은 아니다. 일반적인 건강 관리법과 마찬가지로 청소년기는 아이가 스스로 서서히 치아 돌보기를 책임지기 시작하는 때이기도 하다.

사랑니

인류의 진화와 함께 턱뼈는 일을 덜하게 됐고 그래서 형태도 바뀌었다. 더욱 부드러워진 음식들 덕에 치아는 덜 마모되고 있다. 치아 가운데 가장 늦게 나타나는 소위 사랑니를 수용할 공간이 없는 경우가 많다. 그럴 때, 또 감염을 일으킬 때에는 사랑니를 뽑아야 한다.

22
아들은 항상 배가 고프다고 하고, 딸은 아무 때 아무거나 먹는다

학교에서 돌아온 아들은 냉장고 음식을 거덜내고 허겁지겁 먹어치우고, 방에 초콜릿을 챙겨 놓고 먹거나 또는 쉴 새 없이 사탕을 산다. 딸은 아침식사는 건너뛰고 10시에 크루아상으로 배를 채운다. 아니면 자기는 채식주의자가 되기로 했다고 통고하면서 식탁에 앉기를 거부한다…….

사춘기에 해당하는 4,5년 동안 소녀들은 보통 체중이 20여 킬로그램 늘어나고 '지방'의 비율이 체중의 25퍼센트에 이르게 된다. 소년들의 경우 약 25킬로그램 느는데 그 중 지방의 비율은 10퍼센트밖에 되지 않는다. 따라서 식욕이 늘고 성별에 따라 다르게 나타나는 것은 당연한 일이다. 신체의 변화에 따라 배고픔에 대한 느낌도 바뀌는데 흔히 참을 수 없는 배고픔으로 나타난다. 하지만 양이 증가한다고 해서 영양의 균형이 변하면 안 된다. 전분질의 야채가 기본을 이루고 단 것와 빵으로 충당되는 '빨리 흡수되는 당'은 음식의 15퍼센트를 넘지 말아야 한다.

유년기와 마찬가지로 청소년의 하루치 음식에는 일정량의 미네랄과 비타민이 들어 있어야 한다. 반대로 칼슘 필요량은 점점 더 많아진다 (매끼마다 유제품 한 가지——우유·요구르트·치즈——를 먹는 것은 좋은 식습관이다). 소녀들의 경우 사춘기가 끝나면 뼈의 칼슘 함유량이 더 이상 늘어날 수 없다. 칼슘 부족은 폐경기의 골다공증으로 나타난다.

철분 섭취량도 더 늘어나야 하는데 그것은 철분이 근육의 발달과 신체의 에너지 생산에서 큰 역할을 하기 때문이다. 철분 부족은 특히 소년들에게서 많이 확인되고 있다. 철분의 주요 공급원은 고기라는 것을 알아둘 필요가 있다.

한편 청소년기의 특징인 낯선 느낌과 충동들은 때로 '확실한' 쾌락으로 상쇄되기도 한다. 확실한 쾌락들 중에서는 아주 어릴 때 엄마의 젖가슴이나 젖병으로 충족시키던 입의 즐거움이 가장 크다. 그래서 청소년들이 달거나 짠 과자에 달려들고 '칼로리 제로'(영양분이 전혀 없는) 제품들을 게걸스럽게 먹고 하루 종일 입에 뭔가를 달고 사는 현상이 자주 벌어지는 것이다.

아주 어릴 때부터 영양 섭취는 어머니가 관할하는 영역이다. 식사를 결정하고 먹을 것을 주는 것도 어머니이다. 따라서 어머니에게 반항하고 싶고 어머니와의 관계를 끊고 싶은 청소년이라면 아마도 식탁에 앉기를 거부하고 아침식사(완벽한 엄마들이 가장 중시하는 가치)를 건너뛰고 밥 먹기 직전에 비스킷으로 배를 채우고 채식주의자가 되기로, 요컨대 하지 말라고 가르친 모든 짓을 할 것이다!

대응법

청소년의 영양을 지나치게 염려할 필요는 없다. 선진국 청소년들의 대부분은 그들에게 필요한 하루치 영양을 섭취하고 있다. 하지만 소녀들의 경우엔 빠른 성장으로 인해 칼슘·철분(생리로 인한 손실 때문에)·비타민 D가 부족한 것으로 확인되었다. 이는 매일 우유나 치즈를 섭취하지 않는 소녀들, 또는 유제품의 주요 공급 기회인 아침식사를 거르는 소녀들에게 해당된다. 그러므로 의사와 함께 무엇이 부족한지를 정확히 알아서 영양 보충을 해주는 것이 도움될 수 있다. 전분질 야채가 부족한 소녀들은 마그네슘도 부족할 확률이 높다.

부모들은 집 안에서 지켜야 할 최소한의 시간표와 규칙을 요구할 권리가 있다. 하지만 교육의 원칙을 지키면서도 청소년기 자녀가 자신의 욕구를 조절하도록, 건강을 유지하려면 식사량이 얼마나 되어야 하는지 혼자 알아내도록, 균형 잡힌 영양 섭취를 위한 규칙을 이해하고 적용하도록 허락해야 한다. 이 나이 때에는 입맛도 바뀌고 다양한 맛과 균형에 눈을 뜨게 된다. 그래서 새로운 음식들을 발견하고 요리하는 법을 배워서 식사 시간을 사람들과 어울리는 기회로 삼을 수 있는 때이다.

23
딸은 자기가 너무 뚱뚱하다 생각하고,
다이어트를 하고 싶어 한다

딸은 줄창 거울을 들여다보면서 등, 얼굴, 옆모습을 주시하고 배를 들이밀고 한숨을 쉬면서 이렇게 말해요. "엄마, 보셨죠. 전 너무 뚱뚱해요." 그래서 수영복 입기를 거부하고 설사약을 먹는다. "내일부터 다이어트를 시작할 거예요……."

이것은 생리적 현상이며 따라서 정상적인 일이다! 사춘기는 소녀들에게 새로운 지방질(가슴·허리·엉덩이)의 출현으로 표현된다. 이렇게 칼로리를 비축하는 현상은 식량이 부족하던 먼 옛날에 시작된 일로서 여성의 몸이 어떤 조건에서도 임신을 성공적으로 수행하기 위해 미리 양분을 비축해 놓게 된 것이다. 이제 프랑스에서 굶주림은 사라졌지만 포동포동한 몸매는 사라지지 않았다. 조금 약화되기는 했지만.

10세 또는 11세 소녀들에게서 새롭게 몸이 포동포동해지는 현상은 대개 사춘기 직전에 나타난다. 반대로 청소년기에 비만증은 별로 드러나지 않는다. 소녀들은 아플 때를 제외하고는 사춘기 때 얻은 '비곗덩어리'를 없앨 수 없다. 그들은 포동포동해지는 것을 받아들여야 할 뿐 아니라 그것이 새로운 여성성을 알리는 아름다운 신호라고 생각해야 한다.

자기 자신의 이미지가 너무나 중요한 시기에, 그리고 우리 사회는 호리호리한 몸매를 아름다움의 기준으로 찬양하기 때문에, 수많은 청소년들은 변화하는 몸 앞에서 불만을 드러내고 여성이 되는 것에 대해 걱정을 표명하고 있다. 그들은 자신의 몸무게에 대해 강박관념을 갖게 되고 다이어트를 시도하고 자신의 체형을 저주한다. 이런 현상은 사춘기 이후에 많이 줄어들지만 가끔 이 시기에 병적 허기증이나 식욕부진이 걸리는 경우도 있다. 진짜 비만증인 경우 유년기 때부터 그랬지만 청소년이 되어서야 의식하게 된 경우가 많다. 이때 여자아이들은 자신이 남들과 다르다고 느끼고 운동에도 소질이 없다고 느끼고 옷 입기 어려워하고 스스로 부여하는 자기 자신의 이미지로 인해 마음 아파한다.

대응법

과체중이라는 현실을 객관적으로 평가해야 한다. 건강 수첩에 적힌 체중 곡선을 보면 알 수 있다. 키와 체중의 관계가 정상이라면 식사량과 시간을 지키려 노력하고 몸무게가 강박관념이 되지 않게 하는 것으로 충분하다(냉장고와 전자레인지라는 사악한 한 쌍은 노력 하지 않아도 즉시 욕구를 충족시켜 줌으로써 사태를 악화시킨다. 옛날에는 음식을 익히는 데에도 시간이 필요했기 때문에 게으른 사람은 그것을 포기해야 했다!).

주위 사람들의 이야기는 소녀들, 특히 그들의 어머니들이 이성을 찾는 데 도움이 되지 못한다! 사람들은 비정상적으로 마른 몸매를 미의 표본으로 제시한다. 그런데 그 모델이 광고에서는 즉시 손에 넣을 수 있는 초콜릿이나 햄버거의 맛을 찬양한다. 자기들은 청소년기 때부터 입에 대지도 않으면서! 우리는 청소년들이 이런 호리호리한 여성이라는 이상형에서 멀어지도록 도와줄 수 있는데, 이를테면 패션 사진들은 실루엣을 가늘게 만들기 위해 수정한 것으로, 여성의 몸이라는 현실과는 일치하지 않는다고 설명해 주는 것이다. 자신의 몸 안에서 스스로 조화롭게 사는 어머니들은 딸들이 자기 모습을 있는 그대로 받아들이고 성숙하도록 도와줄 것이다.

우리는 또 청소년들이 운동하는 즐거움을 깨우치게 해줄 수 있다. 사람은 텔레비전 앞에서 뒹굴 때보다 몸을 움직일 때 덜 먹게 된다!

진짜 체중이 많이 나간다면 이에 대한 대응법은 두 가지가 있다. 미국인들은 존중과 관용의 이름으로 그것을 받아들이고 청소년들이 자신의 체중을 인정하고 그 상태에서 가능한 한 잘 살도록 격려한다. 프랑스에서는 반대로 청소년기가 되면 어떤 방법이 있을 것으로 간주한다. 어떤 치료를 시작하겠다고 결심해야 하는 것도 청소년 자신이다. 이것이 길고 힘든 과정이 될 거라는 것은 알아야 한다. 그리고 오래전부터 자리잡은 가족의 모든 생활 방식을 재검토해야 한다.

사춘기 때에는 마르려고 노력하기보다는 살이 찌지 않으려고 노력해야 한다. 그러기 위해서는 식사량과 내용, 그리고 생활 규칙을 조금씩 바꿔 나가야 한다(이를테면 텔레비전을 보기보다는 친구들과 어떤 활동을 하는 습관을 들이는 편이 낫다). 지나친 운동을 권하는 것은 도움이 안 되는데, 왜냐하면 눈에 띄게 칼로리를 연소시키려면 정말로 많이 움직여야 하고 그러면 엄청나게 식욕이 돋기 때문이다! 생활 규칙을 바꾸지 않고 식이요법만 해가지고서는 실패하기 쉽다. 살을 빼고 싶어 하는 청소년들에게 그들끼리 모임을 갖고 영양사들과 만나 체중 문제를 상의하고 제대로 먹는 법을 배울 것을 권하는 것도 그 때문이다(84쪽 22번 질문을 보라).

더 많은 정보를 얻으려면

Dr J. 프리케, A. M. 다르테, M. 뒤 프레섹스, 《아동 영양 지침서*Le Guide de l'alimentation de l'enfant*》, 오딜 자콥 출판사, 1998년.

E. 레슨, 《엄마, 아빠, 사람들이 나를 뚱보 취급해요 *Papa, Maman, on m'a traité de gros*》, 알뱅 미셸 출판사, 1998년.

24
만약 딸이 식욕부진에 걸렸다면?

선진국에서 많이 볼 수 있는 정신적 식욕부진은 매우 두려운 현상이다. 왜냐하면 가장 심각한 경우 아이가 죽을 수도 있기 때문이다. 그래서 불만과 식욕부진이 결합된 문제로 나타날 때 부모들은 자문하지 않을 수 없다. 혹시 정신적 식욕부진이 시작된 건 아닐까?

정신적 식욕부진은 어떤 형태로도 나타날 수 있다. 일시적이고 가벼운 증상일 때도 있고 극단적으로 심각한 증상일 때도 있다. 증상 초기에 앞으로 이것이 어떻게 전개되고 어떤 유형으로 나타날지 예측할 방법은 없다. 우리는 다만 가족이 이 문제를 빨리 인정하고 빨리 책임질수록 예후도 좋다는 것만 알 수 있을 뿐이다(식욕부진에 대한 접근은 반드시 가족과 함께 이루어져야 한다. 왜냐하면 부모도 이로 인해 고통을 당하기 때문이다). 가벼운 형태가 대부분을 차지하고 15-20퍼센트만이 고치기 어려우며, 20퍼센트는 여러 해 동안 계속 재발된다. 식욕부진에 걸린 아이들 중 열에 아홉은 소녀들이지만 드물게 이 병에 걸린 소년들은 가장 심각한 형태를 띤다.

처음 이것은 스스로 뚱뚱하고 못 생겼다고 생각하는 소녀의 사소한 다이어트에서 시작된다. 때로는 딸이 40대의 군살에 맞서 투쟁하기로 결심한 어머니와 함께 다이어트를 하기도 한다. 한 달 뒤 당연히 어머니는 다이어트를 중단한다. 기진맥진해 있거나. 하지만 딸은 계속한다. 그리고 미의 기준에도 못 미치는 터무니없는 목표를 세운다. 또는 이미 너무 말랐는데도 자신의 날씬한 체형에 절대로 만족하지 못하는데, 이것은 아이가 자신의 몸에 대해 갖고 있는 왜곡된 이미지를 보여주는 것이다. 아이는 거의 아무것도 먹지 않고 기름지고 살이 많은 것을 보면 구역질을 일으킬 뿐 아니라 항상 몸무게를 재고 설사약을 먹거나 먹을 것을 토하는 등 몸무게를 조절할 수 있는 방법을 계속 생각해 낸다. 이것이 왕따 문제, 학업에 대한 지나친 열중과 관련된 경우도 흔하다. 하지만 처음에 부모들은 그것이 왜 염려스러운지를 잘

병적 허기증

때로 식욕부진은 병적 허기증의 발작과 교대로 나타난다. 두 가지 증상의 결합은 병의 심각성을 알리는 기준이 된다. 식욕부진과 병적 허기증은 서로 다른 병이다. 병적 허기증은 열 명 가운데 일곱 명이 소녀들에게 발생하며, 대개 15,16세경에 시작된다. 혼자 있는 시간, 특히 사방이 어둑어둑해지고 자기 방에 틀어박혀 있을 때 그들은 어마어마한 양의 음식을 먹어댄다. 때로는 날것이나 냉동된 것까지도 먹으며 나아가 어떤 한 종류의 음식(햄, 소시지 등의 돼지고기 가공품, 초콜릿 등)만 먹을 때도 있다. 구역질이 나거나 배가 아플 때까지 먹다가 결국은 토하고 만다. 그들이 그러한 사실을 수치스럽게 여겨서 주변 사람들에게 감추기 때문에 다른 사람들은 나중에야 알게 되는 경우가 많다. 증상들——감춰진 빈 깡통들, 구토의 흔적들 등——이 발각되면 부모들은 그러한 행동이 고착되어 성인으로서의 삶에 들어가는 것을 어렵게 만들지 않도록 즉시 환자를 치료해야 한다. 가장 먼저 일반의에게 진찰을 받는다. 경험에 비춰 보면 청소년들이 모여 자신의 경험을 이야기하는 집단 언어 치료가 효과적인 도움을 주는 것으로 나타나고 있다.

모르고 오히려 반대로 행동한다!

이 모든 증상들은 6개월 안에 자리잡기 때문에 청소년은 빨리 치료를 받을수록 그만큼 더 빨리 회복될 것이다. 병이 지속된 시간만큼 치유되는 데에도 시간이 들 것을 예상해야 한다. 따라서 2년간 지속된 식욕부진 현상이 사라지려면 2년 정도가 걸릴 것이다.

대응법

영양 섭취, 생활 리듬, 몸무게와 건강 같은 모든 문제의 배경에서 정신적 식욕부진은 부모를 매우 두렵게 만든다. 그들은 무엇에 관심을 기울여야 하는지, 언제 개입하거나 금해야 하는지, 어디서부터가 병적인 증상인지 등을 궁금해한다.

바람직한 태도는 딸의 체중과 키를 정기적으로 재어 보는 것이다. 13세 또는 14세 전까지 생리는 불규칙할 수 있다. 하지만 15세 이후 '다이어트'로 인해 체중이 감소하고 3개월 이상 생리가 없을 때에는 진찰을 받아야 한다. 학업에 대한 지나친 관심은 일반적인 경향이다. 그런데 성적이 지나치게 큰 비중을 차지하고 감정 표현이 거의 없는 가정 환경에서는 좋은 성적이 자녀를 방치하는 핑계가 될 때가 많다.

자녀가 식욕부진 현상을 보일 경우 가족들은 두 가지 태도로 나올 수 있다. 아무것도 '모르고' 다이어트를 철저히 실행하고 학교에서는 철저히 공부하고 자신의 생활도 철저히 관리하는 딸의 의지와 성공을 칭찬하는 부모가 있다. 또는 그런 터무니없는 다이어트를 반대하고 강제로 먹이려고 하는 부모, 특히 아버지가 있다. 이 경우 온가족이 딸에게 완두콩 세 알을 먹이기 위해 전투태세를 갖추고 딸의 식욕부진은 다른 사람의 명령에 점점 더 강하게 저항한다. 악순환이 자리잡는 것이다. 부모와 자식이 음식 앞에서 불안의 포로가 되는…….

물론 부모들더러 자녀의 건강과 영양 섭취에 무관심하라고 요구할 수는 없다. 하지만 긴장을 풀고 나누는 시간이 되어야 할 식사 시간이 갈등과 긴장을 의미할 때, 청소년기 딸과 가족의 모든 관계가 이 문제로 인해 많은 영향을 받을 때에는 부모가 자녀를 위해 아무것도 할 수 없다는 것을 받아들여 그들끼리 해결하기를 포기하고 도움을 청해야 한다. 이는 다시 말해 외부인이 가족을 바라보고 가족의 생활 방식을 분석하고 재검토하고 혹시 뒤집어엎더라도 참아야 한다는 것을 의미한다. 초기의 작은 식욕부진이라면 정신과 의사가 어려운 점들을 쉽게 해결할 수 있을 것이다.

더 많은 정보를 얻으려면

T. 뱅상, 《식욕부진 *L'Anorexie*》, 오딜 자콥 출판사, 2000년.

Y. 시몽 박사, F. 네프 박사, 《식욕부진에서 벗어나 삶의 기쁨을 되찾으려면 *Comment sortir de l'anorexie et retrouver le plaisir de vivre*》, 오딜 자콥 출판사, 2002년.

III

사춘기와 성

25
딸은 초경을 했고 아들은 많이 컸다. 사춘기가 되면 아이들을 의사에게 보여야 할까?

물론 청소년기가 하나의 병은 아니다. 하지만 청소년기 자녀의 몸은 어떤 변화들을 겪게 되는데 그것들이 항상 원만히 진행되는 것은 아니다……. 그들이 너무나 빨리 자랄 때, 또는 사춘기가 시작됐을 때 확인해야 할 것들이 있을까? 모든 게 원활히 돌아가는지 확인하기 위해 검사를 받아 봐야 하는 것은 아닐까?

청소년들이 신체적 외모를 통해 갖고 있는 자신의 이미지는 너무나 중요해서 때로는 건강이 그들의 생활에서 핵심 문제로 부상하기도 한다. 몸은 청소년의 은밀한 역사가 벌어지는 무대이며 특별한 거울인 동시에 혹시 있을 수도 있는 어려움들을 표현하는 하나의 방식이기도 하다. 따라서 1년에 한 번 학교 담당 의사를 형식적으로 만나는 것만으로는 충분치 않은 경우가 대부분이다. 딸이나 아들이나 똑같이 청소년기 동안 적어도 한두 번은 다른 의사——소아과, 일반의 또는 산부인과 의사——에게 진찰을 받아 보는 게 좋을 것이다.

처음 생리를 했을 때 반드시 의사의 진찰을 받아야 하는 것은 아니지만 그래도 사춘기의 시작은 청소년기 소녀에게 수많은 질문을 제기하므로 이 기간을 이용해 종합적으로 검토해 보고 새로운 관계를 맺으면 유익할 것이다. 많은 소녀들이 생리통을 호소한다. 그리고 많은 어머니들은 그에 대해 해줄 것이 아무것도 없으며 그것이 여성의 운명에 속한다고 생각한다. 하지만 이 통증이 사춘기와 관련된 것이 확실치 않은 이상 이보다 더 잘못된 생각은 없다. 초기의 생리 주기는 배란을 수반하지 않으므로 원칙적으로는 배가 아프지 않아야 한다. 배란이 시작될 때 비로소 배가 아플 수 있다.

또한 작은 난포들의 출현이 사춘기의 시작을 알리는 것은 비정상적인 것도 염려스러운 것도 아니라는 것을 알아야 한다. 이러한 이유로 검사를 여러 번 받을 필요는 없다. 오히려 청소년기의 현상에 경험이 없는 일부 의사들은 그것을 가지고 난소 낭종이라는 그릇된 진단을 내릴 수 있다.

대응법

자녀가 사춘기에 들어서면 집에서 가까운 곳에 청소년들에게 관심이 있고 귀를 기울일 준비가 되어 있으며, 당사자와 사적인 관계를 맺을 수 있는 일반의(소녀들의 경우엔 산부인과 의사) 하나를 물색해둘 필요가 있다.

처음에는 금전적인 이유 때문에 부모가 자녀와 함께 가야 하지만 그 다음부터는 진료실에 자녀와 함께 들어가지 말아야 할 것이다. 그것은 이제부터는 당신의 자녀가 자신의 몸의 책임자가 되었음을 알리는 하나의 방식이다. 그리고 그렇게 하면 자녀는 부모 앞에서는 물어볼 수 없는 사적인 질문들을 의사에게 물어볼 수 있다.

꼼꼼히 행해진 건강 진단은 청소년과 함께 그의 새로운 몸을 한번

‘둘러보는’ 기회가 될 수 있다. 청소년의 몸을 검사하면서 의사는 신체의 다양한 부분의 이름을 알려 준다. 소년들은 주로 자신의 성기의 길이, 음낭 외피의 주름에 관한 질문을 하고(개중에는 이렇게 변해 가는 자신의 성기를 보고 썩어가는 병에 걸렸다고 생각하는 아이들도 있다), 소녀들은 주로 유방의 비대칭, 생리혈의 성분에 관한 질문을 한다.

이런 대화는 청소년으로 하여금 자신이 정상이라는 것을 알고 안심하게 해주고 앞으로 닥칠 변화를 더 잘 받아들이게 해준다. 그리고 의사는 그들에게 진짜 어려운 일(피임하지 못한 성관계, 성병의 우려 등)이 생겼을 때 조언을 줄 수 있다. 그때 자녀는 누구에게 도움을 청해야 할지 알 것이다.

딸과 어머니가 같은 산부인과 의사에게 진찰받는 것은 바람직하지 않다. 그렇게 되면 딸의 사생활을 지키기 힘들고 딸이 필요할 때 혼자 그 의사에게 연락하기 힘들다. 의사에게 한 개 또는 여러 개의 전화번호를 적어 주면서 의사로서 지켜야 할 비밀의 원칙을 상기시켜 주던 그는 진찰실에서 있었던 일에 대해서는 부모를 포함한 모든 사람에게 입을 다문 채 환자를 볼 것이다.

생리통의 경우 항상 대처 방안은 있다. 딸이 고통스러워하도록 내버려둘 필요는 없다. 부작용 없는 진통제가 존재하니까. 통증을 줄이기 위해 의사가 약을 처방해 주는 경우도 있다.

26
딸이 아직 생리를 안 하는데 걱정할 일일까?

모든 반 아이들이 생리에 관해 이야기하고 이제 막 나타나기 시작하는 그들의 여성스러움에 관심을 쏟고 그들이 꿈꾸던 사랑에 관한 비밀 이야기를 속닥이는데, 딸은 여전히 납작한 가슴을 가진 소녀로 머물면서 그로 인해 슬퍼하고 소외감을 느낀다……

사춘기는 소녀들의 경우 보통 9세에서 14세 사이에 시작된다. 다시 말해 CM2학년(초등학교 5학년)부터 3학년(중학교 3학년) 사이니까 편차가 무척 심한 것이다! 이런 편차는 유전, 영양, 생활 건강 관리법, 유년기 때의 질환과 관계가 있으며 병이 아니다. 그렇기 때문에 한 교실 안에도 매우 다양한 발달 단계에 있는 아이들이 공존한다. 발달 단계와 상관없이 아이들은 모두 같은 능력, 동등한 학업 성적을 보일 수 있다. 다시 말해 지적 성숙은 사춘기의 발달 정도와 아무런 관계가 없는 것이다.

물론 또래 아이들과 비슷하게 사춘기를 겪는 게 마음이 편하기는 하다. '조숙한' 아이들, 다시 말해 지나치게 일찍 젖가슴이 나오고 생리를 시작한 아이들이 가장 마음이 불편하고 쉽게 내성적이 되며 신체 활동을 거부하는 것으로 확인되었다. 그런 아이들은 더 이상 놀고 싶어 하지 않고 자신이 다른 아이들과 다르다고 느끼고 소외감을 느낀다. 다른 아이들은 그들을 이해하지 못한다. 이것은 너무나 큰 불안을 야기해서 때로는 사춘기의 성장과 변화에 대해 무의식적인 거부반응을 보일 때도 있다. 12,13세경 식욕부진에 걸리는 소녀들이 그러한 경우로 그렇게 되면 성장 곡선이 급격하게 하락한다. 대개 평균보다 늦게 시작하는 아이들은 그보다는 불편을 덜 느끼며 특별히 고통스러워하는 증상은 나타내지 않는다.

대응법

모든 것이 별 문제 없다면 생리가 나타나는 정상 연령대 안에서는 걱정할 이유가 없다. 하지만 어머니가 느끼기에 딸이 이 문제로 고민하고 있는 것 같으면, 그리고 어머니 자신도 생리를 너무 늦게, 또는 너무 일찍 시작했다면 먼저 딸에게 그 사실을 말해 줘서 안심시키고 그다음에 병원에 데려가 그러한 사실을 말하고 성장 곡선과 그것으로 알수 있는 예상치를 검토해 볼 수 있다.

'평균에서 벗어난' 이런 딸들이 느끼는 것을 이해하고 격려하고 조언해 주는 것밖에 달리 해줄 것이 없더라도 친구들과 비교했을 때 느끼는 걱정의 차이와 거기서 비롯되는 관계의 어려움을 무시하면 안 된다. 반을 바꾸거나 환경을 바꾸는 것은 좋은 해결책이 아니다. 왜냐하면 다른 곳에서도 그들은 또래 아이들과 똑같이 성숙해 가는 과정에 있고 그렇기 때문에 가장 어린아이들이나 가장 나이 든 아이들과 불편한 관계가 될 것이기 때문이다. 그러다가 탈선하여 위험한 행동을 할 염려도 있다. 그래도 우리는 그들이 학급 차원을 넘어 필요하면 학교 차원에서 비슷한 친구들을 만나도록 도와줄 수 있다. 학교의 한 학년,

즉 CM2나 6학년(중학교 1학년)에 이런 아이들이 여러 명 있을 경우, 상상력이 풍부한 학교 체제라면 이들을 한 반에 모아 놓고 이 문제에 관한 생각들을 표현하게 하는 것도 고려해 볼 수 있을 것이다.

더 많은 정보를 얻으려면

I. 보르탕 크리빈, D. 위나베, 《청소년들의 사랑과 성, 소녀들 편 *Ados, amour et sexualité, version fille*》, 알뱅 미셸 출판사, 2001년.

청소년 권장 도서

C. 위박, 《소녀들이여, 너희들의 몸이 변하고 있다 *Les filles, votre corps change*》, 라 마르티니에르 출판사, 2002년.

E. 자케, 《소녀들과 그들의 몸 *Les jeunes filles et leur corps*》, 라 마르티니에르 출판사, 1998년.

E. 자케, 《소녀들과 그들의 감정 *Les jeunes filles et leurs sentiments*》, 라 마르티니에르 출판사, 1998년.

27
아들은 자기 반에서 가장 작고
그것 때문에 괴로워한다

반 친구들은 아들보다 머리 두 개가 크다. 아들은 힘도 약하고 목소리도 아기 같다. 친구들은 아들을 '난쟁이'라 부른다. 아들은 다른 아이들로부터 무시당하며 그것 때문에 매우 괴로워한다. 어떻게 해야 할까?

사춘기는 각자 다른 나이에 시작된다. 그리고 소년들의 경우 그것은 성장 이전에 은밀한 양상으로 시작된다. 그래서 같은 반 안에서도 키 1미터 50센티미터인 꼬마부터 키 1미터 80센티미터인 사춘기 소년까지 공존할 수 있는 것이다. 여자아이들이 앞으로 자신이 얼마까지 클까 하는 데 그리 큰 중요성을 부여하지 않는 반면, 가능하면 가장 큰 아이가 되는 것이 모든 남자아이들의 꿈으로서 가장 작은 아이들은 그 문제로 많이 고민한다.

오늘날 성인의 나이에 도달한 세대들은 개인의 유전적 요인을 뛰어넘어 건강 관리, 영양 섭취, 질병의 감소 면에서 최상의 발육 조건을 누렸다. 그리하여 보편적으로 키가 커졌다. 모든 세대가 이전 세대보다 평균 5-10센티미터씩 키가 커졌다. 하지만 이제는 인류의 한계에 도달한 듯하다. 미국의 지금 젊은 세대들은 부모와 키가 같다.

대응법

의학적 종합검진만이 불출분한 성장의 원인을 밝힐 수 있다.

작은 키는 성장의 균열에 기인할 수 있다. 그러면 청소년은 갑자기 성장을 멈춘다. 정기적으로 검사해 왔다면 의사는 병원에 올 때마다 검사한 체중과 키의 기록을 보고 그것을 적발할 수 있다. 따라서 성장이 멈춘 원인과 그에 대한 치료법을 찾아야 한다.

가장 흔한 것은 단순히 사춘기가 늦게 오는 경우로, 이와 함께 동급생들에 비해 뼈의 성숙도에서 차이가 나는 현상이 수반된다. 이것은 병이 아니지만 흔히 심한 정신적 고통을 초래한다. 이 경우 우리는 환자를 격려할 수 있는 정보를 주고, 건강 수첩을 보고 성장 곡선을 연장해 봄으로써 앞으로 클 수 있는 키가 얼마인지를 알려 줄 수 있다. 의사라면 X선 촬영으로 왼쪽 손목뼈나 장골 돌기뼈의 골화를 살펴봄으로써 뼈의 성숙도를 측정할 수도 있다. 그렇게 하면 아이의 성장이 현재 어떤 단계에 있으며 앞으로 얼마나 더 클지 예상할 수 있다.

실제로 고통스러워하는 증상이 나타날 때——아이가 매우 공격적이 되거나 내성적이 된다——에는 테스토스테론을 주사함으로써 과정을 촉발시키는 것도 가능하다. 이 방법은 15세 이전에 해야 한다. 이것은 부작용 없이 불편함을 제거해 주는 방법인 만큼 이러한 정신적 '안락함'을 포기할 필요는 없다.

28
성에 대한 이야기는 언제 그리고
어떻게 해야 하나?

질문을 입에 달고 살고 모든 것에 관심을 갖는 5세 아이에게 '아기씨'와 아기가 만들어지는 과정에 대해 말하는 것은 쉽고 자연스러운 일이었다. 하지만 몇 년 뒤 같은 주제를 언급할 때에는 말하기 조심스러워지고 거북해지고 자녀는 입을 다문다…….

부모들이여 안심하라. 그들이 자녀와 나누는 커뮤니케이션의 질과 상관없이 청소년들과 성에 관해 말하는 것은 매우 어려운 일이며, 게다가 별로 바람직하지도 않다. 이것은 가장 은밀하게 모든 사람과 관련된 영역이며 젊은이들은 부모의 경험을 전혀 알고 싶어 하지 않는다. 부모가 성관계를 가질 수 있다는 생각 자체가 그들에게 혐오감을 안겨 준다! 자신의 성에 적응하는 첫 경험들을 할 나이의 청소년들은 이 배타적 영역에 대한 모든 간섭을 거북하게, 공격적인 태도로 받아들인다. 특히 남자아이들은 이 문제에 대해 매우 말을 아낀다. 대개는 첫번째 여자 친구에게만 말을 건넨다. 반면 여자아이들은 '기술적 문제'에 관해서는 어머니와도 토론을 벌이지만 그들의 사랑에 관해서는 털어놓지 않는다.

발기, 생리 등의 단어가 현실성을 띠고 자신들과 직접 관계가 있을 때에는 그것들을 말하고 듣기가 불편해진다. 따라서 청소년들은 왜 그런지도 모르면서 그런 이야기를 꺼내는 것을 매우 불편해한다. 그러므로 청소년기 이전에 '이러한 것들'을 논의해 보는 편이 낫다. 비록 그것이 아직은 주된 관심사가 아니기에 일러 주는 모든 정보를 기억해둘 수는 없겠지만 말이다.

대응법

부모들이여 안심하라. 이 시대의 청소년들은 에이즈 예방 캠페인 덕에 이 문제에 대해 불충분하기는커녕 오히려 과다한 정보를 접하고 있다. 모든 경로를 통해 성에 관한 모든 정보에 접근할 수 있다는 사실에 간접적으로라도 관심을 기울이는 것으로 충분하다. 이를테면 정기적으로 이 문제를 다루는 청소년 대상 월간지를 구독하거나 이 문제를 다룬 주간지가 적당한 장소에 굴러다니게 하거나 이 문제를 다룬 책을 슬쩍 선물할 수 있다. 텔레비전을 과신하지 마라. 텔레비전은 성에 관한 정보를 주기보다는 '볼거리'를 제공한다.

남자아이들도 여자아이들만큼이나 정보를 필요로 한다. 하지만 그들이 목전의 위험을 겪을 확률이 상대적으로 적다고 간주되기 때문에 우리는 때로 그들을 제외시키는 경향이 있다. 청소년은 여러 다양한 어른들에게 물어볼 수 있다는 것을 알아둘 필요가 있다. 부모가 아니더라도 젊은 삼촌, 가족들의 주치의 등과 신뢰할 수 있는 관계에 있으면 좋다.

기본적인 정보 이상까지 가는 것은 쓸데없는 짓이다. 특히 그들의 연애생활이 어떤 단계에 있는지 알려 들지 말고, 그들이 요구하지 않을 때에는 충고도 하지 말며, 위험에 처할지 모른다는 핑계로 훈계하려 들지도 마라. 그런 것들은 그들의 사생활에 대한 참을 수 없는 간섭으로 느껴질 수 있다.

설령 그들이 기술적 차원에서 매우 잘 알고 있더라도 성의 세계로 들어가는 것이 의미하는 감정의 모험에 대해서는 철저하게 무지할 수밖에 없다. 이런 경험은 "아들, 이리 와봐. 아빠가 네게 할 말이 있다……"고 하면서 방법을 설명하는 것만으로는 전달될 수 없다. 일상생활의 모든 기회를 포착하여 성은 삶의 한 부분이며 삶을 한층 더 즐겁고 풍요롭게 만들어 주는 것이라고 말할 수 있다. 우리는 자신이 사는 방식을 통해서도 긍정적인 것이든 부정적인 것이든 자신이 경험한 바를 약간은 전달할 수 있다. 그리고 이것을 대화 등을 통해 부가 설명해 줄 수 있다. 성에는 또한 인간 관계의 경험도 포함된다. 이것은 청소년이 다른 성에서 차이를 접하고, 자신을 지키기 위해 무장한 적이기보다는 다른 사람을 위한 파트너가 될 준비를 하는 하나의 방법이다.

더 많은 정보를 얻으려면

청소년 권장 도서

I. 보르탕 크리빈, D. 위나베, 《청소년들의 사랑과 성, 소녀들 편 *Ados, amour et sexualité, version fille*》, 알뱅 미셸 출판사, 2001년.

S. 미문, R. 에티엔, 《청소년들의 사랑과 성, 소년들 편 *Ados, amour et sexualité, version garçon*》, 알뱅 미셸 출판사, 2001년.

29
만일 딸이 남자랑 잤다면…

한 남자로부터 계속 전화가 오고, 밤에 외출하는 일이 잦아지고, 생활 방식에 새로운 비밀이 생기고, 속내 이야기 털어놓기가 끝났다. 그리고 만일 딸아이가 '선을 넘었다면?' 필요한 예방 조처는 취했을까? 정말 준비가 된 걸까?

생의 다른 단계로의 이행을 알리는 이 독특한 경험은 젊은이 자신만이 언제, 그리고 누구와 그것을 경험하고 싶은지 결정할 수 있다. 법적 성년이 되는 나이는 소녀들은 15세, 소년들은 16세로 정해져 있으며 이 나이부터 청소년들의 행동에 대한 책임은 그들 자신에게 있다 (하지만 공격당한 경우에는 계속 보호받을 수 있다). 정신분석가 B. 베텔하임은 첫번째 성관계라는 이 문턱을 넘으면서부터 젊은이들은 더 이상 '가르침을 받아들이지 않고' 그들 자신과 무관한 규칙을 받아들이고 내면화하지 않는다고 말했다. 이는 다시 말해 성에 관한 모든 교육은 그 전에 행해지는 것이 바람직하다는 것을 의미한다!

청소년의 머리, 가슴, 몸 안에서 성이 차지하는 비중을 고려할 때 가장 일찍 '선을 넘은' 아이들이 또래들로부터 존경받을 것이 분명하다. 하지만 정신적으로 준비가 되어 있지 않다면 상처를 안게 될 수도 있

다. 성을 일찍, 즉 15세 이전에 경험하는 행위는 청소년기에 진짜 위
험 요소로 작용할 수 있다. 이 경우 훗날 어려운 일들——임신은 물론
약물 복용, 우울증 등——을 겪게 될 가능성이 커진다.

자신의 몸을 성관계와 결부시키는 것은 중요한 과정이다. 청소년들
은 흔히 그것을 고통스러운 경험으로 만든다. '첫번째'에 성공하는 경
우는 드물다. 그들은 이런 실망, 때로 들 수 있는 속았다는 느낌('고작
이거였어!')을 자신을 위해 간직하고 극복해야 한다. 모든 것이 잘 진
행된다면 성의 기쁨을 제대로 발견할 날이 올 것이다. 이 첫 경험들은
——특히 남자아이들이 그렇지만 개인마다 큰 차이가 있다——스포
츠 신기록의 성격을 지닌다. 소년들은 모든 게 잘 돌아갔는지 확인하
는 데 정신이 팔려서 파트너와의 관계에는 거의 신경을 쓰지 못한다.

대응법

유년기 동안 부모의 역할은 자녀를 보호하고 보살피는 것이었다. 청
소년기가 되면 부모는 자신, 자신의 몸을 스스로 돌보는 법, 성과 사
랑에 대한 자신의 욕구에 귀기울이고 존중하는 법을 조금씩 가르쳐야
한다. 또한 자녀가 성에 대한 준비가 되었다고 느낄 때를 기다리면서
그 사이에 일어날 수 있는 위험들에 대해 자신을 보호하는 법도 가르
쳐야 한다. 부모는 자신의 몸을 그렇게 내밀한 관계에 개입시킬 때에
는 스스로에게 생각할 시간을 줄 권리와 의무가 있다는 것을 상기시
켜 줄 수 있다. 실제로 많은 소녀들이 마지못해, 파트너를 기쁘게 해주
기 위해 첫번째 성경험을 한다고 인정하고 있다.

청소년기 소녀가 자신을 지키지 않고 성관계를 갖거나 또는 알지도
못하고 전혀 도움도 못줄 누군가와 성관계를 가지면 큰 상처를 받을

수 있다. 따라서 이것이 어떤 고통을 초래할 수 있는지, 다른 곳에서 받지 못한 애정을 거기서 구하는 것은 아닌지, 부모의 주의를 끌고 부모와의 고통스러운 관계나 폭력적인 관계에서 벗어나고 싶은 것은 아닌지 등을 자문해 봐야 한다.

만일 이미 선을 넘어 부모가 이 분야에서 조언을 줄 수 없다면, 그리고 만일 부모가 청소년 자녀에게 이런 자기 배려와 타인 존중을 내면화시키지 못했다면 그 다음엔 사회가 필요에 따라 강압적인 방법을 써서라도 생활의 규칙을 부과해야 한다.

더 많은 정보를 얻으려면

청소년 권장 도서

I. 보르탕 크리빈, D. 위나베, 《청소년의 사랑과 성, 소녀들 편》, 알뱅 미셸 출판사, 2001년.

S. 미문, R. 에티엔, 《청소년의 사랑과 성, 소년들 편》, 알뱅 미셸 출판사, 2001년.

30
아이에게 피임약, 콘돔을 줘야 할까?

에이즈의 공포가 부모의 가슴을 두방망이질 치게 할 때, 청소년들이 멀리 떠날 때, 자녀가 '원하지 않아도' 그를 보호하기 위해 출발하는 순간 자녀의 배낭에 콘돔을 찔러 줘야 할까, 만일의 경우에 대비해 '피임시키기 위해' 딸을 산부인과에 데려가야 할까?

이 시대의 청소년들은 에이즈 예방 캠페인 때문에 일반적인 피임, 특히 경구용 피임약보다는 콘돔에 대한 이야기를 더 자주 들어왔다. 모든 피임 도구는 쉽게 구할 수 있다. 최소한의 자율성만 있다면, 첫 경험을 하기로 결심했고 좋은 환경에서 그것을 할 수 있는 능력이 되는 젊은이들이라면 그들에게 필요한 것을 구할 줄 알 것이다.

하지만 '첫번째'라는 말에는 항상 약간의 미지수라는 것이 내포되어 있기 마련이어서 불확실함과 긴장 속에 치러지기 마련이다. 따라서 젊은이들이 만반의 준비를 한다고 해도, 미리 대비해야 한다는 걸 알고 있다고 해도 항상 위험 요소가 따르기 마련이다. 그들은 콘돔 사용법을 배워야 한다(남자아이들에게는 '가짜로' 훈련해 볼 것을 권할 수 있다). 사전 준비 단계를 도입함으로써 콘돔은 두 파트너에게 어떤 거리감, 그들의 선택에 대해 확신할 수 있는 시간을 준다. 그러면 그 다음부터 두 청소년은 그들의 피임법에 적응하고 때가 되면 그것을 바꿀 수 있다. 콘돔이 정기적인 성관계 없이 일시적인 만남을 위한 것인 반면, 지속적인 관계에서는 경구용 피임약으로 대체하는 편이 낫다. 이때 여자 혼자 절차를 밟지 말고 두 사람이 함께 행동해야 한다.

대응법

부모는 미성년 자녀의 성과 무관하지 않으며, 다른 영역과 마찬가지로 이 영역에서도 그들을 너무 일찍 그들 자신에게 맡겨 버려서는 안 된다. 하지만 어느 정도 거리는 지켜 줘야 하며 호기심을 보이거나 지나치게 귀찮게 굴어서는 안 된다. 부모는 피임약 또는 콘돔을 제공하기에 가장 적당한 사람들이 아니다. 설령 그런 과정이 좋은 뜻과 열린 마음의 신호로 시도되었다고 해도, 청소년에게는 자신의 사생활에 대한 일종의 침입으로 받아들여지고 나아가 불건전한 자극을 유발할 수 있다. 세심한 어머니들은 친구들과 휴가를 떠나는 다 큰 아들의 배낭에 아무 말 없이 슬쩍 콘돔을 넣어 주는 경우가 많다. 이런 행동은 오히려 자유라는 이름으로 그것을 사용하지 않게, 또는 꼭 '성행위를 해야 하나' 라는 생각을 하게 만들 우려가 있다.

그보다는 그저 이 문제에 대해 청소년들에게 재량권을 맡기고, '부모와 이런 것들을 말하기는 쉽지 않다' 는 것을 인정하고 경우에 따라 정보와 주소들을 제시하면서 궁금한 것들에 대해서 대답해 줄 수 있음을 보여주는 편이 낫다. 그걸로 끝. 이런 태도는 그들이 성생활을 할 나이가 되었을 때 그들에게 필요한 정보를 구할 곳과 출처, 조언을 구할 사람들(가족 주치의, 학교 양호선생님, 삼촌이나 이모 등)을 찾는 것을 도와준다.

만일 기회가 오면 아무에게나 자기 몸을 주어서는 안 되며 그럴 때 반드시 지켜야 할 자기 보호의 원칙이 있다는 것을 머뭇거리지 말고 편하게 다시 한번 말해 줘야 한다. 그들이 부모의 장광설을 말없이 듣거나 약간 부담스럽다고 생각하면서 조용히 비웃는다면 잘됐다. 그럴수록 이야기는 더 조리 있고, 시간 속에서 지속성을 갖고, 위험이 닥치기 전에 불안 속에서 끌려가지 않을 가능성이 크다.

31
딸이 성폭행을 당했다

어느 날 한 소녀가 얼이 빠져서 부모에게 전화를 건다. 어느 날 저녁 울음보를 터뜨리더니 마침내 자신에게 있었던 일을 들려준다. 또 다른 소녀는 주위 사람들에게 이유도 말하지 않은 채 자기 세계에 갇히고 집 밖으로 나가기를 거부한다. 학교 성적도 끝없이 추락한다. 이때 어떻게 하면 좋을까?

우리는 매우 노출이 심한 사회에 살고 있으며 청소년들도 훔쳐보는 시선, 음탕한 농담의 대상이 되고 그들 자신도 유난히 '잘 흥분한다.' 브래지어나 자동차를 팔기 위해 벗은 몸을 보여주는 모든 광고는 그 것을 암시적으로 읽을 수 있는 성인들에게만 보기 좋으며, 청소년들에게는 행동으로 옮기라는 끊임없는 유혹일 뿐이다. 그 다음 그들의 폭력성이나 한계의 부재를 한탄하기 쉽지만 사실 이 무절제에 대한 책임은 사회에 있다!

아주 어린 소녀들은 이제 막 그들의 여성성이 나타나고 있다는 것, 그들이 남성들의 욕정을 자극한다는 것을 의식하지 못할 수 있다. 또는 파티에서 지나치게 술을 많이 마셨을 때 더 이상 자제하지 못하거나 거절하지 못할 수도 있다. 거기서 휘파람, 엉덩이 만지기, 강제 키스, 성적 애무, 그리고 최악의 경우 삽입이 일어날 수 있다. 그런 일이 닥치면 소녀들은 그것을 입에 올리기 어려워하는데 그것은 첫째, 그것이 성에 관한 문제라 그렇고 둘째, 그 일로 인해 자기가 더럽혀진 느낌, 수치감, 희미한 죄책감을 느끼기 때문이다. 그들은 때로 무엇이 허용되고 무엇이 금지되는지를 잘 모른다. 특히나 그것이 잘 아는 어른, 가족의 친구들, 자기가 신뢰하던 선생님을 비난하는 경우에는 더 그렇다. 이런 폭행은 겨우 몇 살 많은 청소년들, 때로는 남녀가 섞인 패거리에 의해 저질러질 때도 많다. 그들은 그들과 다르고 약하게 여겨지는 소녀를 공격한다. 그리고 흔히 그들 자신이 피해자였던 폭력으로부터 '분리'될 수 있는 방법을 거기서 찾는다.

어릴 때 당한 성적 학대는 사춘기에 이르러 성적으로 눈 뜨는 시기에 의식의 표면으로 올라와 조화로운 발달을 방해할 수도 있다. 이 경우 청소년은 만족스러운 성관계를 가지지 못하고 그것을 거부하거나 아니면 오히려 필사적으로 매달리고, 많은 관계를 맺고 자신이 낭한 것을 다른 사람들에게 겪게 하거나 아니면 동성애 쪽으로 도피한다.

폭력 없이 행해진 것을 포함하여 모든 성적 폭행은 하나의 범법 행위라는 것을 알아야 한다. 청소년들 앞에서의 노출증, 그들과 함께 포르노 사진을 보거나 그들의 벗은 몸을 찍거나 그들의 몸을 만지거나 그들의 동의 없이 다른 누군가의 몸을 만지도록 그들을 부추기는 행위는 금지되어 있다. 폭력, 강압, 협박을 통해, 또는 기습적으로 한 사람에게 행해진 모든 삽입 행위(성기, 손가락, 또는 물건을 질 또는 항문에 삽입하거나 성기를 구강에 삽입하는 행위)는 강간이며 법에 의해 처벌받는 범죄이다. 그리고 그것이 15세 이하의 미성년자에게 행해졌거나 가까운 친척에 의해 저질러졌거나(근친상간), 직무에 의해 부여된 권위를 남용한 것일 때에는(이를테면 교사의 경우) 가중처벌을 받게 된다.

대응법

청소년기 훨씬 전부터 자기 몸과 다른 사람의 몸에 대한 존중, 그리고 성에 관한 것을 알려 주고 조언해 주어야 한다. 그래야 청소년들에게 이런 종류의 어떤 일이 발생했을 때 '그것을 표현할' 수 있다. 자신도 깨닫지 못하는 사이에 성적 매력을 갖게 되는 소녀들을 돕기 위해 어머니들은 몇 마디 말로 그들이 남자들에게 일으킬 수 있는 효과를 의식하게 해줄 수 있다. "이 미니스커트는 학교에 입고 가기엔 좀 야하지 않니? 잘 보관했다가 바닷가에 갈 때 입자." 소녀들은 그 또래의 남자아이들이 자주 성적 흥분에 사로잡히고 남녀공학이 항상 안전하기만 한 것은 아니라는 걸 알아야 한다! 또한 아무도 절대 강요당해서는 안 되며 항상 '싫다'고 말할 권리가 있다는 것도 가르쳐 줘야 한다. 소녀들도 다른 사람에게 강요할 권리는 결코 없다는 것, 그것은 법이 금하고 법에 의해 처벌받는다는 것을 분명히 알아야 한다. 모두들 특히 '다른 아이들처럼 하기 위해서' 다른 누군가, 또는 어떤 집단의 압력에 굴복하지 않는 법을 서서히 배워야 한다.

그들을 불신 속에 살게 하거나 세상을 지나치게 암울한 것으로 소개하지는 말되 모든 어른이 믿을 만하지는 않다는 것, 대개는 직감이 좋은 충고자가 된다는 것, '위험한' 상황과 장소가 있다는 것, 그리고 피해야 할 일들(이를테면 혼자 모르는 사람의 차에 타는 것)을 정기적으로 상기시켜 주어야 한다. 그럴 땐 용기 내어 도망치는 것이 가장 현명한 행동이다. 사건이 발생했을 때 성적 폭행은 신속한 책임 인수를 요구한다. 일반의나 산부인과 의사들은 가장 가까운 소아과 병원과 성적 학대의 피해자들을 돌볼 수 있도록 훈련된 사람들을 잘 알고 있다.

이때 비록 충격으로 경황이 없고 탈진한 상태이더라도 피해를 입은 청소년은 자신에게 닥친 일을 말하고, 자신을 괴롭히는 장면들과 두려움들을 떨쳐 버리고, 자신이 잘못해서 그런 일이 생긴 게 아니라는 말을 들을 수 있어야 한다. 그는 극심한 충격을 받았고 그것은 자기 자신과 성에 대한 혐오감, 수치심과 죄책감, 갑자기 울음을 터뜨리거나 악몽을 꾸는 식으로 표현될 수 있다. 이 모든 현상은 몇 주 안에 진정될 수 있다. 경험에 비춰 보면 거기서 비롯되는 이야기와 생각들의 결합이 조금씩 마음을 가라앉힌다. 상처받고 더러워진 느낌도 점차 희미해진다. 하지만 고통이 고려되지 않고, 피해를 당한 청소년에게 신뢰감과 책임감을 주지 못하면 그것은 만성적인 불안 발작, 정상적인 생활을 지속할 수 없는 상태로 변모할 수 있다. 사회적 공포증(혼자 거리에 나가지 못하거나 대중 교통수단을 타지 못하는 것 같은)이 고착될 수 있다.

삽입이 있었다면 해당 청소년은 가능한 한 빨리 의사를 만나서 폭행의 증거가 될 수 있는 모든 흔적(속옷, 정액의 흔적 능)을 보존해야 한다. 그러면 의사는 법의학적 확인 절차를 거친 다음 필요한 조처(다음 날 먹는 피임약, 항생제 치료, 에이즈 검사)를 취할 수 있을 것이다.

만일 같은 소녀가 폭력적인 만남을 거듭한다면 그 아이의 태도가 어떤 면에서 도발적이거나 부적당한지, 그 아이의 태도나 옷차림에 남자들을 자극하는 어떤 것이 있는지 자문해 봐야 한다. 그리고 당사자로 하여금 자신의 몸이 의미하는 바를 깨닫도록 도와줘서 대안을 강구하게 해야 한다.

32
만일 아들이 동성애자라면?

이는 많은 부모들이 두려워하는 바다. 우리 사회에서 남과 다른 성욕을 갖고 있음을 드러내는 것은 아직도 상당히 어려운 일이며, 자녀가 자신과 다른 길을 선택하고 자식 낳기를 포기하는 모습을 보는 것은 여전히 고통스러운 일이다…….

동성애의 이유에 관해서는 결정적 진실이 없다. 인격 형성에는 성정체성이라는 부분——그것은 자신이 남성 또는 여성이라는 느낌으로 이는 유전형질 · 염색체 · 호르몬에서도 오겠지만 동시에 유년기의 관계에서도 온다——과 남성의 역할 또는 여성의 역할에 대한 동일시가 있다. 이 동일시는 조금씩 쌓여져서 청소년기에 드러나고 성인기에 확정된다. 그래서 동요의 시기가 있는 것이다. 모든 청소년은 자신의 정체성, 다른 성과의 관계에 대해 의문을 제기한다. 이런 의심이 청소년기의 일부분이며 얼마 동안 그로 인해 괴로운 것도 받아들여야 한다. 자기 자신의 몸, 행동을 의심하면서 소년은 자신과 닮은 사람들에게 다가가 그들을 관찰하고 서로 알아보고 싶어 한다. 똑같은 이유로 그는 너무나 납득하기 힘든 다른 성과의 접촉을 거부한다. 소년들은 자기들끼리 있을 때, 이를테면 경쟁적인 운동을 통해 서로의 역량을 평가한다. 경쟁적인 운동은 그들의 성기 길이를 비교하는 하나의 상징적인 방법이다. 그들은 존재의 불안을 쫓기 위해 기꺼이 서로를 '호모'라 부르는데, 왜냐하면 너무 가까이 있는 동성 친구들의 몸에 본의 아니게 매료되기 때문이다. 그에 대해 그들은 수많은 질문을 자신에게 제기한다…….

남성들간의 애정 흔적이 엿보이는 육체적 관계는, 심지어 부자간의 관계처럼 가까운 것이어도 항상 어렵고 염려스러운데, 왜냐하면 거기에는 동성애 문제가 감춰져 있기 때문이다. 반대로 소녀들의 경우 거울과도 같은 역할을 하는 마음의 친구와의 관능적 친밀함이 인정되는데 그것은 아마도 소녀들은 애정과 성욕이 더 쉽게 분리되기 때문인 듯싶다. 게다가 신체에 대한 부당한 침입도 없다. 따라서 여성의 동성애에 대한 방어는 훨씬 덜 부담스럽다.

남자들간의 몸의 발견이라는 행동이 동성애를 알리는 결정적 신호로 해석될 수도 있지만 사실은 전혀 그렇지 않다. 이런 일시석 끌림, 자기 자신을 찾는 이 시기 동안 행해진 한 번, 나아가 여러 번의 동성애 경험이 미래의 성향을 의미하지는 않는다.

동요하는 시기에 조금 취약한 인격은 어른에 의해 영향받을 수 있고 그 길로 떼밀릴 수도 있다. 그렇지만 많은 젊은이들은 외부로부터 아무 영향도 받지 않았는데 동성애자로 밝혀진다. 그리고 의문을 제기하는 이들은 동성애자가 되지 않는다. 모든 동성애자는 청소년기에 그들의 성향을 깨닫는다. 왜냐하면 다른 성의 파트너와 관계를 맺는다는 생각, 성적 기쁨을 누릴 수 있는 가능성을 상상할 수 없기 때문이다.

대응법

모든 도덕적 판단을 뛰어넘더라도 동성애는 여전히 우리 사회에서 받아들이기 어렵고 미래를 구속하며 교육자에게는 책임을 묻는 어떤 것이다. 부모가 자녀의 성생활을 전적으로 책임질 수는 없다. 왜냐하면 그들이 독립성을 획득하고 이 영역에서도 스스로 선택의 주인이 되고 싶어 하는 시기가 바로 이 청소년기이기 때문이다.

하지만 흔히 유년기에 아버지가 부재하고 어머니와 지나치게 밀접한 관계에 있으면 장차 동성애자가 될 확률이 높다고 알려져 있다. 그리고 가족 중에 선례(이를테면 동성애자인 삼촌)가 있어서 이 문제를 지나치게 염려하는 부모는 오히려 자녀를 이쪽으로 내모는 결과를 가져오는 것도 확실하다. 도전하기 위해, 남들과 다르고 싶은 욕구에서 아이는 과장되게 자신을 드러내야 하고 그런 이미지에 스스로 갇혀 버릴 수 있다. 그럴 땐 자녀가 모든 짐을 감당하게 하는 것보다는 부모가 전문가를 만나 걱정을 털어놓는 편이 낫다.

그러니 너무 불안해하지 말고 시간에 맡겨라. 왜냐하면 청소년기에는 어떤 선택도 결정적인 것이 아니기 때문이다. 이런 의심에 사로잡힌 아이에게 닥칠 수 있는 주된 위험은 적극적이고 전투적인 동성애자들을 만나는 것이다. 그들은 아이를 어떤 선택 속에 가두기 위해 유혹하고, 그럼으로써 더 큰 충격을 안겨 줄 것이다.

또한 특히 가정에서는 동성애를 혐오하는 생각들이 표현되지 않도록 주의해야 한다. 그것은 자신이 장본인이라고 느끼는 청소년의 고통과 고립감을 배가시키고 우울한 생각들을 반추하게 할 것이다. 그런데 맞건 안 맞건 간에 자신이 동성애자라고 생각하는 청소년들의 고민과 고통은 커다란 위험 요소로 작용한다. 왜냐하면 이런 청소년들

중 상당수가 자살을 기도하기 때문이다.

더 많은 정보를 얻으려면

G. 라 투르 드 모사르, 《고백, 한 동성애자의 유년기 *Des aveux, Chronique d'une enfance homo*》, 알뱅 미셸 출판사, 2002년.

33
만일 딸이 임신했다면?

부모들의 이런 불안이 하나의 강박관념이 되어서는 안 된다. 하지만 어쨌든 이것은 가족들이 큰 어려움을 겪는 경우들 중 하나이다. 왜냐하면 피임 방법의 발달에도 불구하고 이른 나이에 임신하고 낙태하는 수가 전혀 줄어들지 않고 있기 때문이다.

우리 사회에서 첫 출산하는 나이는 28세경이다. 하지만 15세 또는 16세까지의 임신만 의학적으로 '위험한' 것으로 간주된다. 왜냐하면 이 경우 어머니가 아직 청소년이기 때문이다. 어린 어머니의 나이가 어떠하든, 미성년이든 성년이든 아이에 대한 권리를 가진 것은 그녀이다. 따라서 아이와 관련된 결정권은 그녀에게 있다. 이 경우 두 가지 전형적인 예가 있다.

첫째, 임신이 능동적인 성생활의 결과인 경우이다. 정보의 부족으로 그런 것이 아니라면 이는 자신의 임신 능력을 확인하기를 원하고 아기에 대해 환상을 품은, 그렇다고 아이를 입양할 정도는 아닌 소녀가 어떤 일이 닥칠지 어느 정도는 미리 알고 욕망대로 행동한 결과일 수 있다. 때로는 그 아이가 자신이 누리지 못한 애정을 안겨 줄 거라 믿고 그러한 행동을 할 때도 있다.

둘째, 임신이 '사고'인 경우. 이를테면 과음한 밤에 어느 정도 합의된 관계의 결과인 경우이다.

대개 소녀들은 할 수 있을 때까지 그들의 임신을 거부하거나 숨긴다. 그러면 아직 청소년기에 있는 신체에 일어난 변화가 나중에야 눈에 띈다. 그것은 자유의사에 따른 임신중절(I.V.G.) 결정을 내릴 수 있는 프랑스의 현행 유예 기간(임신 후 12주)을 그만큼 단축시킨다. 그런데 학교 의무실, 약국, 가족 계획센터에서 나눠주는 '다음 날 먹는 경구용 피임약'(노를르보)이 낙태보다는 외상을 덜 남긴다.

대응법

당연히 처음 의심이 들 때부터 딸을 산부인과나 보건소에 가서 검진받도록 유도해야 한다. 딸은 대개 극도로 외롭고 상처받기 쉬운 상태에 있을 것이다. 이때 가족과의 모든 단절은 그녀를 한층 더 약하게 만들고 또 다른 어려움을 낳을지 모른다. 아이가 나쁜 결정을 내리지 않도록 하는 최상의 방법은 딸에게 부모 말고 믿고 말할 수 있는 사람을 찾아 주는 것이다. 어떤 결정도 강요되어서는 안 된다. 낙태를 강요하면 아이는 그것을 자신의 성에 대한 하나의 속박으로 받아들여 재빨리 두번째 임신을 할 우려가 있다. 이 임신이 '피임약이 잘 듣는지' 확인하기 위해 '피임약 복용을 잊은 것' 때문이라 해도 마찬가지다.

반대로 윤리적 이유에서건 아니면 어머니가 아기를 돌보는 것이 당연하다고 생각해서건 소녀에게 원치 않는 아기를 키우라고 강요하는 것도 부모가 할 일이 아니다.

그래도 부모가 참가하지 않은 상태에서 낙태 전 면담을 한 번은 받아보아야 한다. 후속 면담들은 자녀가 낙태를 어떻게 받아들이느냐에 달렸다. 본인이 받아들인 낙태수술은 극복될 수 있을 것이다.

임신이나 낙태는 소녀의 사생활에 속하며 보호받아야 한다. 학교 행정실에는 결석계를 제출하는 것으로 충분하다. 자세하게 기록할 필요는 없다.

임신이 중단되건 계속되건 그런 일이 닥쳤다는 사실은 대개 부모와 딸 간의 커뮤니케이션이 부족했음을 지적하는 것이다. 외부인의 도움을 받아, 경우에 따라서는 어떤 치료를 위한 면담을 통해 이를 그것을 회복하는 기회로 삼아야 한다.

IV

가정생활

34
아들은 자기 물건이 온 집안에 굴러다니게 내버려두고, 딸은 더 이상 집에서 손가락 하나 까딱하지 않으려 한다

"침대 정리해라!" "현관 한가운데에서 나뒹구는 네 롤러스케이트 좀 치워라!" "화장실에 화장품 늘어놓은 게 너니?" "다른 사람들 생각도 좀 해라. 우리한테 전화해야 하는 사람이 있을지 모르잖니." 자녀가 10 세였을 때 부모는 몇 가지 기본 원칙을 주입시키는 데 성공했다고 생각했다. 하지만 청소년기에 이른 자녀는 퇴행하거나 거역하는 모습을 보인다. 부모의 명령이 더 이상 먹혀들지 않는 것 같다.

그것은 자녀의 관심의 초점이 가정이라는 영역 밖으로 이동했고, 청소년기 자녀는 쓰레기를 내다놓거나 식사 준비할 시간에 집에 있을 때가 별로 없기 때문이다. 설령 집에 있더라도 그런 일을 할 생각을 하지 않는다. 자녀의 관심은 다른 곳에 있다. 특히 여태까지는 당연하게 여겨졌던 집안일 거들기, 가정생활의 규칙에 복종하기가 이제는 참을 수 없는 것이 되었다. 그는 그런 일을 시킬 때 자신은 더 이상 어린이가 아닌데 어린이 취급을 받는 것으로 느낀다. 이 규칙들이 동생들에게도 똑같이 적용되는 것일 때 특히 그러하다.

부모는 집이 부모의 것이므로 그곳의 생활 규칙도 그들이 정해야 한다고 생각하며 그 생각은 옳다. 아이들도 자기 집이라고 여기니 잘 된 일이다. 하지만 한 지붕 아래에서 함께 사는 여러 사람으로 구성된 한 집단의 자연스러운 경향은 사실 무질서를 발산하는 것이다. 따라서 청소년기 자녀들은 '당연히' 가족의 공간을 침범한다(자기 방을 침범하는 것은 견디지 못하면서). 하지만 우리는 그들의 무질서 정도를 가족의 방식으로 판단할 수밖에 없다. 정리정돈을 잘하는 부모는 어릴 적부터 그에 대한 반응을 전달해 왔기 때문에 자녀들이 사물의 질서를 존중하지 않는다면 더 많은 걸 요구할 수 있을 것이다. 쾌적하게 살고 싶은 기준과 환경은 각자 정할 나름이다. 게다가 그것은 협상·권위·완고함 등과 관련된 일일 뿐이다.

일체의 변화를 거부하겠다는 듯 편집광적으로 정돈되어 있거나 아니면 그와 반대로 끊임없이 바뀌고, 유년기의 인형들과 랩 CD 같은 인생의 각기 다른 층들의 소산물로 파묻힌 청소년의 방은 아이가 머릿속에서 자기 자신을 생각하는 방식을 반영하고 있다. 아이가 고수하는 방식은 아이가 자기 자신, 가족, 집을 얼마나 존중하는가를 보여주는 훌륭한 증거이다.

대응법

청소년기 자녀가 자기가 사는 집의 집안일에 계속 참여하는 것은 당연하다. 따라서 싸우기보다는 부모 자신이 직접 하거나 더 잘 도와주는 다른 형제들을 시키고 싶더라도 그런 요구들을 계속 해야 한다. 귀찮고 화가 나더라도 가능하면 유머를 섞어가며 요구하고 또 요구해야 한다. 그리고 나도 저 나이 때에는 저랬다 생각하고(그리고 아이에게 말하고) 싶은 유혹을 물리쳐야 한다. 왜냐하면 부모의 역할은 자녀에게 책임감과 능력을 가진 어른으로서 본보기를 보이고, 자녀를 자신의 청소년 시절의 모습에 국한시키기보다는 이러한 본보기 쪽으로 끌어올리는 것이기 때문이다.

그렇지만 만일 자녀가 집에 잘 없다면 당연히 집안이 잘 '돌아가게 하기 위해' 부탁할 수도 없게 된다. 그렇다고 이를 핑계로 아이를 집에 잡아두어서는 안 된다. 부모가 아이를 마음대로 부려먹는다는 느낌을 주지 않으려면 미리 요구를 정해둘 수 있다. 그리고 이때 각자의 역할을 재조정할 수도 있는데 그것은 자신의 지위가 바뀌었음을 확인하는 하나의 방법이다. "너는 전보다 더 자주 외출하니까 저녁에 집에 들어올 때 빵 사오는 일을 맡으면 되겠다!" "네가 이 집에서 가장 키가 크니까 이제부터 깨진 전구 갈아 끼우는 일은 네가 맡으렴." 그리고 막내 여동생은 식탁 치우는 일을 맡을 것이다.

자녀의 방 문제는 만일 아버지, 어머니 또는 도우미 아줌마가 수승에 정해진 날 청소해 주기로 했다면 청소년 자녀도 그 규칙에 따라야 한다. 미리 알려 주면 아이는 아끼는 물건은 정돈해야 한다는 걸 알 수 있다. 만일 다른 가족들과 달리 아이가 자기 방을 깨끗이 유지하지 못하면 유예 기간을 정할 수 있다. "오는 토요일에 네 방 대청소를 같이 하자꾸나." 만일 그것도 먹히지 않으면 최후의 통첩을 내린 뒤 그대로 이행할 수 있다. "토요일에 네 방에 들렀을 때 지금 방바닥에 어질러져 있는 것들이 정리되어 있지 않으면 모두 내다 버리겠다." 아이는 그렇게 될 줄 알고 자기 방을 어지른 것으로 간주하라! 15,16세가 지난 청소년은 자기 방을 스스로 관리하는 법을 이미 배웠어야 하기 때문이다.

만일 전에는 그렇지 않았는데 새삼스럽게 방을 어지럽히는 경향이 심해지면 그것은 하나의 도전일 수 있다. 아이의 생활 방식이 재편성

될 때 나타나는 실험적 태도인 것이다. 그럴 땐 규칙을 상기시켜 주어야 한다. 그보다 더 나은 것은 아이의 새로운 지위에 합당하고 질서 있는 생활로 되돌리기에 충분한 새로운 규칙을 만드는 것이다. 하지만 이것은 남과 달라지고 싶어 하는 청소년기 자녀가 안주하고픈 반항의 장으로 쓰일 수도 있다. 이 나이 때에는 부모의 약점을 너무나 잘 간파하고 '공격하기' 때문이다! 이를테면 정리정돈과 청결에 대해 강박관념을 가진 어머니가 이런 종류의 반항 행동을 야기할 수 있는데, 그녀 자신이 그런 것을 참지 못하기 때문이다. 부모는 그들의 개성 때문에 비난받을 이유는 없으며 있는 그대로 존중받을 권리가 있다. 하지만 때로는 그들이 이 문제에 민감하기 때문에 그만큼 더 서툴게 대응하기도 한다. 그럴 땐 유연성과 유머 감각을 발휘하여 갈등에 초점을 맞추지 않는 편이 바람직할 것이다.

더 많은 정보를 얻으려면

B. 시륄니크, 《감정의 양식 *Les Nourritures affectives*》, 오딜 자콥 출판사, 2000년.

A. 알라메다, 《가정의 일곱 가지 죄 *Les Sept Péchés familiaux*》, 오딜 자콥 출판사, 1998년.

35
아들이 자기 방에 틀어박혀 꼼짝하지 않는다

어느 날 그저 깨끗한 속옷을 갖다 주다가, 또는 휴지통을 비워 주러 가다가 어머니는 문이 닫힌 것을 발견한다. 청소년기에 접어든 자녀가 '조용히 있고 싶어서' 열쇠로 문을 잠갔거나 또는 아무한테도 부탁하지 않고 스스로 자기 방문에 걸쇠를 단 것이다.

부모가 정하고 꾸미고 마음대로 또는 거의 마음대로 배열하고 '제 집처럼' 드나든다는 의미에서 12,13세까지 아이의 방은 가족의 영토이다. 그러다가 청소년기 자녀가 그것을 자신의 고유한 영역이라고 주장할 때가 온다. 아이는 이를테면 방을 다시 칠하고 배치를 바꾸고 벽에 자동차나 스타들의 포스터를 벽에 붙이기를 원한다. 그것은 자신의 개인적인 공간을 확보해 나아가는 하나의 방식이다. 왜냐하면 아이는 지금 자신의 개성을 획득하고 있는 중이기 때문이다. 실제로 아이가 성장하기 위해서는 시간과 내밀한 공간이 필요하다. 꿈꾸고 전화하고 경우에 따라서는 자위하기 위해…… . 하지만 아이의 방은 각자의 사생활을 존중하는 가정이라는 공간에 속해 있다. 부모나 형제자매가 간섭하는 게 싫을 때 청소년기 자녀는 자기 방의 문을 잠금으로써 피난할 것이다.

반대로 방을 비울 때에도 문을 잠그고 열쇠를 가져간다면 이는 아이의 방이 가족의 영역 안에서 '치외법권의 지위'를 갖는다는 것, 또는 아이가 가족이 자신의 고유 영역, 개인간의 거리를 지켜 줄 거라고 믿지 않는다는 것을 의미한다. 어쩌면 그의 생각이 옳을지 모른다. 또는 이 또한 가정이 돌아가는 하나의 방식일지 모른다. 권위를 행사하려면 물질적 구속이 필요하고 텔레비전, 냉장고, 옷장도 열쇠로 잠가야 하는.

대응법

사적인 영역을 갖는 것, 그리고 그것을 정돈하고 유지하고 자금 조달하는 법을 모두 알아서 하는 것은 성년의 목표이며 청소년이 지향하는 바다. 하지만 청소년은 아직 거기에 이르지 못했다. 따라서 독립을 향한 이 변화에 부드럽게 대처하고 각자의 요구와 욕구를 존중해야 한다. 방은 가족의 영토에 속하지만 자녀가 사용하도록 할당된 것이다. 따라서 자녀는 조직과 청소(가정마다 다르겠다)라는 가족의 규범에 따라야 한다. 청소년기 자녀가 노크하고 대답을 듣기 전에는 부모의 방에 들어가서는 안 되는 것과 마찬가지로 부모도 그래야 하며, 다른 모든 가족에게도 같은 규칙을 지키게 해야 한다. 아이가 이 규칙이 지켜지는 것을 믿게 되면 더 이상 열쇠는 필요하지 않을 것이다. 정돈해 준다는, 또는 아이를 더 잘 이해하기 위해서라는 핑계로 아이의 소지품을 뒤지는 일은 피해야 한다. 그러다가 한 소녀의 내밀한 일기를 '우연히' 읽게 되거나 침대 밑에 숨겨두었을지 모르는 담배나 포르노 잡지를 찾거나 아이가 옷장 속에서 키우는 대마초를 발견하게 될지도 모른다. 이렇게 되면 부모는 '훔친' 정보를 활용할 수 없기에 불안한 상

황에 놓일 수 있고, 죄책감을 느끼고 걱정하면서도 정작 개입할 방법
은 찾지 못할 우려가 있다.

36
딸이 더 이상 남동생과 방을
함께 쓰지 않으려고 한다

딸은 이때껏 자기 남동생과 매우 친하게 지내왔건만 이제는 자기 혼자만의 방을 요구하고 있다. 어쩌나 끈질긴지 자나 깨나 그 타령이다. 두 동거자 사이에서 언성이 높아지고 국경 분쟁이 끊이질 않는다……. 도대체 무슨 일이 일어난 걸까?

모든 아이에게, 때로는 아직 너무 어려 자기 방에서 아무것도 할 수 없는 나이라도 자기 방 하나씩을 주는 것은 프랑스의 전통이다. 게다가 국가 인구통계(여성 한 명당 평균 1.8명의 아이를 출산한다)와 많은 외동아이 때문에 오늘날 대부분의 아이들은 개인의 영역을 충분히 누리고 있다. 문제는 그들이 그것을 요구한 적이 한 번도 없었다는 것이다! 반대로 형제자매와 방을 나눠 써본 경험이 있는 많은 아이들은 대단한 결탁, 더욱 튼튼한 교류를 경험했고 서로 위로해 주거나 도와줘 본 경험이 있었다.

하지만 성별이 다른 두 아이가 방을 나눠 쓸 경우, 둘 중 하나가 사춘기에 접어들 때 이것은 거북함이나 흥분을 일으켜 그들을 염려시킨다. 일례로 만일 남자아이가 옷을 벗는 누이를 보고 생애 최초의 발기를 일으킨다면 그는 일종의 근친상간이랄 수 있는 이 일로 인해 수치심을 느낄 것이다. 이제 막 젖가슴이 부풀기 시작해서 남동생으로부터 놀림당하는 여자아이의 경우도 마찬가지다. 그렇게 되면 둘 다 자기 혼자만 쓸 수 있는 방을 달라고 요구함으로써 그들의 불편함을 부모에게 표현할 것이다.

대응법

성별이 다른 두 자녀에게 방 하나씩 주는 것이 불가능하다면 각자의 사생활을 지킬 수 있고 사적인 공간을 제공할 수 있는 방법들을 찾아야 한다. 이를테면 가구로 벽을 만들어 방을 나눠 주거나 커튼 또는 칸막이를 설치할 수 있다. 특히 이 상징적인 경계에는 진짜 문 앞에서와 똑같은 규칙(들어오기 전에 노크를 한다, 허락 없이 늘어오시 잃는다 등)을 정해야 한다. 또는 두 명의 동거자 중 한 사람에게 꼭 그의 방은 아니지만 그에게만 속한 어떤 사적인 공간(지하, 차고 등에)을 만들어 주는 것도 가능하다.

공간의 이런 재정비도 영구적인 것은 못될 것이다. 왜냐하면 요구와 계기들이 상황을 매우 빨리 변화시킬 것이고, 두 마리 새 중 한 마리는 조만간 둥지를 뜰 것이기 때문이다.

37
딸이 화장실에 틀어박혀 나오질 않는다

가족의 화장실이 아가씨가 가장 사랑하는 장소가 되어 그곳에서 몇 시간씩 보내고 아무도 들이지 않으며 문 앞에서의 요구들에도 불구하고 문을 잠그고 거기서 나올 때마다 매번 새로운 옷차림이다. 그리고 하루에도 몇 번씩 방금 입었다가 벗은 옷으로 빨래바구니를 넘치게 만든다.

12세에서 15세 사이, 사춘기의 절정에서 겪는 급격한 변화는 딸의 마음과 몸 그리고 머리를 완전히 지배한다. 그래서 사방에 거울이 있고 잠글 수 있는 문이 있는 화장실에서 딸은 오랫동안 자신을 관찰한다. 자신의 변화에 익숙해지기 위해 딸은 자신의 모습을 앞에서도 보고 옆에서도 보고 멀리서도 보고 아주 가까이에서도 본다. 젖가슴을 내밀어 보고 피부를 유심히 살펴보고 이 옷 저 옷을 입어 본다. 화장실은 청소년들이 '자신을 알아가고' 자신의 낯선 몸과 친해지고 새로운 모습을 모색하는 은밀한 장소이다.

설령 일부 부모들이 문을 닫지 않는 습관, 집에서 벌거벗고 다니는 습관이 있다 해도, 이것이 그들의 자녀에게는 너무나 자연스럽게 여겨졌다 해도 자녀들이 청소년기에 이르면 갑자기 이런 일이 당황스러워진다. 부모의 벗은 몸과 성에 호기심이 생겨서뿐만이 아니다. 그들은 자신의 미래 모습인 이 어른들을 관찰하고 싶다. 하지만 동시에 그것이 거북하고 귀찮다. 그들은 이것이 그들과 무관하다는 것을 알며 그것이 그들의 마음에 통제하기 어려운 감정을 야기한다(벌거벗은 몸이 같은 의미를 지니지 않는 나체주의 문화의 경우를 제외하고).

대응법

부모의 습관이 어떻든 아이들은 10세가 넘으면 남에게 몸을 보이지 않을 권리가 있다. 그것을 분명히 지켜 주고 도와줘야 한다. 이것은 다시 말해 문들, 특히 화장실과 방문들이 굳게 닫혀 있는 것을 받아들이는 걸 의미한다. 설령 그 문들이 지금까지는 항상 열려 있었다 할지라도. 하지만 화장실은 온가족이 이를 닦기 위해 비슷한 시간에 연속적으로 사용하는 곳이기도 하므로 타협안을 찾아야 한다. 온가족의 생활이 청소년기 딸의 감정에 휘둘려서는 안 된다(특히 항상 거울을 들여다보는 딸의 버릇을 조롱하는 토를 달아서는 안 된다!). 대신 우리가 그녀의 새로운 요구와 개인적인 바람을 알고 있으며, 그에 따라 가족의 규칙을 바꿀 준비가 되어 있다는 느낌만은 전해 줄 필요가 있다. 이를테면 만일 딸에게 자기 방이 있다면 그 방에 '화장대'를 만들어 주겠다고 제안할 수 있다. 커다란 거울, 아무도 방해하지 않겠다는 약속과 함께. 그리고 각자의 시간표에 따라 공동 장소를 사용할 수 있는 시간을 미리 할당해둘 수 있다!

그리고 이를테면 새 옷을 입어 보기 위해 가게 한가운데에서 옷 벗기를 거부하는 딸을 비웃는 것은 사려 없는 행위가 될 것이다. 설령 그렇게 하는 것이 어머니에게는 전혀 방해가 안 되고, 딸에게 아직 '숨길 것이 아무것도 없는' 것 같아 보이더라도 말이다!

38
딸은 전화를 독점하고,
아들은 인터넷을 하느라 컴퓨터를 독점한다

각자의 통화의 자유를 보장하기 위해 부모들은 집안 곳곳에 전화기를 설치하기 시작했다. 뒤이어 '무선 전화기'가 나와 수화기를 들고 침대에서 뒹굴며 통화할 수 있게 되었다. 그 다음 등장한 것이 가족 컴퓨터로 이는 흔히 아이들을 위해, 아이들이 교육용 소프트웨어를 갖고 공부하거나 또는 인터넷에서 뭔가를 탐색하기 위한 것이었다(설령 그것이 특히 네트워크 게임을 하거나 친구들과 '채팅'하는 데 사용된다 하더라도). 그 다음 청소년들은 부모의 휴대전화를 빌려서 사용했다. 부모들은 자녀의 행적을 쫓을 수 있는 데 안심하고 그것을 허락했다. 이제는 남녀노소를 불문하고 모든 사람이 자기 휴대전화를 갖게 되었다. 여전히 안전의 명목으로. 이 행진은 어디에서 멈춰야 할까?

최근 몇 년 동안 새로운 통신 기술은 너무나 빨리 발전해서 부모들은 자녀와 동시에 그것을 사용하는 법을 배워야 했고 대개는 더 어려워했다. 그들은 그것의 목적을 이해하고 그것의 기술을 익히는 동시에 그들만의 고유한 사용 규칙을 발명해야 한다.

젊은이들은 어쨌든 이 신기술을 사용할 것이기 때문에 그것과 친숙해져야 한다. 이것은 오늘날 교육의 일부이다. 그들은 거기서 그들의 창의력을 폭넓게 행사하며 그것을 가지고 놀라운 또는 재치 있는 도구를 만든다(아이콘들, 인터넷 메시지를 위해 고안된 응축된 화법, 무료 사이트들을 통해 구현되는 음악 편집 등).

이 모든 커뮤니케이션 수단들은 자녀와 그 친구들, 자녀와 부모들 간의 연락이 한 번도 끊어진 적이 없는 듯한 거짓 인상을 주며(그것이 거짓인 것은 목소리나 인터넷 메시지가 그것들의 발신지를 알려 주지는 않기 때문이다), 세상 한쪽 끝에서 다른 한쪽 끝으로 항상 대화할 수 있기 때문에 실제로 떨어진 적은 한 번도 없는 습관을 유지시킨다. 결국 그것들은 여러 가지 양식(인터넷 접속 할인권, 선불 전화 카드 등)을 제안함으로써 마치 무료인 것 같은 환상을 주도면밀하게 심어 준다. 왜냐하면 요금 지불이 전자 은행의 자동 이체를 통해 이루어지기 때문에 자녀들은 실제 요금이 얼마인지 모르기 때문이다. 이 서비스들의 마케팅은 바로 소비를 부추기기 위해 구상된 것이다. 무엇보나 먼저 청소년들의 소비를!

대응법

어쨌든 이미 생활의 일부가 된 이 기술들을 금하는 것은 소용없는 일이며, 그런 식으로 청소년들을 현실 세계 밖에서 저지하는 것은 유감스러운 일이 될 것이다. 대신 반드시 이 문제에 대한 자신만의 철학을 세우고 사용 규칙을 정해야 한다(이 규칙 또한 끊임없이 바뀌어야 한다).

이를테면 공동생활의 규칙은 가족의 전화 사용에도 적용된다는 것, 그리고 일정 시간 이상 사적인 사용을 위해 다른 통화를 차단하면 안 된다는 것을 상기시켜 줄 수 있다. 만일 그러는 편이 모든 사람에게 도움이 된다면 두번째 전화선을 설치하지 말란 법도 없다. 단 이때 청소년기 자녀가 가격을 알고 정해진 규칙에 따르는 것을 조건으로 한다. 이를테면 자녀로 하여금 용돈으로 적어도 일부를 '갚게' 하거나 엄격한 사용 한계를 강제하는 것이다.

인터넷 접속도 마찬가지다. 사용자는 자신이 사용하는 서비스의 가격을 알고 제한된 시간에 사용하는 법을 배워야 한다. 설령 그것이 시간은 소중하며 목적 없이 '서핑' 하거나 '채팅' 하는 것 말고 다른 많은 활동에 사용될 수 있다는 것을 자각시키기 위한 것이라 할지라도 말이다. 그는 또한 사용 규칙도 알아야 한다. 절대 자신의 주소를 인터넷상에 제공하지 말 것, 피해를 입을 수 있는 대화나 사이트에 끼어들지 말 것 등.

5년 전부터 18세 이하 청소년들의 점유율이 폭발적으로 증가하고 있는 휴대전화로 말하면 필요할 때, 이를테면 파티가 있을 때 어른들 것을 하나 빌려주는 것부터 시작할 수 있다(휴대전화는 꼭 필요한 통화에만 사용되어야 하며, 교실에서 문자 메시지를 보내거나 친구들과 수다 떨기 위해 사용하면 안 된다). 그 다음에는 어떤 상징적인 나이에 고대하던 선물로 하나 사줄 수 있다. 또는 그들의 용돈에 제한된 금액의 전화요금 예산을 포함시켜 스스로 관리하게 하고 알아서 해결하게 할 수 있게 해야 할 것이다.

때로는 그들에게 관계에 대한 어떤 철학을 제시하는 것도 무익하지 않을 것이다. 이 장거리 커뮤니케이션이 편리하긴 하지만 그것이 과연 각자가 육체적으로 실존하는 관계와 똑같은 가치가 있을까? 이 새로운 의사소통 수단을 남용함으로써 오히려 자기 안에 갇히고 고립될 염려는 없을까?

39
아들이 온 가족과 함께하는 식사에
끼지 않으려고 한다

"밥 먹어라!" 대개는 세번째 명령 또는 간청에 어른과 아이들은 모이기 마련이다. 그런데 청소년기 자녀만은 이를 거부한다. 배고프지 않다는 둥 싫어하는 반찬만 있다는 둥 또는 공부할 게 많다는 둥 너무 졸립다는 둥……. 이는 결국 가족이라는 틀 안에 있기 싫다는 뜻이다.

프랑스에서는 다양하고 세련된 요리법을 갖춘 관례적인 식사 전통과 그것을 나누기 위해 모이는 습관이 깊이 뿌리를 내리고 있다. 이것은 후손들에게 물려줘야 할 진정한 문화이며, 나아가 이 세대를 위협하는 비만증에 대한 훌륭한 예방책이기도 하다. 그런데 가정이라는 조직, 영양 섭취와 직간접적으로 관계가 있는 모든 것들이 시비거리를 찾느라 고심하는 청소년에게는 하나의 특권 영역이 되며, 13세에서 15세 사이 청소년들의 충돌 분야 중 최고점을 차지하고 있다. 그의 목적은 어머니의 역할을 빼앗는 동시에 자신의 다름을 주장하고, 나는 '그 빵을 먹지 않는다'는 것을 보여주는 데 있다. 가족의 식사가 가정의 관습인 경우 그는 그것을 공격하고, 가족의 식사가 대화의 장인 경우 그는 바로 그것으로부터 멀어지고자 한다.

이것은 음식과 관련되어 있을 수 있는 모든 형태의 변덕으로 나타날 수 있다. 잠자는 시간을 빼앗기기 싫어서 아침식사를 거부하고 채식 주의자가 되기로 결심하고, 식욕을 앗아가는 군것질거리를 개인적으로 비축해 놓고 급히 마음을 바꿔 자기 방에 들어가 혼자 조금씩 깨작거리는 등…….

때로 일부 청소년들은 어머니에게 따로 어린 시절 먹던 '작은 접시'에 식이요법 식단을 차려 달라고 요구하기도 하는데, 이는 성장을 거부한다는 의미로 어머니와 유년기의 관계를 유지하는 방법이다. 소녀들의 경우 음식 변덕이 유발하는 가족간의 긴장을 뛰어넘어 가장 큰 위험은 식욕부진, 병적 허기증 같은 영양 장애가 정착되는 것이다.

대응법

식사를 준비하는 사람이 요구와 입맛이 매우 빨리 변하는 가족 구성원들을 만족시키기란 객관적으로 어려운 일이다. 왜냐하면 그런 변화는 나중에야 알 수 있기 때문이다. "어머나, 저 녀석이 이달엔 5센티미터나 자랐네. 저렇게 먹어대니 놀랄 일도 아니지!" 또한 각자의 리듬이 일치하기도 어렵다. 부모가 저녁에 아주 늦게 귀가할 때 허기진 자녀가 이미 냉장고 음식을 거덜내는 것도 당연하다…….

하지만 매일은 아니더라도 적어도 정기적으로는 가족 식사라는 공동 영역을 고수함으로써 그것이 모든 사람에게 실질적인 기쁨이 되게 하는 것이 중요하다. 이때 거기에 도달하기 위해 부과되는 구속들은 누구를 골탕 먹이기 위한 것이 아니라 좋은 시간을 공유하고픈 욕구의 표현이라는 것을 보여줘야 한다. 따라서 특히 대화가 어려울 때 이 교류와 만남의 정기적인 약속 시간을 폐지하는 것은 유감스러운 일이 될 것이다. 우리는 이를테면 이렇게 말할 수 있다. "가끔씩 함께 식사하는 것은 즐거운 일이 될 거야." 또는 "배고프지 않아도 식탁으로 와서 후식만 먹으렴."

모든 원칙은 예외에 의해 가치를 지니는 법. 따라서 청소년기 자녀로 하여금 순간적인 포만감을 안겨 줄 뿐인 과자 같은 설탕덩어리로 배를 채우게 놔두기보다는 규칙을 완화하고 가벼운 식사를 허락하고 준비하는 편이 낫다. 이를테면 냉장고에 유제품, 먹고 남은 음식을 두는 칸을 마련해 두는 것이다. 요구사항들과의 비교를 통해 차이를 용납하면서 새로운 자유에 대한 바람을 인정해 줘야 한다. 때로는 아이가 지쳐서 저녁을 먹지 않고 잠들거나 중요한 시험을 앞두고 공부를 중단할 수 없을 때가 있다. 또한 부모는 가족과의 식사를 가끔씩은 그 자신이 주최하는 친구들과의 피자 파티로 대체할 것을 권할 수도 있다.

반대로 아이가 가족과 식사를 하는 대신 자기 방에 틀어박혀 혼자 깨작거리고 먹게 내버려두는 일은 피해야 한다.

딸이 다이어트를 하려고 할 때 아이가 균형 잡힌 영양을 취하도록 돕는 최선의 방법은 스스로 요리하는 법을 가르쳐 줌으로써 자신이 먹을 양을 정하고 좋아하는 것을 선택하게 하는 것이다(87쪽 23번 질문을 보라).

아들딸 모두에게 우리는 가능한 모든 변수를 살려 스스로 아침식사를 준비하도록 허락할 수 있다. 그럼으로써 그들은 자신에게 필요한 양을 평가할 수 있고 입맛대로 먹을 수 있으며, 또 자기만의 메뉴를 만들면서도 가족의 생활 리듬을 해치지 않을 수 있다.

다른 때와 마찬가지로 이 문제도 어머니가 거기에 많은 비중을 두고 엄격한 태도를 보인다면 그만큼 더 민감한 문제가 될 것이다. 그렇다면 아버지가 가족들을 식탁에 불러 모으면 어떨까?

40
아들이 동생들에게 밉살스럽게 군다

"말도 안 돼요! 나한테는 절대 허락하지 않으면서…….""자, 일어나서 물 떠와! 당장!" 청소년들은 어린 동생들에게 훌륭한 원칙들로 무장된 교육자 역할을 할 때도 있지만 때로는 유머 감각을 상실한 강경주의자가 될 때도 있다. 그런데 동생들이 그 의도를 항상 잘 받아들이는 것은 아니다. 그들은 그것을 오히려 당한 것을 그대로 갚는 것으로 본다…….

청소년기는 부모에게 극도로 예민해지는 시기이다. 겉으로는 드러내지 않을지 몰라도 청소년들은 부모가 자녀에게 부여하는 대우, 위치, 사랑에 대단히 예민하다. 그리고 12 또는 13세가 되면 그들의 질투는 원시적으로, 그리고 서너 살 때만큼이나 난폭하게 표현된다. 이미 다 커서 '이성적'이어야 할 아이들이 그러지 못하는 모습을 보면 당황스러울 수 있다! 나이 차이가 적을수록, 특히 터울이 3세 이하일 때 경쟁심은 더 크다. 그리고 둘이 동성일 때 더 크다. 청소년들은 아주 어린 아이들에게는 매우 상냥하고 참을성 있는 모습을 보여준다. 5세에서 10세 사이의 아이들에게는 그보다 훨씬 더 불친절하고 참을성 없는 태도로 나오는데, 특히 함께 살면서 매일 보는 동생들에게 더 그렇다. 왜냐하면 닮은 점이 많은 동생들은 청소년들이 더 이상 되고 싶지 않은 모든 것을 드러내기 때문이다. 그들이 이제는 벗어나고 싶어 하는 그 모든 것을. 그렇기 때문에 청소년기 자녀들은 부모를 대신하여 그보다 훨씬 더 가혹하고 훨씬 더 엄격한 '교육자'를 자처하고 나선다. 가장 어린 동생들은 당연히 그것을 참지 못하며 그것은 형제간 갈등의 확대를 야기한다. 그러다가 부모와 자녀의 관계가 풀릴 때 동생들과의 새로운 관계도 형성될 수 있을 것이다. 갈등이 점차 진정된다면 그것은 청소년기가 끝날 때가 다가왔다는 의미가 될 것이다.

대응법

먼저 실제로 어떤 일이 벌어지고 있는가를 파악하라. 그들이 부모가 볼 때만 싸우고 부모가 등을 돌리면 다시 결속된 모습으로 돌아가는 것은 아닌지? 아니면 큰 희생을 치르고 합의를 보는지? 그렇다면 이것은 그들의 목표가 부모의 애정과 관심이라는 것을 나타내는 한 가지 특징이지만 부모가 항상 이것을 의식할 수 있는 것은 아니다. 청소년기 자녀들이 더 이상 이에 대해 염려하지 않는 척하는 만큼 더욱 그렇다. 아이들간의 이런 공모는 그들의 삶에서 성공의 수단이 될 것이다.

부모들은 각기 다른 자녀를 같은 방식으로 사랑할 수 없고 항상 똑같은 방식으로 대할 수 없다는 생각을 그들 자신이 받아들여야 한다. 왜냐하면 아이들은 다 다르고 부모에게 다른 것을 요구하기 때문이다. 최악의 갈등은 항상 엄격한 동등함을 추구하는 가정에서 나타난다. 부모는 자녀들간의 다툼에 가능한 한 개입하지 않는 편이 좋다. 부모 자신이 거기서 해결책을 찾고 싶어 할수록 갈등은 악화될 우려가 있다. 이런 어려움들에 직접 맞서 싸우는 것은 피하고 가능하면 유머를 가지고 다루는 편이 낫다. 너무 버릇이 없다고 남동생을 나무라는 형의 경우처럼. 오, 이 얼마나 고전적인 경우인가……

그렇지만 형제간의 다툼과 진짜 괴롭히는 것은 구별해야 한다. 항상 한 아이가 학대에 이를 정도로 동생의 '인생을 망치고' 동생을 깔볼 기회를 놓치지 않거나 또는 주변 사람들이 참을 수 없을 정도의 언어 폭력을 행사할 때에는 둘 사이에 개입하여 용납될 수 있는 한계를 알려 줘야 한다. 때로는 둘을 떨어뜨리거나(이를테면 친구 집에서 며칠 지내게 한다든가) 정신과 의사의 치료만이 해결책인 경우도 있다.

이를테면 부모가 한나절 동안, 나아가 몇 시간 동안 그들만 집에 놔두지 못할 정도로 자녀들간의 관계를 믿을 수 없다면 그것은 정상이 아니다. 이는 가족 관계 안에서 뭔가가 제대로 굴러가고 있지 못하다는 뜻으로 분석을 받아볼 필요가 있다.

41
아들은 라디오에서 흘러나오는 잡담이나 음악을 하루 종일 듣는다. 그러다 바보나 귀머거리가 되지는 않을까?

자기 방에 들어가자마자, 차에 타자마자, 아들은 고막을 찢을 듯한 CD를 튼다. 거리에서 아들은 워크맨 이어폰을 귀에 꽂고 다닌다. 아들은 라디오의 시끄러운 노래를 배경으로 '공부하고' 밤새 '젊은이들을 위한' 방송을 듣다가 부모가 들어가면 거북한 태도로 끈다. Fun, NRJ, 또는 스카이락에서 나오는 말을 들으면 부모들은 분노하거나 털썩 주저앉을 것이다.

청소년들은 침묵과 대면하는 것을 힘들어한다. 심장 박동을 연상시키는 2박자의 격렬한 리듬을 가진 라디오의 배경음이나 음악 소리는 그들이 느끼는 내면의 긴장을 은폐하거나 잠재우고 다른 사람들로부터 보호해 준다. 음악을 듣는 것은 꿈꾸거나 생각하는 데 필요한 고독하고 안전한 인큐베이터 안에 들어가는 것이다. 아마도 그렇기 때문에 음악은 특히 젊은이들의 문화, 청소년들로 하여금 서로 알아볼 수 있게 허락하는 공통 문화일 것이다. 원칙적으로 어른들은 거기서 제외되어 있으며 그것을 이해하거나 감상할 수 없다.

아무리 그렇다고 해도 지나친 소음에 노출되면(이를테면 워크맨 들을 때, 또는 콘서트나 나이트클럽 같은 데에서) 내이(內耳)를 다칠 수 있다. 일반적으로 오늘날의 젊은이들 가운데 네 명 중 하나가 이미 20데시벨의 청력을 상실한 것으로 추정되고 있으며, 이는 60세 노인의 청력에 해당된다. 이 세대는 앞으로 살 날이 창창하므로 그들이 1백 세쯤 됐을 때는 난청의 정도가 어떨지 상상이 가질 않는다!

1998년부터 법으로 소음의 강도를 1백5데시벨로 제한하고, 워크맨의 출력은 1백 데시벨로 묶어두고 있는데 사실은 이것도 너무 높다. 왜냐하면 귀에 해가 되지 않는 소음 수위는 90데시벨이기 때문이다.

대응법

비록 자기 방이 사적 영역이긴 하지만 음악은 벽을 통해 들리며 다른 가족 구성원들의 분위기를 '흐려 놓을' 수 있다. 부모는 그것을 알려 주고 조용히 해 달라거나 음량을 줄여 달라고 요구할 권리가 있다!

이어폰은 다른 사람들의 문제를 해결해 줄지 몰라도 아이에게는 위험 요소가 될 수 있다. 다른 영역들과 마찬가지로 거기서도 자녀를 구속하거나 복종시키기는 어렵다. 그러다가 자녀에게 유리한 영역에서 괜히 분란만 일으킬 수 있다. 하지만 정보를 준다고 해서 해가 될 건 없으니 비난을 퍼붓지는 말고 분명하고 절제된 방식으로 그렇게 하라. 이를테면 신문이나 잡지의 기사들을 우연히 눈에 띄게 한다든지 텔레비전에서 들은 정보를 일러 준다든지 콘서트에 갈 때에는 스피커에서 떨어져 있으라고 권고한다든지 하는 방법으로. 즉각적인 복종을 기대할 수는 없겠지만 그래도 은근한 관심과 장기적인 결과는 기대해 볼 수 있다.

'젊은이들을 위한 라디오'

청소년들이 청취할 수 있는 시간(방과 후, 이른 밤)에 방송되는 이 프로그램들은 성년이 된 젊은이들을 청취 대상으로 한다고 내세우지만 실제로는 고의적인 방법으로 청소년들과 접촉하고 있다. 왜냐하면 그들을 대상으로 하는 일류 브랜드의 광고가 이 프로그램의 후원사이기 때문이다. 형식은 대개 똑같다. 사회자가 주제를 제시하고 청취자를 불러 증언하게 하거나 해당 주제에 관해 질문하게 하고(가장 비싼 전화 요금으로), 가끔가다 전문가인 초대 손님으로부터 개인적인 주석이나 음악과 관련된 대답을 듣는 식이다.

이런 방송들에는 하나의 장점이 있다. 그것은 젊은이들로 하여금 그들을 괴롭히는 문제들을 익명으로 제기하게 하는 것이다. 하지만 이런 방송들은 조롱하는 문화를 전파한다. 거칠고 천박한 표현들, 유머 없이 급작스럽게 직접적으로 발언자에게 가해지는 지나친 모욕. 그리고 특히 이것들은 청취율을 높이려는 목적으로 끝없는 노출증과 엿보기를 행한다. 청소년들에게 그것은 어떤 금지, 어떤 현실적 원칙의 통제도 받지 않는 흥분·자극·도발의 원천이다. 사디즘·마조히즘·수간 등에 관해 과장해서 말한다. 이런 환상들이 '라디오를 통과하면서' 내면의 시나리오 영역에서 나와 실현 가능한 것들이 된다. 그런 내용들이 전파를 통해 방송된다는 것은 행동으로 옮기라고 부추기는 것과 같다.

부모가 자기 방에서 몰래 워크맨으로 이 방송을 듣고 싶어 하는 자녀를 막을 방법은 없지만 그래도 그런 방송에 대해 비판적 시선을 갖고 허용되는 것과 금지되는 것을 가려내고, 그것들이 진행자들에 의해 어떻게 조작되고 지켜지지 않는지 분석하고, 돈이 라디오 방송들간의 전쟁의 유일한 목표라는 것을 이해하도록 도울 수는 있다. 왜냐하면 이 방송을 가장 많이 듣고 그것을 통해 가장 많은 피해를 당하는 것은 청소년들 가운데에서도 가장 취약한 아이들이기 때문이다.

반대로 이명의 경우에는 즉시 대처해야 한다. 급작스럽고 격렬한 청각적 충격(가까이에서 폭발한 폭죽) 후 또는 매우 높은 수준의 소음에

장기간 노출된 뒤에 자녀가 귀에서 나는 윙윙거리는 소리로 고통스러
워한다면 48시간 안에 진찰과 치료를 받아야 하며, 그러지 않을 경우
피해를 돌이킬 수 없게 될지도 모른다.

42
아들이 더 이상 우리랑 휴가를 떠나고 싶어 하지 않는다

부모와 자녀가 공감대를 형성하고 행복해하며 가족 휴가를 즐기던 시절은 끝났다! 부모가 어린 자녀의 생활 리듬을 따라야 하는 구속과 피곤함을 졸업하고 이제 다 큰 자녀로부터 '덕을 보려는' 순간 균열이 생긴다.

유년기에서 청소년기로 넘어가는 과도기인 12,13세경에는 누구나 한번쯤 '잡친 여름'을 경험하고, 그래서 사람들은 상황이 더 이상 전, 유년기 때와 같지 않다는 것을 깨닫고 다른 계획을 세우게 된다. 전기 청소년기 아동들은 지루해하거나 소극적이거나 기분이 좋지 않다. 그 것은 그들이 하나의 고비를 통과하는 중이라는 뜻으로 그들의 휴가를 재조정해 줘야 한다. 태도는 그렇게 보일지 몰라도 그것은 그들이 부모를 덜 사랑한다는 뜻이 아니라 또래 아이들과의 경험을 쌓고픈 욕구가 그렇게 드러나는 것이다. 그것을 고려하고 그들의 직관을 믿어야 한다. 큰다는 것, 그것은 '정상적인' 나이에, 다시 말해 또래들과 같은 시기에 단계적 자율성이라는 계단을 통과하는 것이다. 어리석은 짓을 할지도 모른다는 의심 때문에 부모가 청소년 자녀의 독립을 지연시킬 수록 자녀는 어리석은 짓을 하게 될 우려가 크다. 반대로 부모가 사려 깊은 믿음을 부여할수록 자녀는 온화하게 행동할 확률이 더 높다.

자신만의 경험을 하는 데 필요한 자유로운 공간을 한 번도 가져 보지 못한 청소년은 주위에 아무도 없이 혼자 '풀려나는' 날 어떤 위험한 짓을 감행하게 된다. 슬그머니 어머니의 시선에서 빠져나오는 데 성공하여 옆을 살피지도 않고 길을 건너는 꼬마처럼. 왜냐하면 아이는 한 번도 주의하는 법을 배우지 않았기 때문이다. 유년기와 청소년기 동안 부모의 역할은 자녀가 어릴 때 부모가 담당했던 자신을 보호하는 이 시선, 위험에 대한 이 판단을 조금씩 자녀에게 위임하는 데 있다. 그것은 '아무 일도 일어나지 않게' 자녀를 고치에 넣어두는 것이 아니다. 그렇게 하면 자라서 청소년이 되고 장차 어른이 될 이 아이가 그 자신을 돌보는 법을 배우지 못하고 자신의 안전과 관련된 문제를 타인들, 나아가 우연에 맡길 우려가 있다.

대응법

모든 가족이 자녀에게 같은 정도의 자유를 같은 시기에 부여하는 것은 아니다. 그건 당연한 일이다. 그들의 생활 환경·역사·문화가 다르기 때문이다. 그렇지만 미래의 어른들이 그들이 사는 사회에 동화되게 하려면 상황을 고려하고 그 상황을 가능한 한 가장 잘 헤쳐 나가는 법을 가르쳐야 한다. 부모가 청소년 자녀에게 부여하거나 하지 말아야 하는 자유에 관한 입장이 다른 부모들 또는 배우자의 입장과 철저히 다르다면 자신의 태도에 대해 자문해 보는 편이 좋을 것이다. 그리고 필요하다면 그것을 변화시킬 용기를 갖는 편이 좋을 것이다. 왜냐하면 자녀의 자율성과 바람직한 사회 통합은 함께가는 것이기 때문이다.

휴가의 리듬에 관한 변화들은 부모와 청소년기 자녀들에게 진정한 노력을 요구할 수 있다. 좋은 여건에서 점진적으로 변화를 따가가려면 깊게 뿌리내린 관습을 뒤엎고 서로의 욕구에 타협하고 재조정하고 협상해야 한다. 가족 휴가를 계획할 때 청소년기 자녀의 마음에 들고 그에게 필요한 것을 제공할 수 있는 계획들을 생각해야 할 것이다. 이는 각 가족의 취향과 가능성에 따라 다를 수 있다. 자녀의 친구를 초대하거나 또래 자녀들(가능하면 아이와 뜻이 잘 맞는!)을 둔 친구들과 함께 떠나거나 다른 청소년들을 만날 수 있는 휴가 장소를 골라 그들을 초대하고 함께할 수 있는 활동을 제안함으로써 가족과 친구들 사이에서 조화로운 휴가를 보내게 할 수 있다. 그리고 가능하다면 가족 여행을 계획해 보라. 가족 여행은 공통된 발견과 만남의 기회이며 청소년에게는 다양한 사회적 행동을 배울 수 있는 기회이다. 이를테면 휴가 때 있었던 예기치 못한 사건들을 통해 부모가 다양한 상황에서 대처하는 법을 본 자녀는 훗날 혼자 있을 때 같은 행동을 취할 것이다.

청소년 자신도 계획에서 몇 번 '실패'를 경험하고 나면 친구들과 함께 자신의 휴가를 예상하고 미리 계획하는 법을 배우게 된다. 그것은 다른 유형의 훈련 기회도 제공한다. 계획된 것과 하고픈 것 사이에서 협상하는 법 같은……

대개 청소년은 부모의 걱정에 별로 개의치 않으려고 든다. 선한 의지와 유머가 있으면 상호 독립적인 방향으로 천천히 나아가는 방법을 찾을 수 있다. 부모는 그들의 불안이 근거 없다는 것을 인정하면 되고, 혼자 휴가를 떠난 자녀는 부모를 안심시키기 위해 정기적으로 전화를 걸기로 약속하면 된다.

43
아들이 이제는 일요일에 할아버지 댁에
점심 먹으러 가지 않겠다고 한다

지금까지 '할머니 댁에서 벌어지는' 모든 가족 모임, 모든 휴가 계획을 즐겁게 생각해 온 아들이 이제는 일요일 아침마다 "난 안 갈래요. 할 일이 있어서요……"라고 통고한다. 또는 여느때처럼 7월에 부모가 휴가 떠나기를 기다리면서 할아버지 댁에 가서 온갖 사랑을 받기를 단호히 거부한다.

이것은 가족의 관습에 의문을 던지고, 고치 밖에서의 삶을 구축하고픈 청소년들의 욕구에 속하는 일이다. 지난 날 그들 자신의 자녀로부터 같은 거부를 당했을 조부모는 그것을 이해할 수 있을 것이다. 하지만 청소년은 더 나이 든 세대, 더 넓은 인맥과 자주 접함으로써 얻는 것이 많다. 요즘처럼 가족이 점점 더 축소되어 가는 시점에서 넓은 친척 관계는 엄청난 자산이다. 그것은 다양한 인생 여정의 모델과 통로들의 보고이다. 경험에 비춰 보면 조부모·삼촌·고모·이모들과의 좋은 관계는 청소년기 자녀에게 안정감과 보호받는 느낌을 주는 요인이 된다. 이는 청소년으로 하여금 부모의 손을 벗어나게 해주면서도 가족과는 떨어지지 않게 해준다. 또한 시간 속에서 자기 자리를 찾고, 별

안간 닥친 어려움들을 상대적으로 보고, 사건들과 거리를 두도록 도와
준다. 그리고 옛날 이야기를 들으면서 청소년 자녀는 부모가 자기 나
이 때에도 완벽하지 않았고 지금도 그렇지 않다는 것, 그리고 자신과
비슷한 경험을 겪었다는 것을 알게 된다. 한편 권위적 기능에서 벗어
난 조부모는 손자들과 거리를 둔 상태에서 더 자유롭고 더 말하기 쉬
운 관계를 맺을 수 있다.

관계가 갈등 양상을 띨 때 그것은 두 세대의 어른들과 관련된, 청소
년 외부의 이유들 때문인 경우가 많다. 부모 스스로 그들 자신의 부모
로부터 분리되지 못한 경우가 있다(이때 조부모는 손자들의 독립 시도
를 잘 용납하지 못한다). 또는 그들간에 자녀를 사이에 두고 공개된 또
는 잠재된 갈등이 있는 경우도 있다. 유년기 때 아이는 아무 문제도 제
기하지 않고 당연히 부모 편에 섰지만 이제는 두 진영 중 한쪽 편을 들
거나 충성을 보여야 할 것 같은 느낌이 든다. 그래서 아이는 도망치는
편을 택한다.

실제로 우리는 자녀들과의 갈등을 해결하기 위해 손자들을 이용하
는 조부모들을 가끔 보게 된다. 이를테면 과거 그들은 자녀의 분노를
고조시키거나 권한을 박탈하는 매우 엄한 부모였는데, 지금은 아이의
응석을 다 받아 주는 조부모처럼 행동하는 식이다.

휴가로 말하면 이를테면 부모가 일하는 동안, 또는 부모가 두 사람
만의 시간이 필요해 손자들이 조부모 집에서 지낼 수 있다면 모두를
만족시키는 해결책이 될 것이다. 부모는 육아 문제에서 해방되고 조
부모는 그들이 아직 쓸모 있는 인간이라는 느낌이 들면서 그들과 소
중한 관계를 맺는 중인 손자들을 '이용'하고 손자들에게 자기들 집에
서와는 조금 다른 식으로 사는 법을 가르쳐 줄 수 있을 것이다. 그러
나 '그것이 잘 되지 않는' 어느 여름날이 올 것이다. 청소년기에 접어
든 손자는 갑자기 지금까지 해오던 일상생활(할아버지와의 낚시, 사촌

동생들과 해변에서 노는 일 등)이 더 이상 그에게는 충분치 않다는 것을 발견한다. 이런 단절을 강조하기 위해 손자는 조부모에게 그 책임을 돌린다. "그분들은 이래서 싫어요, 저래서 싫어요. 그분들은 내게 충분한 자유를 주지 않아요" 등등. 그리고 이것은 때로 분명하고 단호한 거부로 귀착하곤 한다. "방학 때 이제는 할머니 댁에 가고 싶지 않아요."

대응법

모든 것이 어른 세대들간의 관계의 질과 변화할 수 있는 가족의 능력에 달려 있다. 부모는 무엇보다 먼저 자녀의 이익에 우선순위를 두어야 한다. 자녀의 뜻을 어기고 일요일에 점심식사를 하거나 휴가를 보낼 때 부모에게 기분 좋은 '일거리를 주기' 위해 자녀를 '충성의 증거로 내세우지는' 말아야 한다.

어린 시절부터 조부모와 손자들 간의 관계는 부모 밖에서 형성되는 편이 좋다. 그것이 부모에게도 좋은데, 왜냐하면 그들 역시 자신의 부모가 지켜보는 가운데 부모 노릇하기가 쉽지 않기 때문이다. 따라서 청소년기 자녀에게는 이 관계를 방해하는 갈등을 벗어나 자신의 대가족과 다른 형태의 관계를 찾을 수 있는 권리를 인정해야 한다. 만일 일요일의 점심식사를 참을 수 없다면 이를테면 좀더 짧고 사적인 방문을 해보도록 권하거나, 좀더 친밀한 관계 속에서 방학 때 조부모 집에서 혼자 며칠(짧게) 지내봄으로써 조부모와 직접적으로 의사소통하는 기회를 제공할 수 있다. 실제로 가족 모임에서는 대단한 이야기가 오가지 않는 것이 사실이므로 자녀는 덜 관습화되고 더 진실한 관계를 바랄 수 있다!

가능하면 자녀로 하여금 동성 친구를 초대해 조부모 집에서 방학을 함께 지낼 것을 제안하는 것도 좋은 방법이다. 이는 자녀들로 하여금 공동 관심사를 가지고 함께 있게 해주며 가능한 활동의 영역을 넓히게 해준다. 이를테면 혼자 또는 여동생과 수영장에 가거나 한나절 산책하기보다는 둘이 가는 편이 더 쉽다. 여기엔 그저 자율성과 필요한 경비를 주겠다는 친구 부모의 동의만 있으면 되고, 이 계획을 위해 조부모의 책임을 면해 주기만 하면 된다. 또 다양한 기쁨을 누릴 수도 있다. 이번엔 친구의 가족이 자녀를 초대한다는 멋진 생각을 할지 모른다. 여러 장소에서 방학을 보내면서 서로 각기 다른 관습을 가진 가정, 환경과 분위기, 활동의 변화를 발견할 수 있다. 어쩌면 현장에서 요트 · 테니스 · 축구 등을 배울 기회가 생길 수도 있고, 그것은 조부모의 세계에서 벗어나는 동시에 다른 친구들을 만나는 기회가 될 것이다.

아무튼 새롭고 다양한 계획이 구상됨에 따라 청소년 자녀들이 조부모 집에서 방학을 보내는 시간은 점점 줄어들 것이다.

그리고 조부모와의 관계가 확실히 불가능하다면 이런 역할을 내체할 수 있는 제2의 가정을 만들거나 아니면 스스로 만들게 하는 것을 망설여서는 안 된다.

더 많은 정보를 얻으려면

C. 아티아스 도뉘, M. 세갈렌, 《조부모, 세대를 넘나드는 가족*Grands-parents, La famille à travers les générations*》, 오딜 자콥 출판사, 1998년.

44
아이에게 돈의 가치를 주입시키려면
어떻게 해야 하나?

"내 친구들은 모두 저런 농구화를 갖고 있다고요! 엄마만 안 사주는 거라고요……." "아 제발 그 똥차 가지고 학교에 나 데리러 오지 마세요. 창피하다고요!" 돈은 아이를 현혹한 뒤 아이의 손가락 사이로 빠져나간다. 아이는 이 모든 게 얼마나 비싼지는 모르는 채 항상 더 많은 용돈을 원한다. 매일매일의 교육에서 돈을 어디에 두어야 할까? 부모의 수입, 부모에게 닥칠 수 있는 금전적인 곤란들을 자녀에게 모두 말해야 할까?

같은 부모에게서 나서 같은 교육을 받은 자녀들도 돈을 관리하는 방식에서는 매우 다양한 태도를 보일 수 있다. 성 문제와 마찬가지로 돈에 대한 태도는 매우 일찍, 다시 말해 유년기 때 인격의 다른 기둥들과 함께 결정된다. 그것은 가족들의 상호 작용, 형제자매 중에서의 위치, 부모와의 동일시 등 수많은 요소의 결과이다. 이를테면 잘 알려진 상투적인 생각에 따르면 만일 아빠는 돈을 벌고 엄마가 그것을 쓸 경우 아들은 남자, 진짜 남자가 되기 위해 돈을 모을 것이다……. 자녀의 태도는 또한 형제간의 관계에서 고정되는 경우가 많다. 손위 형제가 낭비벽이 있고 그 문제 때문에 부모와 갈등할 경우 손아래 형제는 자신은 다르다는 것을 보여주고 부모의 마음에 들기 위해 지나치게 검소한 사람이 될 것이다. 또한 그는 절약하고 자신을 위해 '모든 것을 간직하는' 것만큼이나 돈을 쓰고 '흘리고 다니는' 데에서도 기쁨을 느낄 수 있다.

돈은 삶의 일부이다. 그것은 큰 비중을 차지하며 우리는 돈을 떠나서는 살 수 없다. 돈은 더럽거나 수치스러운 것도 아니지만 그렇다고 그것을 신성시할 필요는 없다. 청소년들은 돈 쓰는 법을 배워야 한다. 자유직 같은 어떤 직업들을 택하려면 돈 문제를 언급하고 협상하고 받을 것을 당당하게 요구할 줄 알아야 하기 때문이다. 우리가 피해야 할 암초는 두 개의 극단이다. 오직 돈을 통해서만 모든 것을 바라보거나, 반대로 필요 이상 그것을 분배하는 것. 두 가지 태도는 모두 돈에 과도한 가치를 부여하는 것이다.

크든 작든 자신의 수입을 공개하는 것이 그 자체로 해로울 것은 없다. 하지만 나이가 웬만큼 들기 전까지는 수입 총액, 특히 높은 금액을 언급하는 것은 아무 의미가 없다. '우리 아버지는 몇 천, 몇 백만 프랑이나 번다'고 반복해 말하는 자녀는 사실 기준이 없기 때문에 이 거금이 별 의미가 없다. 따라서 그렇게 자세히 알려 줄 필요는 없다.

대응법

돈에 대한 한 사람의 일반적 태도에 당장 기대하는 결과를 낳을 수 있는 개입 방법이나 교육 방침은 존재하지 않는다. 어떤 요소가 고려 대상이 되고 성격을 형성할지 어떻게 미리 예측할 수 있으랴? 그렇지만 부모는 각각의 태도를 완화시켜 거기서 파생되는 극단적 태도와 어려움들을 피할 수 있다. 그것은 돈을 낭비하는 자녀에게 기다릴 줄 아는 법을 가르치는 것이다. 이를테면 자녀로 하여금 어떤 기쁨을 체험하게 한다. 이를테면 순간의 작은 만족감을 포기함으로써 몇 번의 생일이 지나는 동안 모은 돈으로 평소 갖고 싶어 하던 기타를 사게 하는 식이다. 그리고 반대로 어린 수전노에게는 자신을 기쁘게 하는 것도 즐거운 일이라는 것을 경험할 수 있는 기회를 제공한다. 친구들과 영화관에서 보낸 즐거운 시간도 행복 창고의 일부에 속하는 것이다. 그 다음 이런 다양한 경험에서 출발해 자기만의 자유와 선택을 가려내는 것은 각자 알아서 할 일이다.

청소년기 자녀가 부모로부터 돈에 관한 이야기를 한 번도 듣지 않았다면 그것도 정상은 아닐 것이다. 굳이 소득이나 재정적 곤란을 나열하지 않더라도 부모는 일상생활에서 물가에 대해 언급할 것이고, 그들의 금전적 선택과 그들이 접하게 되는 한계를 통해 그것을 알려 줄 것이다. 그리하여 이를테면 부모가 너무 높은 물가 때문에 어떤 물건을 사지 못할 때 솔직하게 그것을 말해 줄 수 있다. 그것은 자녀들에게 가능한 것과 그렇지 못한 것의 기준, 척도로 사용될 것이다. 분명한 것은 청소년들이 특히 부모의 행동을 보고 돈에 대한 그들 자신의 태도를 형성하게 된다는 것이다. 이를테면 항상 돈이 부족하다고 투덜거리면서도 쇼핑을 즐기고 옷을 잔뜩 사들이는 어머니는 딸에게 절제된 소비를 가르치거나 딸이 실용성 없는 옷가지들을 사들이는 것을 막기 힘들 것이다.

살면서 닥칠 수 있는 어려움들을 숨기거나 마치 모든 것이 가능한 것처럼 행동하려고 노력할 필요는 없다. 하지만 끊임없는 돈 걱정으로 청소년 자녀에게 부담을 줘서 이런 종류의 문제를 너무 빨리 알게 하는 일은 피해야 한다.

V

우정과 사랑

45
아들은 하루 종일 친구들과 있고, 딸은 가장 친한 친구와 집에 틀어박혀 있다

더 이상 애들 얼굴을 볼 수가 없다. 아들은 구구이 설명하기가 싫어서 친구를 대동하고 바람처럼 사라져 버린다. 딸은 가장 친한 친구 집에서 자기로 했다고 통고하기 위해 전화한다. 아니면 집에 들어오긴 하지만 오자마자 전화통 앞으로 달려가 교문 앞에서 중단된 대화를 다시 시작한다.

사춘기에 접어들면 아이들은 자기들끼리, 대개는 여자아이들은 여자아이들끼리 남자아이들은 남자아이들끼리 시간을 보내고 싶어 한다. 그럼으로써 자신의 성을 친구들의 성과 동일시하고 남성 또는 여성이 되어 가고 있음을 서로 확인하고 인격을 형성한다. 하지만 학교 공부와 다른 의무들 때문에 그들에게 이런 중요한 '활동'에 필요한 시간이 항상 있는 것은 아니다. 그리고 그들이 커감에 따라 이런 집단의 관계들은 개별화될 것이다. 그것이 그들에게는 사회생활로 가는 통로이며, 그들의 행동과 생활을 바라보는 타인의 시선을 견딜 수 있는 능력을 학습하는 기회도 된다.

소녀들은 마음이 맞는 친구들을 갖게 되는데, 이는 모든 걸 이야기할 수 있는 거울처럼 일종의 이상화된 분신이라 할 수 있다. 이것이 그들에게는 그때까지 거의 유일한 여성적 기준이었던 어머니의 영향력에서 서서히 풀려날 수 있는 한 방법이다. 이렇듯 12세 또는 13세경의 소녀들은 처음으로 엄마 아닌 다른 사람에게 중요한 것들을 털어 놓는다. 자기들끼리만의 이런 끝없는 밀담 속에서 소녀들은 깊이 있는 대화를 나누는 법, 그들의 감정의 의미를 깊이 생각하는 법을 배우게 된다. 대개 서너 명의 소녀가 어울리게 되는데 이때 그 집단 안에서는 교대로 같은 유형의 관계가 형성된다. 그런 다음 몇 달 동안 또는 몇 년 동안 함께할 '최고의 친구'가 드러난다.

소년들은 조금 다르다. 그들의 관계는 여러 친구들로 이루어진 '패거리' 형태로 결성되며 거기서 각자 자기 역할이 있다. 이를테면 여자 꼬시는 아이, 운동 잘하는 아이, 익살꾼 등. 각각의 구성원은 이 집단에서 혼자서는 갖지 못할 힘을 얻고 패거리 전체가 어느 정도는 그 자신을 나타낸다는 느낌을 갖게 된다. 그들은 자신의 감정은 언급하지 않으며 관계는 오히려 겉치레와 농담들 위에서 형성된다. 하지만 이것도 소녀들의 경우와 마찬가지로 인격 형성을 도와준다. 소년들 사이에는 독점적인 우정 관계란 것이 거의 없다. 왜냐하면 '호모'로 취급될까 두려워하는 마음과 함께 항상 동성애에 대한 공포가 주변을 떠나지 않기 때문이다……

소년, 소녀들이 함께 어울리는 시기는 더 늦게, 16세나 18세경 온다. 일단 동성 아이들끼리 서로 일체가 되는 이런 작업이 끝나면 다른 성과의 대면이 덜 어려워진다. 바야흐로 젊은이들이 무리지어 어울리고 그 안에서 서로 매료시키고 매료당하는 관계, 그 다음엔 성적 관계가 형성되는 시기인 것이다. 커플들이 형성되고 첫사랑도 겪는다.

사춘기 때 청소년들은 친구들과의 관계를 넘어 이 '다른 곳'에 대한 욕구를 느낀다. 이는 부모, 집, 유년기의 환경 밖에서 기쁨을 찾고픈 욕구이다. 이는 익숙한 경계 너머의 세상을 탐험하고 영토의 한계를 없애고픈 욕구이다. 그들은 또한 자신을 동일시할 수 있는 다른 가족 모델, 다른 인격들을 만나려고 애쓴다. 청소년들은 그런 식으로 기존의 가치들과 대면하고, 그 중에서 자신의 가치를 선택하여 부모와 다른 자신을 건설한다. 그러므로 그들이 집에서 멀어지고 롤러스케이트를 타고 거리를 배회하고, 어른들처럼 한잔 하러 카페에 가고, 나이트 클럽까지 가는 것은 당연하다.

대응법

부모는 때로 자녀에게 버림받은 느낌, 한낱 재워 주고 용돈 주는 사람으로 축소된 느낌을 갖게 된다! 그렇다고 이 새로운 관계들과 그것들이 차지하는 중요성을 질투해서는 안 된다. 실령 자녀가 태어닌 뒤로는 함께 겪고 함께 쉬는 것이 습관이 되었다 해도 말이다. 이 새 단계를 받아들이려면 부모는 그들만 있는 것이 충분히 편해서 자녀를 곁에 잡아두려 하거나 그들이 멀어지는 것을 원망하지 않아야 한다. 이런 새로운 공생 관계는 필요한 것이며 독립하고픈 욕구, 새로운 사람들을 만나고픈 욕구는 정당한 것이지만 청소년기 초기에는 지도를 받아야 한다. 서로의 집이나 청소년들을 위한 공간(스포츠클럽, 청소년 단체, 미리 계획된 파티 등)에서 만나는 편이 낫다. 이를 바탕으로 가족 세계와 친구 세계 사이에 너무 큰 단절을 만들지 않도록 주의하면서 보호 관찰 상태에서 일상생활로부터의 탈출을 경험해 보아야 한다. 아이들은 겉으로는 드러내지 않지만 자기 친구들을 바라보는 부모의 시선에 대단히 민감하다. 왜냐하면 어떤 면에서 친구들은 자신의 일부이기 때문이다. 같은 이유로 부모에 대한, 친구들의 판단에 대한 반응

도 같다. 따라서 청소년들의 우정을 곧바로 인정해 주고 친구들을 존
중해 주며 그들이 집에 들르거나 전화할 때 환대하는 것이 중요하다.
그러려면 집을 개방하고 어떤 공간(탁구대를 놓은 차고, 곰 인형이 그려
진 벽지를 뜯어낸 방 등)을 만들어 주거나 가끔씩 피자 파티를 열도록
허락함으로써 집을 편한 곳으로 여기게 해줘야 한다. 그들이 커감에
따라 그럴 때 집 관리하는 것을 조금씩 아이들에게 맡길 수 있을 것이
다. 그러면서 그들은 초대할 친구들을 스스로 선택할 줄 알게 된다.
어떤 아이들은 사라지고 어떤 아이들은 단골이 된다…….

이때 미묘한 균형을 찾아야 한다. 청소년들의 생활에 관심을 보이
면서도 그들의 관계를 간섭하지 말아야 하고, 그러면서도 세대간의 차
이는 확실히 드러내야 한다. 왜냐하면 자녀들은 동시대인들과 함께 살
고 싶어 하지만 부모 아닌 다른 어른들과도 유대를 맺어야 하기 때문
이다. 가정에서는 이를테면 간단하고 즉흥적인 방법으로, 자녀의 친구
들과 식사를 함께하면서 서로 이런 역할을 해줄 수 있다. 어른들은 그
시간이 대화를 나누고 관심을 기울이는 시간이 되게 해야 한다. 재미
있고 유쾌한 그런 시간들은 또한 자기 자녀들을 더 잘 알 수 있는 좋
은 방법이며, 그들 또한 어른들 앞에서는 서로의 말에도 전과 다르게
귀를 기울이게 된다.

46
딸은 너무 수줍음이 많고, 아들은 친구가 없다

딸을 찾는 전화는 거의 울리지 않고, 아들은 한 번도 다른 친구들과 주말 계획을 세워 본 적이 없다. 대화할 때 아들의 입에서 보통 중고등학생의 생활을 장식하는 사건들에 관한 이야기나 친구들 이름이 거론되는 것을 한 번도 본 적이 없다.

청소년기에는 인격을 형성하고 사회생활을 배우기 위해 또래 아이들과 강하고 지속적인 관계를 갖는 것이 중요하다. 각자 관계를 맺는 자기만의 방식이 있다. 혼자 있기를 좋아하는 성격은 벌집을 들쑤셔 놓은 것처럼 주변을 소란스럽게 만드는 재주나 욕구를 가진 성격들에 비해 따르는 친구가 적다. 부모가 이 관계의 질에 대해 어떤 생각을 하느냐는 그다지 중요하지 않다. 이 관계는 피상적이거나 활기 없게 보일 수도 있고 속내 이야기, 말다툼, 화해, 끝없는 웅성거림 또는 함께 나눈 권태라는 형태로 작동할 수도 있다.

만일 한 청소년이 이런 차원의 청소년기를 경험하지 못하고 있다면 거기에는 이유가 있다. 우리는 흔히 그것을 수줍음이라 부른다. 하지만 이런 수줍음은 청소년기의 특징 자체이기도 하다. 수줍음은 아이가 자신과 다른 사람들 간의 차이를 지각하기 시작했다는 사실을 나타낸다. 지금껏 아이는 자신의 욕망과 부모의 욕망 사이의 단순하고 직접적인 보완성 안에서 부모와 살아왔다. 아이는 부모를 사랑했고, 부모도 자신을 사랑한다는 것을 많이 자문해 보지 않아도 잘 알고 있었다. 하지만 이 마음 편한 고치 밖으로 생각이 확대되면 새로운 의문이 떠올랐다. 내 친구는 나를 어떻게 생각할까? 나를 바보로 여길까? 사랑하는 관계에서는 이런 질문들이 이보다 훨씬 더 큰 강도를 지닐 것이다.

자기 자신에 대한 이런 의심이 지나치게 크거나, 유년기에 획득한 자신감이 확고하지 못하거나, 부모가 지나치게 엄격했거나 지금까지도 엄격해서 사랑을 충분히 베풀지 못하고 지나치게 자주 자녀의 가치를 떨어뜨리거나 회의적인 모습을 드러낼 경우("넌 아무짝에도 쓸모 없어" "넌 절대 해낼 수 없을 걸"), 청소년기 자녀는 불안을 느끼고 자기만의 세계에 틀어박혀 타인을 불신하고 자신을 사랑받을 자격이 없는 사람으로 판단할 수 있다. 수줍음은 그런 것을 드러낸다. 수줍음은 생활의 어떤 영역(학교, 친구 관계)에 한정되어 나타나거나 자기 자신에 대한 억제로 표현될 수 있다.

따라서 약간 수줍어하는 것, 자신의 능력에 대해 의심하는 것은 청소년기에 나타나는 정상적인 현상이지만 자신의 능력을 의심하면 할수록 수줍음의 정도도 높아진다. 때로 어떤 아이들은 '기품 있는 태도'로 그것을 감추려 노력하고 그만큼 더 큰 확신을 드러내면서 자신을 보호하기도 한다. 그들 자신의 내부에서는 느끼지 못하는 그런 확신을……

대응법

청소년들의 우정의 부재 또는 그것의 갑작스런 중단은 불안의 가장 중요한 특징이다. 게다가 부모가 문제를 인식하는 것은 그들이 청소년 자녀의 생활에서 어떤 공백과 불균형을 느꼈기 때문이다.

부모는 취미 활동을 할 때 '분위기를 띄우고' 또래 아이들을 만날 수 있는 기회를 만들고 제안할 수 있다. 부모의 제안이라는 이유로 이것들은 아마 거부되겠지만 다른 가능성들을 안겨 줄 것이다. 또한 가족의 생활 방식이 다른 관계를 맺는 데 방해가 되는 것은 아닌지 자문해 봐야 한다. 부모가 한 번도 친구를 초대한 적이 없고 외부인은 무조건 불신하고 자기 자신의 어떤 것을 보여주거나 주는 것, 또 다른 사람들을 초대하는 것도 원치 않는다면 자녀에게 사람들과 교류하고 픈 마음도 교류하는 방식도 전해 줄 수 없다. 사실 그것은 사회적 교육의 일부이다.

집을 개방하려는 노력들이 충분치 않다면 청소년기 자녀는 사람들과 관계를 맺는 데 어려움을 겪게 될 것이다. 그럴 땐 그 이유부터 살펴봐야 한다. 항상 그랬던가? 어떤 집단과의 단절인가? 친구들과 멀어진 데 구체적인 이유가 있나? 만일 그렇다면 그것을 밝혀야 하나? 학교 친구들과 성숙도의 차이를 느끼나? 아이가 공격성을 보여서 다른 아이들이 피하는 건가? 다른 아이들과의 대화를 방해할 정도로 아이가 불안해하나? 이것은 우리가 발견하고 치료해 줘야 하는 어려움들이다. 당연히 친구들은 다음 순위가 될 것이다. 심리적 동반, 나아가 심리요법이 도움이 될 수 있다.

47
아들이 집에서 '파티'를 하고 싶어 한다

"엄마, 아빠, 토요일 저녁에 집에 계실 거예요? 그렇다면 친구들을 불러 파티를 해도 괜찮을까요? 아무것도 준비하지 않아도 되고 그냥 먹을 것 조금만 준비해 주세요. 좀 시끄러울 거예요……." 대개는 이런 식으로 사건이 시작된다. 뒤이어 협상이 이어진다…….

파티를 하고 싶어 한다는 건 좋은 징조다! 이것은 자녀가 자기 집에 친구들을 부르고 싶어 할 만큼 집을 편하게 생각하고, 친구들을 부모에게 소개시켜 줄 만큼 그들을 자랑스러워하고 신뢰한다는 의미이기 때문이다. 이는 아이가 사는 서로 다른 세상이 지나치게 상반되지 않기에 가능한 일이다.

한편 부모로서는 자녀의 친구들을 집에서 보면 그들의 세계, 그들이 맺는 관계의 유형, 그들이 친구들에 대해 갖고 있는 이미지를 더 잘 이해할 수 있다. 이런 기회가 오면 놓치지 말아야 한다.

그런데 친구들과 모여 놀거나 파티를 벌이고 싶다는 요구를 하는 연령이 점점 더 어려지고 있다. 오후의 생일 간식에서 중학교 들어가자마자 곧장 밤 시간의 크레이프 파티나 다른 파티로 건너뛴다. 밤 10시, 11시, 때로는 더 늦게까지 놀 정도로 도를 넘는다.

따라서 이런 외출의 횟수를 세고 시간을 규제해서 서로 존중하고 역할을 정확하게 분담하는 가운데 작전이 전개될 수 있게 해야 한다. 그리하여 모든 사람이 다시 또 파티를 하고 싶은 마음이 들도록. 해당 청소년들은 18세 이하인 만큼 장소의 주인 또는 다른 성인의 책임하에 있어야 한다. 왜냐하면 흥분된 분위기의 모임은 항상 한 청소년으로서는 통제하기 힘든 감정의 폭발로 이어질 수 있기 때문이다. 그런 일을 책임진다는 것은 그에게 너무 벅찬, 나아가 충격적인 일이 될 것이다.

대응법

전장에서 물러나거나 어린 주최자에게 파티 시간과 초대 손님을 스스로 결정하도록 내버려두거나 파티 시간에 영화관에 가서는 안 된다! 하지만 이 역할이 인기 있는 것은 아니다. 부모는 우선 이 집에 그들이 있다는 것을 알려야 한다. 부모만이 몇몇 아이들의 머리에서 싹틀 수 있는 생각들을 제지하고 문제가 생겼을 경우 개입하고 정해진 시간에 확성기를 끄게 할 수 있다.

그러면서도 초대 손님들이 자유롭게 놀 수 있도록 눈에 띄지 말아야 한다. 전통적으로 부모는 자기 방이나 옆집에 숨어 있기 마련이다.

만일 자녀가 부모가 있는 것을 정말로 싫어한다면 타협안을 찾을 수 있다. 그 중 큰아이, 형 또는 사촌에게 파티를 관리할 책임을 넘기는 것이다. 그러면 아이들도 덜 부담스러운 것이고 부모도 덜 고역스러울 것이다……

텔레비전 드라마의 이미지에 영향을 받는 가장 어린아이들은 그들을 현혹하는 풋사랑, 마약, 사랑의 춤 분위기를 흉내내고 싶어 한다. 하지만 이것은 환상에 불과하다. 왜냐하면 소녀들, 하물며 12세 또는

13세 소년들은 아직 그 단계에 와 있지 않으며, 그런 식의 프로그램으로 짜인 파티는 빨리 지루해질 수 있기 때문이다! 이 경우 우리는 여러 가지 활동들, 춤, 또는 좀더 동적인 게임 등을 제안해 볼 수 있다.

어쨌든 D데이 전에 분명한 규칙을 정해야 한다. 나이와 장소에 따라 초대할 인원을 제한할 것, '친구의 친구'는 받지 않을 것(왜냐하면 아무도 그 아이를 모르기 때문이다), 나이에 따라 술을 금하거나 제한할 것(15세 전후부터 술은 청소년들에게 파티의 상징 자체, 거의 의무적인 금기의 하나라는 것을 알아야 한다. 파티 장소에 술이 없으면 주최자는 몇몇 아이들에게 술을 가져오라고 시킬 것이다). 좋은 방법 하나. 각자 자기 자신이 알코올 도수를 조정할 수 있는 상그리아(적포도주에 과일 조각을 담가 설탕, 향료를 탄 음료—역주)를 미리 마련해두는 것이다!

현실적인 면에서 몇몇 방은 출입을 금하고(이를테면 문에 금지한다는 의미의 표지판을 걸어 놓음으로써) 깨지기 쉬운 장식품이나 가구들은 치워 놓고 소파는 천을 씌워 놓고 담배꽁초가 양탄자로 날아가지 않도록 재떨이를 준비하고 화장실 방향을 표시해 놓을 수 있다. 특히 우편함에 미리 몇 마디 메모를 남겨 놓아 옆집에 알려야 한다. 자정이 넘으면 확성기 소리를 낮춰야 한다. 그러지 않으면 법질서의 대표자들이 문을 두드릴 수도 있다.

만일 파티가 거듭된다면(장소가 적합하든지 하는 이유로) 바닥을 보호하기 위해 싸구려 양탄자를 몇 미터 사 놓는 것도 좋은 방법이다.

48
딸이 사랑에 빠졌다

아들은 기분이 좋고 딸은 항상 꿈을 꾸는 듯한 얼굴이다. 아들은 자기 휴대전화가 울리면 조용히 받기 위해 방으로 달려가고, 딸은 사랑하는 사람에 대해 온갖 찬사를 늘어놓고 툭하면 그의 이름을 들먹인다…….

사랑에 빠지는 것, 그것은 청소년기의 커다란 발견들 가운데 하나이며, 자기 자신에 대한 사랑 이후에 친구들에 대한 사랑을 통해 온다. 사랑은 우리가 경험해 보지 않고는 알 수 없는 인간의 경험 중 하나로, 대개 낭만주의적 성향과 초조함을 가지고 기다리지만 그럼에도 불구하고 '갑자기 빠지게 되는데,' 왜냐하면 감정이란 것은 항상 불시에 찾아오기 때문이다. 남성과 여성 간의 차이, 그리고 '타인'에 대한 이 발견은 청소년기에 시작되며 성인기까지 이어진다. 자기와 다른 타인을 발견하는 것, 그것은 감정의 공유 같은 상대적 고독과 욕망의 이타성이라는 커다란 신비를 대면하는 행위이다. 그것을 시작하려면 자녀는 지나치게 강력한 부모와의 관계에서 벗어나야 하고, 이 새로운 형태의 관계에서 얻을 것이 지금껏 부모의 사랑이 주던 것보다 훨씬 더 유익할 거라는 약속을 믿어야 한다.

첫사랑의 감정은 15세나 16세경 나타난다. 순식간에 낯선 타인이 아이의 마음을 사로잡고 아이의 모든 것이 된다. 그(그녀)가 없으면 나는 아무것도 아니며, 그(그녀)만 생각하고 나머지 모든 것은 돌보지 않는다. 사랑에 빠지는 것은 상처받기 쉽고 취약하고 수동적인 상황에 처하는 것이기도 한데, 왜냐하면 나 아닌 다른 사람에게 전적으로 종속되기 때문이다. 이것은 첫번째 입맞춤 때, 우연히 손이 스쳤을 때 이미 겪었을지 모르는 것과는 다른 상태이다. 그런데 남자아이들은 이런 경험을 스스로 추구하고 유도한다. 따라서 남자 아이들이 여자아이들에 비해 더 자유롭다고 느낀다.

하지만 사랑에 빠지는 것은 전혀 다른 상태다. 그것은 14세나 15세경의 첫번째 입맞춤부터 17세경의 첫번째 성경험, 그리고 이후에 겪을 미래의 계획들까지 모든 단계를 말한다.

대개 청소년들은 어른들보다 충성스럽다. 설령 이 충성이 몇 달, 나아가 1-2년밖에 못 간다고 해도 한 번에 단 한 명의 상대를 사랑한다. 그들은 이상적인 사랑의 이미지를 갖고 있는데, 그것이 영원히 지속되지 않을 거라는 건 그들도 잘 알고 있다. 자신의 남자 친구(혹은 여자 친구)을 부모에게 빨리 소개하는 아이들이 있는가 하면 더 오래 기다리거나 자신의 사생활을 조심스럽게 보호하는 아이들도 있다. 소개하는 것이 중요한데, 왜냐하면 그것은 "엄마, 아빠, 제 인생에는 두 분 말고 다른 사람도 있어요"라고 공식적으로 말하는 하나의 방법이기 때문이다. 그래도 청소년 자녀는 부모의 판단에 귀기울인다는 것을 기억해야 한다.

대응법

비록 그것을 기다렸다고는 하나 그들이 이제는 아들 혹은 딸의 유일한 사랑의 대상이 아니라는 것을 깨닫는 순간 부모는 실망하기 마련이고 심지어 충격을 받기까지 한다! 물론 이제껏 살면서 실망스런 일보다 만족스런 일을 더 많이 경험해 오고, 자녀보다 다른 사람들의 사랑을 더 많이 받아 온 부모라면 그러한 순간을 받아들이기가 더 쉬울 것이다.

상황을 지켜보기 위해 그리고 자녀를 위험과 고통으로부터 막아 주기 위해서라는 핑계로 '열쇠 구멍으로' 들여다보고 싶은 유혹을 물리쳐야 한다. 부모는 평정을 지키기 어렵다. 왜냐하면 자녀들에게 자신의 모습을 투사하고 자녀들을 통해 그들 자신의 기본적인 감정과 경험들을 회상하기 때문이다. 미리 성에 관한 정보와 예방법을 알려 주는 편이 낫다. 왜냐하면 흥분되고 당황스러운 경험을 지금 막 하고 있는 청소년들과 성에 관한 이야기를 하는 것만큼 어려운 일은 없기 때문이다. 반대의 경우 의사나 다른 믿을 수 있는 어른에게 이 일을 맡기면서 이렇게 말할 수 있다. "넌 지금 중요한 일을 겪고 있어. 뭔가 궁금한 게 있다면 누군가와 이야기해 보면 좋을 거야……."

부모의 역할은 가정 문화의 관례적 영역에서 남자 친구나 여자 친구를 친절하게 맞이하는 데에서 그쳐야 한다. 그리고 자녀가 자신의 이야기나 감정에 휩싸여서 그걸 말하고 싶어할 때 귀기울여 주면 된다. 청소년은 사랑에 빠질 권리, 가족이 아닌 사람과 관계를 맺을 권리가 있고 아무도 자신의 선택을 비난하지 않으며, 나아가 염려할 필요가 없다고 느껴야 한다. 흔히 부모들은 이 어린 연인들이 밖에서 어리석은 짓을 저지를까 봐 그들을 가정의 품에 가둬두려고 '노심초사' 한다. 그들은 사랑에 빠진 자녀를 다른 아이처럼 받아들이고 자신들의 경험을 핑계로 심지어 두 청소년 사이에 끼어든다. 이것은 그들과 별개로 자연스런 흐름을 따라가는 사랑의 역사를 방해하는 것이다. 그 결과 일부 청소년들은 사랑이 끝났다고 느껴질 때에도 깨끗이 관계를 끊을 용기를 내지 못하게 된다. 가정의 평화를 깸과 동시에 해명해야 할 게 너무 많고, 또 부모를 가슴 아프게 할 것이 두렵기 때문이다.

더 많은 정보를 얻으려면

청소년 권장 도서

C. 라루시니, P. 고프르, 《첫눈에 반하기, 과연 그런 것이 존재할까? *Le coup de foudre, ça existe?*》, 라 마르티니에르 출판사, 2002년.

49
아들이 여자 친구가 없다,
아니면 반대로 너무 많다…

여자 친구가 없거나 그런 관계를 맺어 보지 못한 아들이 말도 못하고 괴로워하고 자신이 '다른 애들과 다르다고' 느끼고, 자신만 여자로부터 사랑받거나 여자와 키스해 본 적이 없다고 생각한다……. 반대로 아들이 만남, 첫눈에 반하기, 깨지기를 되풀이하면 부모는 걱정하기 마련이다. 혹시 아들이 한 여자에게 충실하고 거기서 행복을 찾을 수 없는 건 아닐까?

연애생활에서 어떤 기준에 맞추라는 모든 의무사항은 일종의 테러 행위이다. 과거에는 혼전에 사랑에 빠지고 성관계를 갖는 것이 금지되었다. 지금은 청소년기 초기부터 그것을 자랑하고 다니며 '정상'으로 여기는 게 의무가 된 듯하다. 그런데 여러 세대 전부터 최초의 성관계를 갖는 실제 나이는 낮아지지 않은 것으로 확인됐다. 여자나 남자나 17세 전후이다. 그런데 이 평균에는 편차가 심하다. 청소년기 초기는 실현의 시기라기보다는 상상의 시기이다. 20세까지도 아직 대단한 사랑을 경험해 보지 못했다고 해서 비정상이라고 말할 수는 없으며, 지나치게 이른 성경험은 성숙함의 증거라기보다는 위험의 원천인 경우가 많다. 진짜 문제는 이런 '즐길 의무'를 넘어 청소년 자녀가 주변 사람들과 관계를 맺을 수 있느냐, 그래서 그것이 우정과 사랑에 이를 수 있느냐 하는 것이다.

이와 반대로 사랑을 찾아 헤매는 남자들의 끝없는 애정 행각이 목격되는 현상에는 여러 가지 설명이 가능하다. 우선 당사자가 항상 위대한 사랑을 찾고 있기 때문일 수 있다. 그런데 그 방법이 편협해서 인내심을 요하지만 필요한 과정인 상호 길들이기를 약간의 어려움만 닥쳐도 포기하는 것이다. 또는 그가 이 '연애'를 통해 얻고자 하는 것이 내면의 흥분을 해소하는 것이나 한 번도 목적을 이룬 적이 없는 경우이다. 그래서 또 다른 상대와 도주하는 것에서 어떤 출구를 발견하는 것이다. 두 파트너 중 하나가 스스로 찾을 수 없었던 어떤 것(자신감, 어떤 지위 등)을 연인과의 관계에서 추구하는 경우도 있다. 그리고 그것을 깨달을 때마다 번번이 애인을 차버림으로써 다시 고독한 처지로 돌아가는 것이다.

대응법

부모가 자녀를 살펴보면 그가 처한 상황이 고통의 원천인지 아닌지 알 수 있다. 이때 '나만 여자 친구가 없다' 또는 '내 친구들은 모두 남자애들한테 인기가 있는데 나만 없다' 같은 낡은 생각들을 떨쳐 버릴 수 있도록 도와주면 자녀는 불안해하지 않고 만남이 성사되는 순간을 위해 준비할 수 있을 것이다. 아니면 자녀가 모험을 저어하는 것이 시작하는 것, 실망하는 것에 대한 두려움 때문인가? 관계를 맺고 사랑에 빠지지 못하는 것이 다른 사람에게 자신을 열어 보이기 어려워서인가? 아니면 그가 지금껏 유지해 온 관계의 방식과 자신의 유년기를 포기하기 어려워서인가? 아니면 또 다른 형태의 불안인가? 그가 진정으로 고통스러워한다면 심리치료 방법을 사용해 마음을 진정시키고 다른 사람들과 있을 때에도 여유를 가질 수 있도록 자녀를 도와줄 수 있다. 그러면 우정이나 연정은 덤으로 생길 것이다.

반대로 만일 자녀가 맺고 있는 인간 관계가 너무 많다 해도 외출 금지령으로 그런 행동을 막으려고 노력할 필요는 없다. 자녀의 욕구만 강화시킬 뿐이다. 하지만 부모는 사랑의 관계와 성적 관계는 자기 자신을 많이 얽매는 행위이며, 따라서 가볍게 받아들여서는 안 된다는 것을 몇 번이고 되풀이하여 말하고 그들 자신의 선택을 통해 증명해야 한다. 그것은 다른 사람에 대한 관심과 시간을 요구하며 상대를 존중해야만 의미가 있다. 그것을 무시하면 사랑할 수 있는 자신의 능력을 손상당할 수 있으니, 필요하다면 그를 한곳에 정착할 수 없게 만든 원인을 이해하는 것이 바람직할 터이다. 그리고 그런 면은 아마 전반적으로 드러날 것이다.

50
아들이 사랑 때문에 가슴앓이를 한다

외출도 잦아지고 장시간의 통화도 많아지고 눈은 충혈되고 걸핏하면 화내고. "카미유하고는 끝났어." 아들은 실수인 척 그런 말을 내뱉는다. 그런가 하면 딸은 자기 방에 틀어박혀 말도 안 하고 먹지고 않고 위로할 수 없는 슬픔에 빠진 듯하다……. 이럴 땐 어떤 태도를 취해야 할까?

이성 친구와 헤어진 청소년은 대개 생전 처음 고독을 대면하게 되고, 슬픔에서 우울의 극한에 이르는 온갖 감정을 경험하게 된다. 아무도 대신 그것을 겪어 줄 수는 없다. 그것은 결핍의 감정, 타인에 대한 욕망을 직시하게 하고 자아에 대한 질문들을 자신에게 제기하게 만든다 (왜 나는 그를 잡지 못했을까?). 자신이 차였을 때 더욱 그러하다. 충격이 지나면 그 일은 자신의 인격, 감정, 자신이 맺은 관계들의 본질을 깨닫는 데, 그리고 자신의 열정을 검토하는 데 도움이 된다. 경험은 또한 다른 사람들을 더 존중하고 자신의 감정을 더 잘 고려하게 만들 수도 있다.

대응법

이것은 대개 그들이 자녀의 괴로움을 달래 줄 수 없고 고통을 막아 줄 수 없다는 것을 무겁게 의식하는 첫번째 경험들 중 하나이다. 그들의 입맞춤, 어떤 약속이 '세상을 아름답게' 만들고 자녀에게 웃음을 돌려줄 때도 그랬던 것처럼. 따라서 이것은 그들에게 받아들이기 힘든 경험이다. 부모가 호의적인 연민을 보여줄 수는 있지만 사건 앞에서 당사자 본인만큼이나 낙담한 모습은 보이지 않는 게 좋다. 무관심(특히 불과 몇 년 사이에 이런 일이 여러 차례 반복되었다면!)과 자녀의 슬픔에 대한 고려 사이에서 균형을 찾으면서 빈정거림은 피하고, 특히 '하나를 잃으면 열을 얻는다'는 말로 위로하려 들지 말아야 한다. 경험상 어른들은 사랑의 괴로움 뒤에도 미래가 있다는 걸 알고 있다. 하지만 청소년은 이제 그것을 발견해야 하는 것이다.

때로 사건이 온 가족에게 영향을 미치는 것처럼 보일 때가 있다. 어린 커플이 가족들로부터 인정을 받고 일상생활을 공유해 왔을 때, '그 아이'가 가족 구성원들과 사적인 관계를 맺었을 때 특히 그러하다. 부모는 감정적 단절로 인한 고통에 휘말리지 말아야 한다. 왜냐하면 바로 이때 자녀는 '강한' 부모에게 기대어야 하기 때문이다.

51
딸의 친구들이 마음에 들지 않는다,
남자 친구는 참고 봐줄 수가 없다,
딸에게 나쁜 영향을 끼치고 있다

코에 피어싱을 하고 주방에 들어온 이 기이한 녀석은 누구인가? 딸은 대체 저 녀석의 어디가 좋단 말인가…? 몇 주 전부터 내 아들과 대부분의 시간을 함께 보내는 이 소녀가 내 마음에 들지 않는다. 거리낌 없어 보이고 끊임없이 뭔가를 요구한다…….

청소년의 인생에서 이 새 단계에 의해 유발된 감정, 배타적인 우정이나 사랑의 감정을 보면서 부모가 과거에 대한 향수와 미래에 대한 걱정이 뒤섞인 감정을 경험하는 것은 당연하다. 청소년이 가족의 기준이나 가치관과 상반되는 상대를 택할 경우 이런 감정은 그만큼 더 고조된다. 청소년들의 관계는 영원한 것이 아니며 그들의 인격이 성장함에 따라 변할 수 있다. 어떤 청소년 집단이 함께 '위험한 처지에 있거나' 어리석은 짓을 하는 것으로 여겨질 때 가족들은 그것의 주동자와 책임자는 자기 자식이 아니라 다른 아이나 아이들이라고 간주하는 경향이 있다. 나쁜 영향은 항상 다른 곳에서 온다고 생각하는 것이다. 그런데 우리는 그런 친구를 선택한 것은 당연히 어느 정도 상호

성이 있기 때문이라는 것을 잊어버리고 있다!

　즉 한 청소년이 부모의 세계관, 가치관들과 완전히 상반되는 그것들을 가진 친구들을 선택할 때 그것은 분명 부모에게 반항하는 하나의 방법인 것이다. 자신의 존재를 명확히 드러내려는 필요성 때문에 그런 선택을 할 수도 있다. 어쩌면 그 아이는 자신이 부모에게 지나치게 종속된 관계에 있다고 느끼고 그런 식으로 거기서 벗어나려 하는 건지도 모른다. 가족들이 인정할 수 없는 우정이나 사랑을 과시할 때 그가 고른 친구가 가족의 가치관, 기준과 상반될수록 그만큼 더 큰 불안을 보여준다. 그런데 이 불안은 자녀의 불안이자 그의 온가족의 불안일 수도 있다. 이를테면 관계를 맺고 차이를 받아들이기 어려운 것에 대한 불안 말이다. 어쨌든 청소년은 부모가 모르고 있던 그 자신과 그의 갈망의 일부를 표현했고, 부모는 그에 대해 자문해 봐야 한다. 구성원을 옭아매는 이런 유형의 가족 관계 뒤에서는 흔히 가족들이 공유하는 불안 또는 가족 구성원 일부의 우울증이 발견된다.

대응법

　주관적 영역에 속하는 것(그들의 '금지옥엽'이 경박하고 건방진 사내놈, 경솔하고 지각없는 계집아이에게 마음을 빼앗긴 것을 본 부모의 실망과 관련된)과 커다란 갈등 또는 불안에 속하는 것을 잘 구별해야 한다. 부모는 잔소리를 통해 어려움을 강조할 수 있고 또 자녀를 고통스럽게 할 수 있다(그놈은 네 아버지라고 해도 좋을 만큼 나이 들어 보여, 그애는 너를 이용하는 거야 등등). 부모가 자기 친구를 배척하는 것을 느끼고 그를 만나는 것을 금지당한 자녀는 무슨 수를 써서든 기어코 친구를 만나고야 말 것이다. 외출을 금하거나 이런저런 친구를 비난하

딸이 자기보다 나이 많은 남자랑 외출한다

오늘날 청소년들은 또래 젊은이들 사이에서 사랑을 찾는 경우가 과거보다 훨씬 더 많으며 경험이 풍부한 여인이나 피그말리온〔자기가 만든 순수한 처녀 조각상을 사랑한 그리스 신화의 인물—역주〕 흉내를 내는 남자를 연인으로 삼는 경우는 드물다. 하지만 우리는 소녀들의 풋풋함은 항상 남자들을 유혹하고 흥분시키며, 그래서 남자들이 유혹하려는 목적으로 그들의 권위를 사용할 수 있다는 것을 잘 알고 있다. 이 중년 남성들은 소녀들과 관계를 맺는 것은 그들의 청춘을 되찾는 한 방법이라고 고백한다. 그들은 소녀들을 입문시키는 기분을 갖게 된다. 그리고 그것은 때로 자신의 자녀를 만지고 싶은 유혹을 막아 주기도 한다. 한편 소녀는 나이 많은 남자와의 관계에서 그가 누리지 못한 아버지의 푸근한 이미지를 발견할 수 있다.

법은 아동 보호 차원에서 15세 미만의 아동과 성인 간의 성관계를 금하고 있다. 따라서 자녀가 15세 미만의 미성년인 경우 부모는 그런 관계를 반대할 수 있다. 성인과 해당 미성년자가 어떤 권력 관계에 있다면(그가 교사이거나 교육자인 경우) 설령 아이가 동의를 표명했다 해도 18세까지는 금지하는 것이 타당하다. 만일 15세 미만의 미성년자가 성적 학대를 당했다면 부모가 고소할 수 있다(상대방의 나이와 무관하게). 만일 15세 미만의 미성년자가 동의했고 상대방이 그에게 권력을 휘두를 수 있는 위치가 아니라면 부모도 성적 학대로 고소할 수 없다. 그 대신 자녀가 부모의 권한에서 벗어났다는 논거를 사용할 수 있다. 이 경우 부모는 필요한 조치를 취하고 학교에 도움을 청하고, 나아가 부모의 권한 행사를 방해한 혐의로 고소할 수 있다(경찰서, 헌병대 또는 대심재판소의 검사장에게). 자녀에게도 그 과정을 알려 줘야 할 것이다. 자녀는 안심할 수도 있고 그 형식에 반대할 수도 있다.

면서 자녀의 인간 관계를 조정하려 하면 할수록 자기 뜻대로 하고, 부모가 바라는 것과 반대되는 것을 이루려는 자녀의 의지가 강화될 우려가 있다.

부모로부터 지나치게 심하고 격렬한 지탄을 받은 청소년은 더 심하게 반항하고 싶어질 것이다. 반대로 부모가 하나의 사실을 지적하고 그 사람의 이런저런 특징에 대한 의견을 조심스럽게 제시하며, 거기에 대한 생각을 표현하되 반대하지는 않고 그것을 자녀와 이야기할 수는 있다. "네 선택이 우리들의 선택과 그토록 다른 것은, 우리가 그것을 그토록 이해하기 힘든 것은 우리 사이가 그만큼 단절되었다는 뜻이야……." 시간이 상황을 분명히 밝혀 주도록 기다려 준다면 상대방을 지나치게 구속하는 결정이 내려지는 일은 피할 수 있다.

청소년기 자녀가 '나쁜 친구들과 어울리면' 부모는 자녀의 행동, 특히 밤에 무엇을 하는가에 관심을 기울이고 집에 없던 물건이 생겼거나 있던 물건이 없어졌는지 감시해야 한다. 만일 자녀가 가장 의심스러운 가치관을 전수하는 집단에 빠진 것 같다면 그를 풀어 줄 수 있는 유일한 방법은 격리이다. 따라서 전학, 기숙사, 친척집에 보내기 또는 가족 전체의 이사도 고려해 보아야 한다.

52
딸이 남자 친구랑 휴가를 떠나고 싶어 한다

"캉탱이랑 둘이 배낭 여행 가기로 했단 말이에요!" 첫번째 함정. 뭐라고 대답해야 한다는 것. "돼요, 안 돼요…? 아, 동의하지 않는다고요? (울음을 터뜨리거나 문을 쾅 닫고 나간다.) 왜요? 전 도저히 그애 없이 한 달을 견딜 수가 없다고요! 그애가 우리랑 함께 가면 안 돼요?" 두번째 함정. 둘이 같은 침대에 누워 있는 걸 보고도 내버려둬야 하나요?

요즘은 으레 청소년기 자녀의 이성 친구를 집에 초대하고 그들을 커플로 인정한다. 다시 말해 당연한 권리로서 요구되는 성생활, 친밀함, 방 같이 쓰기가 관례화되었다. 이런 태도가 꼭 젊은 커플로 하여금 친밀함의 단계를 자기 속도대로 건너뛰게 돕거나 연인들을 서로의 품에 밀어 넣는 것은 아니다. 이 청소년들이 18세보다 15세에 가깝다면 더 그렇다. 모든 세대는 자신의 성을 '쟁취하고' 전 세대의 손에서 횃불을 넘겨받아야 한다. 모든 사람은 성생활에서 사생활을 필요로 한다. 여러 세대가 함께 사는 것은 항상 받아들이기 어렵다. 그리고 혼돈스러울 때 한 지붕 아래에서 성을 행사한다는 것은 자극을 일반화시키는 일이며, 성숙해지는 데에는 아무 도움이 못 되는 일이다. 실제로 이것은 서로에게 종속된 느낌을 주며 이는 청소년들의 인격 형성에 해로운 영향을 끼친다.

　부모들은 '구시대적 사고방식의 소유자' 처럼 보이지 않으려고 자녀들의 동거를 받아들이기로 결심한다. 그래야 자녀들이 방학 때 부모를 떠나지 않기 때문이다. 그리고 에이즈에 대한 두려움도 있다. 그들은 부모가 가까이에서 지켜보는 가운데 자녀를 한 명의 '남자 친구 또는 여자 친구'와 '한 방에 집어넣는' 게 낫다고 생각하는 것이다.

　부모는 대부분의 청소년들에 앞서 그들의 영향력을 행사한다. 따라서 집이나 다른 곳에서 함께 휴가 보내는 것을 무조건 금지할 권리가 있다. 하지만 그들에게는 어떤 걱정과 이유에서 그런 결정을 내리고 그것을 분명히 표현하게 되었는지 밝힐 의무도 있다.

　대개 부모는 그들의 감시에서 멀어지면 자녀가 성관계를 가질지도 모른다는 두려움 때문에 그런 행동을 하게 된다. 그런데 이런 감시는 눈속임이다. 청춘남녀는 그들이 원하면 언제나 성관계 맺는 방법을 찾을 수 있다. 반대로 어릴 때부터 교육하면 이런 성관계를 피할 수는 없어도 최상의 조건에서 이루어지게는 할 수 있을 것이다. 다시 말해 양쪽 다 자발적이어야 하고 성숙한 상태에서 받아들여야 하며, 보호받아야 하고 가능하면 가장 행복한 경험이 되어야 한다. 이 조건들이 다 갖춰졌는지 평가하는 것은 부모의 몫이다.

대응법

　부모는 그들이 생각하는 것을 말하고 그들이 원하는 삶을 살고 그들의 집에서 통하는 규칙들을 정할 권리가 있다. 하지만 세상 모든 사람들에게 유효한 기준은 이제 없다. 이전 세대의 부모들은 이런 말로 방패 삼을 수 있었다. "다 그런 거야." 이제는 각자 자신의 입장을 생각하고 그것의 정당성을 증명해야 한다. 그래야 그 다음에 지나치게 엄격하게 굴지 않아도 자녀들이 그것을 수용하고 지킬 것이다. 부모는 이렇게 말할 권리가 있다. "엄마는 네 남자 친구가 너와 같은 방에서 자는 게 싫어." 단 이유를 설명해야 한다. 이유는 부모가 판단하기에 그들이 너무 어려서일 수도 있고, 부모의 종교적 신념과 반대되어서일 수도 있다. 청소년들은 받아들일 수 있다.

하지만 그러기 전에 우선 나이와 상황에 따라 허락된 것과 금지된 것 간의 경계를 정하기 위해 채택하려는 자기 자신의 가치관과 기준에 대해 생각해 보는 노력을 해야 한다(급히 문제를 제기하기보다는 미리!). 이때 자신의 선택을 증명해야 한다는 걸 알아야 한다. 왜냐하면 각 가정마다 다른 선택을 할 수 있기 때문이다. 부모는 이를테면 커플은 인정하지만 자기 집에서 성관계하는 것은 용납하지 않을 수 있다. 게다가 자녀들이 언젠가 가정이라는 둥지를 떠나기를 바란다면 그들도 거기서 얻을 뭔가가 있어야 한다! 부모가 부모 집에서 자녀에게 아무 대가 없이 온갖 자유와 안락함을 제공하는 것이 그들을 돕는 길은 아닐 것이다.

금하거나 금하지 않는 데에는 여러 가지 방법이 있다. 가짜 이유 뒤에 숨지 말고 진짜 이유를 해명하는 편이 낫다. 특히 딸들은 우리가 그들, 그들의 몸, 그들의 미래에 대해 신경 써 주는 것에 민감하다. 왜냐하면 자신에게 닥칠지 모르는 일에 대해 스스로 많은 질문을 제기하기 때문이다. 그것은 그들로 하여금 자기 자신을 보호하도록 유도할 수 있다. "네겐 너만의 인격이 있어. 너는 네가 동의하지 않는 누군가의 의견을 따르지 않을 권리가 있어. 너는 '싫어'라고 말할 권리가 있어. 누군가 네게 '내키지 않는' 어떤 것을 요구하면, 하지 마."

하지만 부모들은 때 이른 성관계를 굉장히 두려워하기 때문에 '그것만' 생각하다 보면 청소년들을 오히려 그쪽으로 몰고 갈 우려가 있다.

그리하여 때로는 그들도 원치 않는데 최악의 상황에서 그것이 피할 도리 없이 여겨져 그렇게 되는 경우도 있다. 일종의 우회적 선동이다.

부모가 자녀가 이성 친구랑 둘이서 휴가 가는 것을 막기로 결정했다면 그만큼 매력적이면서 모든 사람의 마음에 드는 다른 계획을 찾기 위해 충분한 시간적 여유를 두고 자녀와 함께 생각해 보는 게 좋을 것이다.

VI
열정과 취미 활동

53
그들은 오직 그것만 생각한다…

대부분의 시간을 머리 만지기 위해 화장실에서 보내기, 하루 종일 인터넷 게임하기, 음악 밴드의 드럼을 맡아 며칠 밤을 새며 연습하기……. 이것이 그들의 삶, 그들의 머릿속을 온통 차지하고 있어서 공부를 방해한다……. 어디까지 내버려둬야 할까?

청소년기는 바로 열정의 시기다. 아이들이 그냥 할 일을 가진 반면 청소년들은 열정의 형태로 그것을 변화시키거나 아니면 포기할 것이다. 이런 열정은 대개 13,14세 또는 15세쯤 되어 사춘기가 시작될 때 나타난다. 이것은 운동이나 음악 안에서 행사되지만 본질적으로는 그들이 조만간 발견하게 될 사랑의 열정과 비슷하다. 이것은 '승화,' 즉 그들을 사로잡는 성적 충동을 다른 분야로 옮기는 것이다. 젊은이는 자신에게서 열정을 발견함으로써 욕망·이상·상상·환상에 이끌리게 되며, 새로운 한계와 가능성을 찾아 '끝까지' 가볼 수도 있다. 그것은 자기 자신을 탐색하는 것이다. 그럼으로써 그는 자신의 감정을 정리할 수 있다. 그것은 감정의 노예가 되지 않고 관리하는 하나의 방법이다. 따라서 열정이 있다는 것은 많은 재산을 가진 것과 마찬가지다. 열정은 창조성을 낳고 굉장한 발견을 유도하며 행복하게 만들고 어떤 직업이나 인생 계획으로 귀착될 수 있다…….

하지만 열정은 탐욕스러우며 앞길을 막는 모든 것을 태워 버릴 수 있다. 따라서 한계를 그어야 한다. 청소년은 열정에 몸을 맡겨 끝까지 가려 한다. 열정의 한 부분은 항상 그로부터 도망치기 마련이며, 따라서 환상을 좇을 수 있다는 것을 그는 아직 알지 못한다.

젊은이가 선택된 분야에 재능을 갖고 있을수록 그에 대한 열정도 그만큼 더 오래 지속될 것이다. 왜냐하면 그가 만나는 무용·음악·운동 분야의 스승들이 그를 격려해 줄 것이기 때문이다. 그는 자신의 가치를 인정받은 기분이 들고 거기서 기쁨을 느끼고 자신의 미래를 설계할 동기를 찾게 된다. 열정은 또 조금씩 식고 자신의 자리를 다른 것들에게 양보하고, 때로는 행복한 소일거리로 남을 수도 있다.

열정이 흥분의 배출구일 뿐인 일부 젊은이들은 성공하려면 노력해야 한다는 것을 알게 되면 모든 것을 포기하고 또 다른 열정의 대상으로 옮겨가기도 한다.

비정상적인 열정은 존재하지 않는다. 반대로 자기 자신에 만족하지 않는 일부 청소년들은 그들의 어려움을 잊기 위해 바깥 세상과 담을 쌓고 컴퓨터 게임 같은 활동만 고집할 수 있다. 그것은 열정이 아니며 은신처 또는 감옥을 짓는 행위이다.

대응법

청소년들이 보이는 열광, 흥분은 부모를 두렵게 만든다. 왜냐하면 그들은 거기서 열정이 청소년들을 사로잡는 방식의 발현을 보기 때문이다. 하지만 그것을 하나의 기회로 보고 자녀로 하여금 거기에 도전하되 자신을 속이거나 지나친 열정을 가지고 좇지 않게 허락함으로써 한계를 벗어나지 않는 한도에서 한 번 덤벼 볼 수 있게 해야 한다. 행복한 삶을 살려면 자신에게 맞는 목표를 세워야 한다. 너무 쉽게 도달할 수 있거나 도저히 도달할 수 없는 이상은 곤란하다. 어딘가에 열정을 쏟았던 경험은 젊은이로 하여금 자신의 목표와 가능성 간의 간격을 측정할 수 있게 해주고, 두 지점 사이를 주파할 수 있는 함정투성이의 길을 볼 수 있게 해줄 것이다. 재능과 동기 외에도 노력이 필요하다는 것을 조금씩 터득하게 되면서 아이는 단련될 것이다.

　제한하기 위해 금지할 필요는 없다. 이를테면 "네가 컴퓨터 게임하느라 시간을 다 써버린다면 컴퓨터에 잠금 장치를 하겠다." 이렇게 하면 부모와 자식은 쥐와 고양이 노릇을 하게 되고 승자는 항상 자녀가 될 것이다. 왜냐하면 그는 금지사항의 약점을 찾기 위해 자신의 정력과 정열을 쏟을 것이기 때문이다. 게다가 청소년을 지나치게 구속하는 것은 아이가 느끼고 아이의 열정이 허락한 흥분을 배출하는 것을 막는 행위이다. 또는 그것을 더 증가시키고 다른 쪽으로 옮겨가게 할 수도 있다. 청소년기 자녀에게는 자신의 열정을 체험하게 내버려두고 다른 것에 한계를 두는 편이 낫다. "'주말에 드럼 연습하고 싶으면 숙제는 미리 해두라"고 하든가 "오케스트라 연습 때문에 항상 학교 성적을 나쁘게 받아 오면 생일 선물을 못 받을 줄 알아라"라고 하는 식으로 (343쪽 95번 질문을 보라).

54
아들이 뒹굴뒹굴하면서 항상 지루해한다

소파에서 뒹굴대며 텔레비전만 보고 침대에 누워 CD에서 흘러나오는 소음이나 듣고…… 전화통에 달라붙어서 친구들과 히히덕거리고…… 부모는 그들의 태도를 참기 힘들지만 그들 자신은 더 많은 자유 시간을 갖고 싶어 한다. 그리고 살면서 해야 할 재미있거나 유익한 일들은 너무나 많다!

권태는 열정의 반대다. 12-15세의 모든 어린 청소년들은 유년기 적의 흥밋거리에서 벗어나 관심이 없어질 때 권태를 느낀다('이젠 이게 재미없어졌어. 더 이상 하고 싶지 않아.' 태권도나 피아노 강습을 받고 나오면서 아이는 갑자기 그걸 알게 되고 놀란다). 하지만 자신이 누구인지, 무엇을 하고 싶은지, 무엇을 원하는지에 대해서는 아직 잘 모르고 있다. 이 시기는 몇 달 혹은 1-2년을 갈 수도 있다. 침대에 누워 뒹굴면서 공상에 잠겨 있는 것처럼 보이는 아이는 상상의 세계에 정신을 집중하는 것이다. 어쩌면 그는 창의성 넘치는 자신의 모습을 발견하고 있을지 모른다! 이 나이 때 어떻게 공상에서 인생의 중요한 영감들을 얻었는지를 이야기하는 위인들이 많다……. 이 시기는 청소년으로 하여금 그만의 사적인 공간을 구축하게 해주는데, 이것이 결국 그의 인격을 형성할 것이다. 상황을 상상하고 미래를 위한 시나리오, 원대한 꿈을 그리면서 그는 미래의 열정을 키울 토양을 준비한다.

아이는 여러 가지에 지루함을 느낄 수 있는데 사실 이것은 별로 염려스러운 일은 아니다. 그런 일이 벌어져도 어른들은 눈치 채지 못할 때가 많다. 소년들은 오히려 집단 속에서, 이를테면 텔레비전에서 시시한 프로그램을 보면서 지루해하는 반면 소녀들은 둘, 셋이 있을 때 수다를 그치지 않으면서도 지루함을 느낄 수 있다…….

약간 지루해할 줄 모르는 것 또한 위험하다. 기다릴 줄 모르는 것, 공백을 메우기 위해 예정된 활동, 타인에 의해 계획된 활동이 없을 때 불안해하는 것, 항상 활동 계획 또는 관계로 '꽉 차' 있어야 한다고 느끼는 것은 앞으로 닥칠 수 있는 상황을 신뢰하지 못하는 것이고, 어떤 미래가 됐든 그것을 향해 열려 있지 못한 것이다.

대응법

부모가 보기엔 청소년들이 시간을 낭비하는 것 같지만 정작 그들 자신은 시간이 너무 빨리 도망친다고 생각한다. 하지만 이 통제되지 않는 시간을 받아들여야 한다. 시간의 흐름을 본 사람은 아무도 없다. 자아를 모색하는 어린 청소년의 건설적 권태와 아무것에도 흥미를 느끼지 못하고, 아무것에도 관심을 쏟지 않고 자신의 세계에만 틀어박혀 있는 아이의 권태를 구별하기는 힘들며 후자의 경우에는 도움을 받아야 한다. 둘 사이의 경계를 구별하기는 힘들다. 이러한 권태를 즐기다 보면 자신의 가치를 낮게 평가하고 갑자기 울음보를 터뜨리고 우울증에 걸릴 위험이 있으며 일부 청소년들은 오토바이에 올라 전속력으로 달리는 가운데 모든 걸 망각하거나 친구의 터무니없는 제안을 비판 없이 수용할 수도 있다.

따라서 이 어려운 시기에는 청소년들에게 행동하고 새로운 인간 관계를 맺고 새로운 활동을 시작하고 다른 어른들과 만나 볼 것을 제안해야 한다. 그러면 그들이 뭔가에 열중할 준비가 되었다고 느낄 때 거기에 기댈 수 있을 것이다. 이때 무슨 일이 있어도 공백을 메우기 위해 어떤 활동을 강요해서는 안 된다. 왜냐하면 그렇게 되면 부모가 자꾸 뭔가를 제안하면 할수록 청소년들은 계속 거부하는 어떤 게임이 시작될 수 있기 때문이다. 거기서 그는 반대함으로써 자신을 다른 사람들과 구별시키는 법을 발견하게 된다. 그럴 때는 다시 그에게 주도권을 주고 그것을 전개하는 과정에서 좀더 능동적이 되도록 허용해야 한다. 이를테면 "너는 세 가지 또는 네 가지 활동 중에서 선택할 수 있어. 그 대신 당분간은 네가 선택한 것으로 만족해야 해"라고 말할 수 있다.

더 많은 정보를 얻으려면

P. 브레노, 《청소년들의 열정 *Les Passions de vos ados*》, 밀랑 출판사, 1999년.

H. 몽타르드르, 《그들은 대체 무엇을 읽을까? *Mais que lisent-ils?*》, 플뢰뤼 맘 출판사, 2001년.

G. 네랑, 《청소년들의 문화 *La Culture de vos ados*》, 플뢰뤼 맘 출판사, 2002년.

55
언제부터 자기 일은 자기가 알아서 하게,
혼자 다니게 놔둬도 될까?

"엄마, 기욤하고 영화 보러 가도 되죠?" "클로에라는 아이가 주말에 자기 집에 놀러 오라고 했어요. 집에 자기밖에 없다고." "학교 끝나고 한잔 하기로 해서 집에 언제 들어오게 될지 몰라요……." 짐짓 버릇없어 보이는 이 최초의 자기 주장들은 부모를 걱정시킬 수 있다.

청소년기의 특징은 부모가 모르는 곳에 있고 싶은 이 욕구다. 이는 청소년으로 하여금 마음대로 다니는 자유를 느끼게 해주고, 새로운 지평을 발견하게 해주며 자신의 한계를 넓혀 준다. 자신의 틀을 벗어나고 싶은 이 욕구는 청소년의 나이나 생활 방식에 따라 다양한 형태를 취할 것이다. "학교 자습실에 남아 있는 대신 '도시 배회하기,' 저녁때 집에 곧장 들어가지 않기, 카페에 들락거리기, 상점에서 옷 입어 보기, 자전거나 스쿠터를 타고 무턱대고 떠나기 등.

12세부터 아이들은 자신의 영역을 넓히고 부모의 영역 이상의 세계를 탐험하고픈 욕구를 느낀다. 집 밖에서 벌어지는 일을 알고 싶은 욕구는 너무나 인간적인 것이다. 부모의 통제에서 벗어나고픈 욕망은 사실 어른이 되려면 당연히 겪어야 할 분리에 대한 욕망이다. 따라서 외출과 새로운 자유에 대한 주장은 정상적인 것이다. 이런 주장들은 대개 남자아이들에게서 더 강한데, 그것은 그들이 거리를 어슬렁거리면서 바깥 세상을 탐색하고픈 욕구가 여자아이들보다 더 많기 때문이다. 반면 여자아이들은 그보다는 오히려 자기 방에서 친구들과 함께 이야기 나누면서 '내면의 세계를 발견하는 것'을 더 많이 하는 편이다. 교육에서의 차별이 많이 사라지긴 했지만 그래도 전통적으로 부모들은 아들이 외출하는 것에 대해서는 좀더 관대한 편이다. 거리에서 봉변을 당할 확률이 딸들에게 더 높은 것은 사실이다. 사춘기 소녀들은 몸은 청소년이지만 아직 '생각은 어린이'이기 때문에 그들이 남자들에게 어떻게 비칠지에 대해서는 아직 잘 모른다. 그들은 자신들이 매력적인 아가씨가 된 것을 차차 깨닫게 된다. 이런 발견을 타인의 시선하에서 '시험하기 위해,' 안심하거나 확신하기 위해 차림새나 태도 면에서 그것을 이용하는 경우도 있다.

대응법

때로 이 새로운 요구들에 적응하려면 부모들이 많은 노력을 해야 할 때가 있다. 친구들과의 약속 장소까지 가는 길을 알아둬야 하고, 혹시 가능하다면 더 큰 이동의 자율성을 부여하기 위해 이사까지 할 수도 있다…….

부모가 자녀에게 더 많은 자유를 부여해야 하는지에 대해 자문할 때 아이들은 감시 속에서 빈틈을 이용해 이미 그것을 충분히 누렸을 때가 많다. 실제로 자율성 학습은 후기 유년기 때부터 시작된다. 그때는 거리와 동네에서 접할 수 있는 위험들을 일러 주고 그에 대한 대비책을 가르쳐 주며 완전한 자율성을 허용하기 이전에 함께 많은 체험을 해

봐야 한다.

물론 자녀들이 돌아다녀도 되는 안전한 상황인지를 판단하는 것은 각 가정에서 그들의 생활 방식과 거주지의 지형에 따라 알아서 할 일이다. 안전한 상황들은 매우 다양할 수 있다. 하지만 특별히 위험하다고 소문난 구역과 시간을 제외하면 도시 자체가 과거보다 더 위험해졌는지는 확실치 않다. 아무튼 청소년들은 도시라는 환경에서 일생을 보낸다. 따라서 그들은 그곳에서 자신의 위치를 아는 법, 위험을 식별하는 법, 그것으로부터 자신을 보호하는 법 또는 자신을 지키는 법을 배워야 한다. 그들의 탐험 욕구를 정당화하려면 해결책을 찾아야 한다. 가장 큰 위험들을 막기 위해 지도하고 훈련시키면서 해결책을 찾아야 한다. 이를테면 정오와 2시 사이에 여러 친구들과 함께 학교 밖에서 점심을 먹어도 좋다는 '외출 허가'를 내주는 것부터 시작할 수 있다. 그 다음엔 토요일 오후 영화관에 가도 좋으며, 이 경우 합의된 귀가 시간까지 쇼핑을 해도 좋다는 허락을 내줄 수 있다.

일례로 대도시에서 대중교통에 익숙해지게 하려면 영화관이나 쇼핑센터에 갈 때 함께 갔다가 돌아올 땐 자기들끼리 알아서 오게 내버려둘 수도 있다. 그렇게 하면 집을 떠나는 것보다 집에 돌아오는 능력에 더 큰 가치가 부여될 것이다. 처음 그가 '풀려나는' 시간은 귀가 시간까지로 제한될 것이다. 휴대전화의 등장은 상황을 완전히 바꿔 놓았다. 장점과 단점을 공유한 이 '탯줄'이 있으면 문제가 발생했을 때 전화할 수 있다. 유년기 때처럼 청소년들에게도 때와 장소에 따라 위험을 판단하는 법, 이에 대처하고 자신을 보호하는 법을 상기시켜야 한다. 하지만 이때에는 성이라는 새로운 차원도 포함되어야 한다. 거리에서 아무나 따라가지 말 것, 위험한 장소를 피해 갈 것, 어디에 어떻게 도움을 청하는지 알아둘 것, 전화카드나 휴대전화를 갖고 다닐 것, 긴급 상황에서 걸 수 있는 전화번호를 알아둘 것, 걱정이 될 때는 같은 길을 여러 번 가볼 것 등. 단호한 태도, 명백한 접촉 거부는 대개 즐기거나 소녀를 놀라게 하려는 자들의 의욕을 꺾는다.

어머니들은 딸들이 거리에서 남자들과의 관계를 제어하는 것을 도울 수 있다. 이때 원칙적으로 미니스커트나 가슴이 많이 파인 옷을 입었다고 비난하지 말고(그것은 더 이상 그런 옷들을 소화할 수 없는 어머니의 질투처럼 인식될 수도 있다), 대신 이런저런 장소에서 이런저런 몸짓이 어떤 도발적 의미를 지닐 수 있는지, 그리고 그것들이 어떤 반응을 초래할 수 있는지를 깨닫게 도와줘야 한다.

안전이라는 이름으로 자유를 부여하기 싫어하는 부모들은 거리에 있거나 대중교통 수단을 타는 것이 불안해서, 또는 그들이 있는 곳을 모른다는 불안을 피하기 위해 청소년기 내내 자녀의 '택시'로 전락할 수 있다. 처음에는 아이들도 부모가 자신을 그렇게 태워 주는 것을 좋아한다. 왜냐하면 활동에 참가하고 친구를 만나려면 그것은 당연히 지불해야 할 대가로 알고 있기 때문이다. 하지만 커감에 따라 이것은 점점 더 참기 힘들어지고 결국 자신을 데려다 줄 수 있는지 끊임없이 묻지 않기 위해 모든 사회생활을 끊거나 아니면 이런 보호에서 벗어나게 된다. 문제가 정말로 심각해졌을 땐 아이가 자연 속에 혼자 동떨어져 있게 하는 것보다 친구들과 가까운 곳, 영화관이 멀지 않은 곳으로 이사를 계획하는 편(가능하다면)이 나을 때도 많다.

56
언제부터 집에 며칠씩 혼자 있게 해도 될까?

"여행가신다구요. 잘됐네요!" "아니오, 싫어요. 가족과 함께 할머니 집에서 주말을 보내고 싶지 않아요. 전 집에 있을게요. 이제는 저 혼자서도 알아서 할 수 있다고요!" 어떤 실수를 저지를지도 모르고 어떤 나쁜 영향을 받을지도 모르는데 그렇게 해도 될까?

8세쯤, 그러니까 잠시 혼자 집에 있을 수 있고 심부름을 하거나 친구 집에 가기 위해 혼자 나갈 수 있는 나이가 되면 모든 아이들은 집 열쇠를 갖고 싶어 한다. 청소년에게 집열쇠를 맡기지 않는 것은 부모가 자녀를 불신한다는 증거이다. 가정이라는 공간을 사용할 자격이 없고 그것을 관리할 능력이 없다고 판단하는 것이다. 아이들에게 그것은 문자 그대로 집의 사정거리 안에 있다는 것을 의미한다. 개중에는 집의 정리정돈과 청결을 매우 중시해서 아이들이 집을 어질러 놓을까 봐 두려워하거나 또는 도난당할까 봐 무서워 그들의 거처를 침범할 수 없는 소중한 성역으로 생각하는 부모도 있다. 하지만 이는 사람보다 물건을 중시하는 행위이며 그렇게 하다가는 집보다 훨씬 더 소중한 자산, 즉 자녀의 공간과 자유, 그들 자신에 대한 신뢰, 그들이 성장할 기회를 희생시키게 된다.

사실 아이들은 가끔씩 혼자 집에 있을 필요가 있다. 그때를 이용해서 아이들은 집안 구석구석, 특히 그들이 잉태된 장소인 부모 방에 가서 '냄새를 맡고' 옷장을 열어 보고 어머니의 화장품을 발라 볼 수 있다. 물론 다녀간 흔적은 남기지 않는다. 그러다가 우연히 있어선 안 될 물건들(포르노 테이프 같은 것)을 발견할 수도 있다. 물론 부모는 잘 숨겨 놓았겠지만 말이다. 특히 딸들은 기꺼이 빈 집을 이용해 은밀한 탐험에 몰두한다.

12세에서 15세 사이의 청소년들은 차차 생존이 걸린 욕구들(먹고 씻고 생활의 리듬과 시간을 지키고 위험을 예상하고 느끼는 것)을 스스로 해결할 수 있게 된다.

가까운 곳에 책임질 수 있는 연장자가 있다면 특별한 상황에서는 자녀를 며칠 동안 혼자 둘 수 있다. 하지만 물질적인 것을 혼자 해결할 수 있다 쳐도 지나치게 자주 그들만 남겨두는 것은 바람직하지 않다. 그것은 그들에게 마음껏 어리석은 짓을 저지를 수 있는 자유를 주는 것이고, 어른들의 생활 계획에서 전혀 고려될 필요가 없는 아이들이라는 느낌을 주는 행위이다. 처음 요구하자마자, 또는 관계의 어려움이 처음 발생하자마자 청소년 자녀에게 집과 떨어진 스튜디오를 마련해 주는 관습이 일부 계층에 퍼지고 있는데 이도 같은 결과를 낳을 수 있다.

대응법

가정이라는 공간을 안배할 수 있는 방법을 강구하여 쾌적하면서도 사람들이 드나들고 대화나누기에 좋은 공간으로 만들어야 사람들을 편히 초대할 수 있다. 아기가 사는 집에 깨지기 쉬운 실내 장식품들이 여기저기 놓여 있는 것이 바람직하지 못한 것과 마찬가지로 지나치게 잘 정돈되어 있는 집은 청소년들에게는 좋지 않게, 나아가 적대적으로 여겨질 수 있다. 이것은 부모 편에서 너그럽기 위해 무진 노력을 해야 한다는 뜻이다……

가능하면 아동기 자녀, 그 다음엔 청소년기 자녀가 자신의 열쇠를 사용하여 혼자 귀가하여 고독한 순간을 경험할 수 있는 기회가 있으면 놓치지 말아야 한다. 물론 위험률이 전혀 없을 수 없다. 하지만 테두리 안에서의 이런 자유는 독립된 성인이 되려면 반드시 거쳐야 할 단계이다.

대개 청소년들은 이제 캠프나 취미 활동 또는 여행 같은 데에 부모를 동반하고 싶어 하지 않는다. 그들은 양면적인 입장을 취한다. "잘됐네요, 여행 가시게 돼서!" 말은 이렇게 하면서도 속으로 조금은 버림받은 것 같은 기분을 느낀다. 부모는 15세나 16세 자녀에게 스스로 알아서 하라고 내버려두고 너무 자주, 너무 오랫동안 집을 비워서는 안 된다. 왜냐하면 그러면 같은 생각을 하고 함께 뭔가를 발견하는 풍요로운 시간을 보낼 기회가 줄어들기 때문이다. 부모가 집을 비울 때는 자녀에게 도움받을 수 있는 곳을 제시해야 한다. 이를테면 친구 집 같은 곳에 미리 알려둠으로써 가끔씩 전화하고 밥 먹으러 오라 하고 문제가 생겼을 때나 울적할 때 도와줄 수 있게 해야 한다.

57
아들이 휴대전화, 스쿠터, 오토바이를
사 달라고 조른다.
그리고 부모 동반 운전면허를 따고 싶어 한다

"아, 나한테 스쿠터가 있으면 엄마는 택시 기사 노릇을 안 해도 되고, 나는 정해진 시간에 집에 올 수 있을 텐데. 하지만 지금은 누군가에게 의존해야 하기 때문에……." "내게 오토바이가 있으면 주말에 집에 오기 더 쉬울 텐데……." "내게 운전면허가 있으면 엄마 대신 운전할 수 있을 텐데……." 이런 말에는 뭐라고 대답해 줘야 할까?

독립에 대한 요구는 정당하며 친구들을 만나고 싶어 하는 마음도 정당하다. 빠르고 편리한 대중 교통수단이 없을 때 14세부터 탈 수 있는 적은 배기량의 모터사이클이 많은 아이들에게는 청소년기로의 진입을 의미하는 상징 자체이며 환상적인 '독립 면허증' 이자 자유의 약속이다. 하지만 소형 오토바이, 스쿠터 또는 오토바이를 운전하려면 교육을 받아야 하고 어느 정도 분별력과 책임감이 있어야 한다. 도로교통법을 지킬 것, 안전모를 착용할 것, 허용된 속도의 한계를 초과하지 말 것 등. 왜냐하면 바퀴 두 개 달린 모터사이클 종류는 젊은이들로 하여금 대형 사고를 일으키게 하는 주요 원인들 중 하나이기 때문이다.

대응법

　사고에 대한 염려에도 불구하고 때로 청소년은 자신의 자유에 대한 대가로 어떤 위험한 행동을 감행하는 것을 받아들여야 할 때가 있다. 청소년 자녀의 욕구와 인격, 부모 자신의 걱정, 그리고 현실 사이에서 최선의 타협안을 찾기 위해 주관적인 상황을 판단하는 것은 각 가정에 달렸다. 만일 당신이 외딴 곳에 산다면 자녀가 정상적인 사회생활을 할 수 있는 수단을 제공해야 한다. 청소년기 자녀의 행동을 유심히 관찰해 보면 그의 요구가 독립에 대한 욕구인지, 새로운 자극의 추구(친구를 만나러 가는 것, 새 오토바이를 부르릉거리며 폼 잡는 것, 또는 공터에서 폭주하며 묘기를 부리는 것 등)인지 아니면 부모를 놀라게 하거나 위험한 상황을 자초하려는 목적에서 벌이는 무모한 행동(안전모를 쓰지 않거나 제한 없이 과속하거나)인지를 구별할 수 있다. 대개 여자아이들은 오토바이를 일개 교통수단으로 간주한다. 하지만 남자아이들은 그것을 '자신을 멋진 남자로 만드는 도구'로 생각하고 현실적인 위험을 감수한다.

　초기에는 자녀 보호가 부모의 책임이 될 수 있다. 튼튼한 안전모를 미리 사주고 수리비를 대주며 브레이크와 타이어를 정기적으로 손보는 등. 그 다음 도로교통법을 준수하고 자신의 탈 것을 정기적으로 손보는 태도를 보여줘야 하는 사람은 바로 자녀이다. 자신의 자율성을 잘 사용할 수 있는 청소년은 소중한 물건을 잘 간수하고 그것을 함부로 굴리지 않는다. 자신의 물건을 잘 보존할 수 있는 능력은 하나의 신호도 된다. 기계가 항상 고장 나 있고 사고 후에도 수리되어 있지 않거나, 아이가 끊임없이 더 힘센 기계를 요구한다면 그것은 독립의 수단이 아니라 부모에 대한 의존의 표현이며, 부모는 그것을 더 잘 이해할 필요가 있다. 어쩌면 아이는 위험을 감수하는 게 두려울지 모르며 부모가 그것을 말렸으면 하면 마음으로 그러는 건지도 모른다. 마찬가지로 아이가 도로교통법을 준수하지 않고 공인된 동반자 없이 운진대를 잡는다면 그것은 제한을 가해야 하는 위험 부담을 의미한다.

그럴 땐 그의 자율성을 제한하기보다는 오토바이를 타고 무모한 곡예를 벌이기 전에 자기 자신을 보호하는 법을 가르쳐 주어야 한다.

만일 개인적인 이유(이를테면 가족 중에, 특히 젊은이 중에 사고로 죽은 사람이 있다든가)로 인해 자녀가 오토바이를 타는 데 대한 부모의 불안이 너무 크다면 무조건 금하는 것이 당연하지만(적어도 18세까지는) 그럴 땐 자녀의 자율성을 지켜 주기 위해 다른 수단을 강구해야 할 것이다(주말에 도심에 있는 친구 집에서 자고 오는 것을 허락한다든가 오토바이가 필요하지 않은 휴가 방법을 택한다든가).

이런 불안 앞에서 청소년은 부모를 보호하기 위해(이를테면 부모가 항상 가족에게 일어났던 대형 사고의 충격에서 벗어나지 못하고 있다면) 불평 없이 복종할 수도 있지만 그렇게 되면 아이는 자율성을 획득하지 못할 것이다. 따라서 그러한 경우에도 각자 손해를 보지 않으려면 해결 방안이나 타협안을 찾아야 한다.

좋은 해결 방안의 하나는 아이로 하여금 가능한 한 빨리 운전면허를 따게 해서 차를 몰게 하는 것이다. 그것은 출발 시간에 대한 자율성을 허용하는 것이며 오토바이보다 덜 위험한 이동 방법이다. 운전면허는 어쨌든 모든 젊은이가 청년기가 끝날 쯤에는 갖춰야 할 기본적인 능력에 속하는 것이기 때문이다.

시간과 능력이 되는 부모에게 보호자를 동반한 운전은 기술과 지식을 전수해 주는 한편, 공동 관심사나 취미 활동을 찾기 어려운 이 연령대에 함께 시간을 보낼 수 있는 좋은 방법이다. 특히 청소년기 자녀와 일상생활을 거의 공유하지 못하는 아버지들에게. 교통체증으로 꼼짝 못하는 차 속에서 나란히 앞을 보고 앉아 있으면 많은 것을 생각할 수 있다! 반대로 이런 상황이 두려운 사람들——대개는 여성들——이라면 미래의 운전자에게 사고에 대한 불안을 전달해 줄 필요는 없다. 그러다 자칫 위험에 처할 수도 있으므로.

보호자를 동반한 운전

16세부터는 일단 도로교통법 시험에 붙고 나면 운전을 배우면서(최소한 20시간) 자가용을 운전할 수 있는 면허 시험을 치를 수 있다. 단 이때 만 28세 이상이고 최소한 3년 이상 면허를 소지한 성인이 책임을 져야 한다. 이때 차에는 두 개의 백미러가 장착되어 있어야 하고, 차 뒤에는 '동반 운전'임을 알리는 표시도 눈에 띄게 붙여야 한다. 속도는 일반 도로에서는 시속 80킬로미터, 고속도로에서는 시속 1백10킬로미터로 제한된다. 원칙적으로 이런 방식은 젊은이로 하여금 더 많은 경험을 획득하게 해주고(시험을 보려면 운전대를 잡고 3천 킬로미터를 달려 봐야 한다), 따라서 더 쉽게 면허 딸 수 있는 가능성을 부여한다. 게다가 이런 과정을 거친 젊은이들이 더 준비도 잘 돼 있고 통계적으로도 사고율이 적다고 간주한 보험회사들도 '젊은 운전자'에게 할증 보험료를 요구하지 않고 있다.

58
아들이 친구들과 휴가를 떠나고 싶어 한다

"기가 막힌 계획을 짰어요! 보름 동안 섬에서 원시적인 캠핑을 하는 거예요……." "내 친구 부모님이 우리를 별장에 내려 주신대요……." 이럴 때 그들의 흥분을 가라앉혀야 할까, 아니면 그들이 마음껏 경험을 쌓도록 놔둬야 할까? 어떻게 하는 것이 분별 있는 행동이고 어떻게 하는 것이 분별없는 행동일까?

15세경부터 따로 여행하는 나이가 시작된다. 부모가 결정권과 지도권을 가졌던 여름 캠프 같은 것과는 다른 여행이다. 온전히 그들에게 맡겨진 어떤 집으로 단체 캠핑을 떠나는 이런 새로운 유형의 여행에는 항상 어떤 위험 요소와 미지수가 있기 마련이다. 그런 점은 필연적으로 부모들에게 걱정과 불안을 야기하는데, 자녀들로 하여금 서서히 자율성을 갖게 하려면 그런 것들은 마땅히 감수해야 한다. 그래도 처음 떠날 때는 물자 보급을 지원해 주고 기준을 제시해 줄 수는 있다. 이렇듯 지도와 자율성 간의 균형은 청소년기를 거치면서 서서히 변화하게 된다. 그러다 보면 결국 청소년은 자신의 여행을 준비하고 책임질 수 있는 능력을 갖추게 될 것이다. 돈을 벌기 위해 일하면서 자기가 선택한 여행의 경비를 일부나마 지불하는 것도·나쁘지 않다.

대응법

청소년이 안전하게 부모로부터 멀리 떨어진 곳으로 떠나려면 17세 또는 18세까지는 어떤 틀이 필요하다. 청소년 캠프는 첫번째 경험을 위한 좋은 해답이다. 그 다음에는 독립적인 여행 계획들을 세우게 되는데, 거기에는 항상 비현실적인 부분이 들어 있게 마련이다. 바로 그럴 때 부모가 청소년의 이상과 가능성, 그리고 부모 자신의 주관적·객관적 걱정 사이에서 타협안을 찾아야 한다. 그리고 경험이 축적되면 서서히 고삐를 늦춰 줘야 한다. 이를테면 친구들과 며칠간 캠핑을 떠나는 것부터 시작할 수 있다. 이때 휴대전화를 가져가야 하며 필요한 경우에는 근방에서 어른들과 합류할 수 있어야 한다. 이런 기회는 그들에게 어떤 일이 벌어졌을 때 대처할 수 있는 능력을 시험해 보게 해 준다(단체로 커다란 두려움에 떠는 사건이나 한밤중에 텐트를 날려 버리는 폭풍우도 있을 것이다!). 부모들은 정신없는 와중에 자녀들이 어떻게 대처해 나가는지를 평가할 수 있을 것이다. 청소년들은 어른들이 그들을 믿어 준다는 느낌, 그리고 그들이 최소한의 보호는 받고 있다는 느낌을 동시에 가져야 한다. 이런 유형의 성공적인 체험을 여러 차례 거친 뒤 18세 가량이 되면 비로소 그들은 배낭을 메고 모험을 향해 떠날 수 있을 것이다.

59
자녀에게 용돈을 줘야 할까?

아이들이 자라면서 부모로서는 도대체 그것이 어디에 쓸모가 있는지 또는 왜 그렇게 가격이 높은지 이해할 수 없는 물건들, 옷들 또는 활동들에 대한 욕구와 요구가 커지기 마련이다. 그것을 어떻게 구별할까? 용돈을 줘야 할까? 줘야 한다면 얼마나, 언제부터, 어떤 기준으로 줘야 할까?

자녀에게 사회 속에서 사는 법을 가르치고 싶다면 돈을 가지고 사는 법, 그리고 그것을 관리하는 법을 가르쳐야 한다. 나아가 청소년기에 이르면 그들의 욕구는 전과 달라지고 커진다. 그들은 '멋진 옷'을 사고 싶어 하고 하굣길에 '맥주 한 잔' 하러 가기를 좋아한다……. 또한 이때는 자기만의 은밀한 공간, 사적인 여가 활동을 갖고 싶어 하고 부모에게 종속된 일인 것 같으면 무엇이든 참을 수 없어 하는 시기이기도 하다. 따라서 그들에게 최소한의 용돈을 주고 그것을 쓰되 일일이 보고하지 않아도 될 권리를 주는 것이 좋다. 물론 부모가 자녀에게 빚을 진 것은 아니며 자녀의 사회생활을 돕기 위해 주는 하나의 수단이다.

크면서 청소년의 욕구는 달라진다. 따라서 여유를 가지고 액수를 정해야 지나치게 많이 주거나 적게 주는 것을 막을 수 있다.

필요 이상, 그리고 친구들에 비해 지나치게 많은 돈을 주는 것은 자녀에게 도움이 되지 않는다. 아이는 그것을 낭비할 테고 그러면 돈의 개념을 깨칠 수가 없게 된다. 그보다는 오히려 한번도 충분히 받아 본 적이 없다는 느낌을 갖게 하는 편이 낫다. 왜냐하면 거의 모든 어른들의 예산을 보면 그런 것이 '진짜 생활'이기 때문이다. 반대로 필요에 비해 턱없이 적은 금액을 주는 것도 좋은 일은 아니다. 그것은 자녀가 청소년이 된 것을 인정하지 않는 행위이기 때문이다. 일단 자녀의 요구가 '정상적인 것'으로 결정된다 해도 금액이 충분치 않은 경우가 많다. 만족시킬 수 있는 것보다 항상 더 많은 욕망을 느끼는 것이 당연하기 때문이다! 어른들도 돈이 지금 자기가 가진 것보다 조금만 더 있다면 너무나 행복할 텐데 하는 느낌이 들 때가 많다! 수입이 많든 적든 우리는 항상 예산이 4분의 1만 더 있었으면 좋겠다고 생각한다. 청소년들도 이 법칙에서 예외가 아니며 그런 감정을 제어해야 한다. 이것은 일찍 학습할수록 그만큼 더 자연스럽게 이루어신나. 그런데 요즘과 같은 소비 사회에서 쪼들리지 않고 살려면 자신의 소득 수준에 지출 수준을 맞추는 법을 배워야 한다. 그러지 못하면 우리는 자신의 월급과 생활 여건에 만족하지 못한 채 항상 욕구불만 상태로 살 수밖에 없다. 왜냐하면 우리는 '모든 걸, 즉시' 소비하는 것이 지상 명령인 세상에서 살고 있기 때문이다. 우리 사회는 물질적 욕망에 관한 한 선택하고 기다리는 법을 배우도록 많이 기다려 주지 않는다. 따라서 그 일은 부모가 맡아야 한다.

대응법

청소년들에게 그들의 인생에서 돈이 어떤 자리를 차지하는지 알게 하고 그들의 능력에 따라, 그리고 그들에게 가장 이익이 되게 지출하는 법을 가르쳐 주는 것을 목표로 삼아야 한다. 따라서 용돈으로 지불하는 금액은 선물이나 학교 성적과 연관되지 말아야 한다. 그리고 청소년들은 그들 자신 외에 어느 누구에게도 보고하지 않고 자유롭게 돈을 쓸 수 있다. 자녀에게 돈을 잘 관리하는 법을 가르치려면 유년기부터 청소년기가 끝날 때까지 금액과 횟수를 조금씩 바꿀 수 있다. 처음에는 이를테면 취미 활동을 위한 용돈으로 일주일에 얼마씩 주다가 그 다음엔 한 달에 얼마씩 주는 식으로. 그 다음에는 서서히 모든 지출 항목(교통비·의복비·취미 활동비 등)을 포함시킴으로써 청소년기가 끝날 때까지 현실에 근거하는 진짜 예산까지 가는 것이다.

진짜 중대한 실수를 한 경우가 아니면 돈은 회수되어서는 안 된다. 용돈을 준다고 해서 축하의 선물을 하거나 어떤 봉사에 대한 보수를 지불할 수 없는 것은 아니다. 용돈은 '훗날'을 위해 자녀 이름으로 가끔씩 은행 통장에 넣는 저축과도 무관하다.

금액은 자녀의 나이, 부모의 소득, 생활비에 따라 달라진다. 한 예로 셈을 할 줄 아는 아동은 일주일에 1유로(1천4백 원), 그 다음 6학년(우리나라로 치면 중1)부터는 최대한 10유로짜리 지폐 한 장을 받을 수 있다. 3학년(우리나라의 중3)부터는 일주일에 한두 번 영화관에 가고 잡지나 CD를 사고, 한 번 정도 가볍게 맥주 한 잔하기 위해 필요한 용돈을 한 달 단위로 계산해 줄 수 있다. 생활 방식에 따라 버스표나 학용품을 사기 위해 필요한 예산을 추가할 수 있을 것이다. 이렇게 하면 자녀가 재정적 선택을 연습하는 데 도움이 될 것이다. 이를테면 딸이 교통비를 아끼기 위해 걷는다면 그 대신 어머니가 사 주기를 거부한 매니큐어를 살 수 있다! 이렇게 하는 것은 딸의 자유이며 이렇게 함으로써 딸은 돈의 가치를 알게 될 것이다.

대개 아이들이 '항상 더 많이' 요구하는 것은 광고에 나오는 제품들이나 '유명 브랜드'의 옷과 신발들이다. 자신의 정체성을 찾는 12세에서 15세 사이의 청소년들은 이런 메이커의 옷이나 물건을 소유하면 다른 사람들로부터 더 많이 인정받을 수 있다고 생각한다. 소비 사회는 이런 욕구를 이용하며, 이런 함정들을 발견하는 데 아이들을 동참시키기 위해 할 일은 많다. 만일 그들이 기본 모델보다 세 배나 비싼 농구화 한 켤레를 너무나 갖고 싶어 한다면 생일 선물로 사 주어라. 아니면 용돈으로 차액을 지불하라고 요구하던가. 그도 아니면 그 농구화를 사되 나머지 장비는 기본 가격 제품을 사라고 제안하던지. 청소년들도 전율하는 순간이 지나면 이 물건들이 대부분 실망의 원천이 되는 경험들을 언젠가는 하게 될 것이다. 유명 상표 붙은 배낭이나 잠바를 입었다고 해서 자신이 더 강해지거나 커지거나 편안해지지 않았음을 깨달을 것이다. 이런 영역에 훨씬 더 민감한 여자아이들도 텔레비전 스타와 같은 청바지를 입었다는 이유로 '잘나가는 사람'이 되는 것도, 끼고 싶어 하던 친구 집단에 가입하기 쉬운 것도 아니라는 것을 깨닫게 될 것이다. 요컨대 소비가 모든 정체성의 문제를 감쪽같이 해결해 주지는 못한다. 그럴 때 우리는 탐내던 물건의 약속된 기쁨과 현실 간의 격차를 조심스럽게, 그러나 분명히 알게 된다. 그런 경험을 거듭하다 보면 이 신기루의 포로가 될 확률이 점점 줄어들 것이다…….

마찬가지로 너무나 원하는 선물은 크리스마스나 생일 때까지 조금 기다리게 하는 것도 나쁘지 않다. 모든 사람에게 그것은 당장은 힘들지만 장기적으로는 풍요로운 경험이다.

단 모든 것이 정도의 문제이다. 이 사회가 제시하는 모든 것을 하나도 살 수 없는 사람은 욕구불만을 참지 못하다가 과소비로 나갈 수 있다. 젖병을 너무 오래 기다린 아기가 허겁지겁 달려들어 빨아먹다가 숨이 막히는 것처럼…….

60
아들이 아르바이트를 하고 싶어 한다

"차 안 좀 청소해 줄래?"

"얼마 주실 건데요?"

"엄마 회사에 혹시 상품 배달원 필요하지 않아요?"

"내가 이발소에 가기를 원하시면 용돈을 올려 주셔야 해요."

'아르바이트'는 어른들의 세계로 진입하는 정당한 길이며 돈의 가치를 경험하는 한 방법이다. 돈을 벌려면 일해야 하고 때로는 고된 일도 해야 하며 항상 매우 재미있지만은 않은 일들을 해야 하고, 위계질서와 부딪쳐야 하며 계약을 지켜야 한다. 이 모든 것이 사실은 매우 교육적인 일이다. 아르바이트 자리도 드물던 몇 년간의 위기가 끝난 뒤 오늘날에는 특별한 자격을 요구하지 않는 일자리를 찾기가 훨씬 더 쉬워졌다. 여름 부업으로 집이나 동네에서 하는 첫번째 베이비시팅(아기 보기)이 여기 해당된다. 청소년들은 거기서 권리를 존중받는 법도 배운다. 왜냐하면 자격 없는 일자리들은 사회적 관계에 관해서는 가장 가혹하기 때문이다. 이렇게 번 돈은 그들에게 일상생활을 유지시켜 주는 돈과는 전혀 다른 가치를 띠게 될 것이다. 부모로부터 받은 돈이 항상 의존의 속성을 띤다면 CD를 사려고 또는 여행 경비를 대려고 땀 흘려서 번 돈은 전혀 다른 가치를 지니며 전혀 다른 기쁨을 안겨 준다……. 청소년들로부터 그런 소중한 경험을 빼앗으면 안 된다!

대응법

청소년이 가정이라는 공동체에 행사한 일상적인 봉사를 보상할 필요는 없다. 식탁에 수저 놓기나 자기 물건 정리하기 등이 여기에 속한다. 반대로 덧문 다시 칠하기 같은, 부모가 하기 싫어하거나 할 수 없는 일을 했을 때에는 돈으로 고마움을 표하는 것도 괜찮다. 하지만 그럴 때에도 그것이 전에 악착같이 협상한 보수라기보다는 상여금인 편이 낫다. 설령 협박의 말투가 고약한 분위기를 형성했기 때문이라 해도!

또한 자녀가 가정이라는 울타리 밖에서 수입의 원천을 찾아보도록 격려할 수도 있다. 왜냐하면 할 일에 대한 책임감을 더 잘 느낄 수 있기 때문이다. 처음에는 가끔씩 도와줘야 하는데, 왜냐하면 16세 이전에는 공인된 고용주를 찾기 어렵기 때문이다. 그리고 부모의 친구들이라는 인맥을 활용하면 '베이비시터' 하기가 훨씬 쉽다. 왜냐하면 같은 건물이나 동네에 있기 때문에 어떻게 해야 할지 모르는 상황일 때 전화할 수 있기 때문이다. 자녀가 클수록 일할 기회도 많아지므로 자신의 욕구, 특히 취미 생활과 방학을 위해 필요한 자금의 일부를 책임지는 것도 당연해진다. 단 이때 노동과 학업 사이에서 균형을 찾아야 한다. 실제로 개중에는 어른들의 세계에 잠입해 돈을 벌고 자신의 가치를 증명하는 게 너무나 재미있어서 학교 공부보다 임금 노동에 지나치게 많은 시간을 할애하며 학업을 빨리 마치고 싶어 하는 아이들도 있다.

여름을 앞두고 그전 방학들 동안에 여름철의 임금 노동을 준비할 수도 있다. 이를테면 방학 캠프의 지도자가 되기 위해 필요한 연수를 해

두는 것이다. 때로 그것은 자기가 좋아하는 운동도 하고 자신의 지식
을 더 어린 후배들에게 전수도 해주며 돈도 버는 방법이 되기도 한다!

더 많은 정보를 얻으려면

청소년 권장 도서
S. 알망 보시에, 《돈, 가질 것이냐 말 것이냐 *L'Argent, en avoir ou pas*》,
라 마르티니에르 출판사, 1999년.

61
아들이 사회 참여를 하도록 놔둬야 할까?
그리고 만일 어떤 종파에 빠진다면?

과도한 열성, 약간은 단순한 이상주의, 수상한 전화들, 낯선 친구들과의 끝없는 대화, 전에 없던 행동들, 대개 밤에 열리는 모임들, 공부는 뒷전……. 아들에게 도움이 되는 것과 위험한 것을 어떻게 구별할까?

요즘 젊은이들은 오히려 사회 참여를 하지 않는다고 비난받는 편이다! 정치적으로 더 이상 그들이 관념론적 투쟁을 벌일 일도 없고 이데올로기의 전장에는 자유주의가 홀로 자리를 지키고 있다. 상황이 그러하니 청소년들은 환경 운동과 인본주의 행동의 영역에서 그들의 이상을 실현할 방법을 발견하기도 한다. 젊은이들 특유의 열정을 가지고 참여하면서 청소년들 중 가장 나이 든 아이들은 그들과 관계된 어떤 주제에 관해 생각하고 분석하는 능력을 발휘할 기회를 발견한다. 이것은 또 단체로 행동하고 일하고 처음으로 사회적 책임을 지는 기회가 되기도 한다. 이것은 단지 미래를 위한 어떤 재산, 하나의 싹에 불과할 수도 있다. 단 이 참여는 그들을 존중하고 보호해 주는 어떤 틀 안에서 이루어져야 한다. 또한 이것이 부모에게 반대하기 위한 방법으로 반대를 선택하는 것이 되어서는 안 된다.

어떤 것 또는 누군가의 영향을 받는 것, 그것은 그에 대한 자신의 열정에 끌려가는 것을 의미한다. 사랑에 '빠졌을' 때처럼 더 이상 완전히 자유롭지 못하고 부분적으로 타인에게 속해 있다. 약하고 의존적인 청소년들은 어떤 이데올로기나 영적 지도자에게 '매료당하기도' 쉽다. 그들은 크면서 그들의 지성의 성숙이 어떻게 그들에게 새로운 세계를 창조하고 세상을 다시 건설할 능력을 주는지를 알게 된다. 그런데 그들로 하여금 모든 것이 아름답고 사람들은 행복한 어떤 이상향을 향해 나아가도록 부추기는 것은 바로 그들의 열정이다. 그런데 간혹 이상과 이데올로기 간의 경계가 모호할 때가 있다. 열정의 나이에는 그것을 구분하기가 어렵다.

유혹적인 담론들은 청소년기에 내재된 열정을 어떤 이데올로기에 유리하도록 우회시키고 "이 사회는 썩었으니 파괴해야 마땅하다"는 사고방식으로 지나친 금욕주의 또는 다른 것들을 유도할 수 있는데, 이는 그들 자신에 대한 일종의 폭력이라 할 수 있다. 자기 자신에 대해 불만이 많은 청소년들에게 기만과 나쁜 버릇을 부추기는 이런 열정은 파괴적인 결과를 가져올 수 있다. 개중에는 그런 식으로 아주 어린 청소년들을 이용하여 테러 행위를 시키는 운동들도 있다.

대응법

처음 부모는 자녀가 학업을 소홀히 하고 어떤 일에 끼어듦으로써 그들의 미래를 위태롭게 할 때 걱정하기 시작한다. 그럴 때는 참여 자체를 문제시하지 않으면서 어떤 범위를 정해 주는 것이 좋다.

그 외에도 이런 사회 참여가 자녀를 해로운 극단적 이데올로기 속으로 끌고 들어가는 것은 아닐까 하는 염려도 있다. 강력한 사상은 청소년을 매료시키며, 겉으로 드러나는 현상은 적지만 그래도 극단적 보수주의 형태가 나타날 수 있는 장소와 계층들은 있기 마련이다. 그들은 아직 미성년이기 때문에 부모가 도덕적 책임을 져야 한다. 따라서 효과적인 방법을 통해 세상을 더 좋게 만들고자 하는 고결한 이데올로기와 광신적 이데올로기의 차이를 어른들이 식별해야 한다. 전자는 모든 인간에게 어떤 자리가 있다고 보며, 후자는 '더 나은 세상'은 '악'을 제거함으로써 이루어진다고 주장한다. 물론 거기에는 폭력이 수반된다. 부모들은 사회 참여라는 인간적 경험이 청소년의 생명과 안정을 조금도 해치지 않는 안전한 테두리 안에서 이루어지는지 주의 깊게 살펴봐야 한다. 청소년들을 위해 그런 환경을 건설하고 유지하는 것은 교직자·종교인·교육자·사회복지요원을 비롯한 모든 어른들의 역할이고 책임이다. 그러려면 그들에게 유혹과 의존의 관계가 정착되지 못하게 해야 한다. 건설적인 열정을 제안하고 비판적 정신, 거리를 두고 의문을 제기할 수 있는 힘을 키워 줘야 한다. 모든 단체, 모든 사회에 존재하는 사회적·도덕적 금기사항들은 또한 한계의 구실도 한다 (이를테면 타인과 마찬가지로 자기 자신에게도 폭력을 행사하는 것은 금지되어 있다). 이런 금기사항들은 대개 각 가정의 고유한 생활의 예들을 통해 전달된다. 그것들은 자신의 생각과 몸을 가지고, 자신과 다른 사람들과 사이좋게 살기 위해 해야 할 일과 해서는 안 될 일들을 보여준다. 그것이 정말 위험해 보일 때 광신적 세력에 맞서 홀로 투쟁하기를 바라는 것은 무모한 짓이다. 그보다는 반종파 투쟁 단체와 접촉해 자녀를 돕는 편이 낫다.

VII

인생의 대사건들

62
청소년 자녀들에게 부모의 근심을 알려야 할까?

건강 문제, 직장 문제, 돈 문제, 부부 또는 가족간의 불화, 가족의 죽음이나 사고……. 어른들의 삶에 크고 작은 고통을 안겨 주며 등장하는 이 모든 것들을 언제부터 그리고 어떻게 말해야 할까? 이것들은 어떤 점에서 그들에게 충격을 안겨 줄 우려가 있을까?

부모에게 걱정거리가 있을 때, 커다란 걱정이 머릿속을 꽉 채우고 있을 때 자녀가 그것을 모를 리 없다. 그리고 그 사실을 알리지 않고 쉬쉬 하는 것도 그들에게 해롭다. 자신들과 무관한 부모의 성 문제를 제외하면 부모, 가족의 생활과 관계된 모든 것이 그들과도 관계된다. 아동과 청소년들은 부모가 그들에게 하는 말 속에서 정말과 거짓말을 구별해 낼 수 있는 고감도 안테나를 갖고 있다. 그리고 자기 집에서 뭔가 심각한 일이 벌어지고 있는 것 같긴 한데 그게 뭔지 모른다는 건 자녀에게 견딜 수 없는 일이다. 온통 머릿속에 그 생각뿐이어서 수업에 집중하기도 힘들게 된다.

그렇기는 하지만 사춘기 동안 청소년들은 자신에게 몰두한 나머지 집에서 벌어지는 일에 대해 주의를 기울이지 못할 때도 있다. 14세나 15세가 지나면 어른들의 걱정을 더 잘 이해하고 공유할 수 있게 될 것이다. 또한 죽음 또는 '더 이상 절대로' 라는 말의 의미처럼 추상적인 개념의 의미도 알게 될 것이다.

하지만 모든 일이 같은 정도로 그들에게 타격을 주지는 않는다. 청소년 자신의 생활과 무관한 사건들은 제 아무리 중대한 사건이라고 해도 자신의 가정에 닥친 것보다는 훨씬 덜 부담스럽다. 가족의 행복, 가족의 안정과 관계된 모든 것은 청소년 자녀에게 큰 타격을 입힌다. 설령 자녀가 그것을 드러내지 않더라도. 이 나이 때에는 거의 유아 때만큼이나 가정의 붕괴에 민감하다. 만일 10세 때 같은 사건을 겪었더라면 아이는 아마 취미 활동이나 놀이로 도피함으로써 좀더 거리를 취할 수 있었을 것이다.

얼핏 이것은 역설적으로 보인다. 분리되기 위해 다른 가족들과의 차별성을 드러내거나 반항하는 시기에 청소년들은 오히려 안정감을 느끼고 한결같기를 바라는 것이다. 따라서 그들은 가족과 관계된 일에 특히 민감하다. 그들은 부모의 불화가 가족이라는 세포를 해체할 수 있다고 느낀다. 어떤 아이에게 아버지의 실업은 아버지, 아버지의 책임, 아버지의 생활 리듬, 아버지의 사회적 관계에 자신을 동일시하는 것을 방해한다. 또 어떤 아이에게는 어머니의 병, 신체적 또는 정신적 취약함이 같은 작용을 한다. 다들 한 번씩은 부모에 대한 공격적인 생각들에 사로잡힌 적이 있었던 만큼 모두들 부모에게 닥친 일에 대한 책임이 자신에게도 조금은 있다고 믿는다.

대응법

힘든 시기에는 진실한 화법을 고수하는 것이 청소년기 자녀에 대한 의무이며 그래야 근심을 넘어 관계를 지속시킬 수 있다. 설령 자신의 약점이나 무능력을 드러내는 것이 때로는 용기와 수치심을 요구하더라도 말이다. 그것은 또한 일어날 일에 대한 책임이 아이에게 있지 않다는 것을 분명히 밝히는 길이기도 하다. "직장 문제 때문에 내가 조금 공격적이 된 것 같아. 넌 아무 잘못도 없는데 네가 대가를 치르는구나." 그러면 자녀는 이에 대해 아버지나 어머니를 원망하지 않고, 자신을 무가치하게 느끼지 않으며, 부모와의 관계를 확인하고, 나아가 부모의 동지가 되어 시련에 맞서 싸울 수 있게 된다.

건강 검진 결과를 기다릴 때처럼 불확실한 기간이 짧을 때에는 부모 홀로 걱정을 짊어질 수 있다. 하지만 그럴 때도 그냥 말하면 된다. 특히 가장 어린 자녀들에게. "엄마가 걱정이 있는데 나중에 얘기해 줄게." 그러면 아이는 자기가 느끼는 불안의 이유를 알게 되고 자신에게 그 책임이 있다고 느끼지 않게 된다. 아이는 부모와의 관계가 끝나지 않았다는 것을 알게 되고, 그런 생각을 바꾸기 위해 다른 것도 생각할 수 있게 된다. 하지만 문제가 몇 주 동안이나 계속된다면 아이의 연령에 맞는 어휘를 사용해 설명해 주어야 한다. 단 이때 암이나 자살 같은 지나치게 무거운 단어는 피해야 한다.

만일 부모가 불안이나 슬픔에 짓눌려 그들에게 닥친 일을 차분하게 말할 수 없다면 가족이 아닌 누군가의 도움을 받는 것도 좋은 방법이다. 제삼자 앞에서 또는 제삼자를 통해 심각한 이야기를 하면 마음을 가라앉힐 수 있다. 그리고 이렇게 하면 자녀가 질문하고 싶을 때 대답해 주고 이해해 줄 수 있는 또 다른 상담자를 갖게 되는 셈이다.

그리고 평소 친하게 지내는 다른 가족의 집이나 친구 집에서 즐거운 시간을 보냄으로써 가정 문제에서 벗어나 '바람을 쐬라고' 제안하거나 그렇게 할 기회를 주는 것도 필요하다. 요컨대 청소년으로서의 삶을 지속할 수 있도록 도와야 한다. 특히 암묵적으로라도 부모의 근심 때문에 부모 곁에 머물러 달라고 요구해서는 안 된다. 자녀가 때로 집

안의 분위기로부터 도망치는 것은 당연한 일이며, 그것이 자녀의 미래
를 불안하게 만들어서는 안 된다.

더 많은 정보를 얻으려면

X. 포므로, 《청소년이 잘 지내지 못할 때 *Quand l'adolescent va mal*》, J.
C. 라테스 출판사, 1997년.

63
가족이 이사 가야 한다

한 도시에서 몇 년을 살다가 이사를 가게 생겼다. 아이들은 친한 친구들, 다니던 학교, 즐기던 취미 활동들과 이별해야 한다는 생각에 슬퍼한다. 이사가 그렇게 큰일일까? 이별이 그렇게 큰일일까? 수입이 줄었기 때문에 사는 동네를 바꿔 도심에서 좀더 멀리 떨어진 교외에 자리잡는 방안을 검토해야 한다. 청소년기 자녀가 이 변화를 살 견녀 낼 수 있도록 도우려면?

이사가 다른 것들보다는 덜 큰 충격인 것은 분명하다! 하지만 자기가 살던 도시, 동네, 친구들과 헤어진다는 것은 아동보다 청소년에게 더 큰 사건이다. 왜냐하면 청소년기는 바로 부모가 큰마음을 먹고 자녀에게 주기로 결심한 자유를 획득하고 싶어 하는 시기이기 때문이다. 이사는 자녀가 부모를 떠나고 싶은 욕구가 이토록 강한 바로 그때 그의 좌표, 인간 관계, 자주적인 삶의 가능성을 차단하는 행위이다. 결국 우리는 자녀가 다른 삶을 정복할 준비가 되었다고 느끼는 바로 그때 더 가족적인 삶에 복귀할 것을 강요하게 된다. 하지만 혹 이전 환경이 편하지 않았을 경우엔 이사가 청소년기 자녀에게 '명예를 회복하고' 다른 친구들과 다른 삶을 시작하는 좋은 기회가 될 수도 있다.

사실 모든 것은 이사의 원인에 달려 있다. 아버지의 전근 때문에 가족 전체가 이사하는 경우와 부모의 이혼 때문에 이사하는 경우는 다르게 받아들여질 것이다. 사실 오늘날에는 이것이 생활 변화의 빈번한 원인이다. 그리고 그 경우 청소년은 세 가지를 잃는다. 사생활을 잃고, 떠난 부모를 잃고, 그와 함께하던 삶을 잃는다. 그리고 그것은 대개 아무것도 스스로 택하지 않은 아이에게는 받아들이기 어려운 삶의 축소를 동반할 때가 많다.

게다가 아이는 이제부터 같이 살게 된 아버지, 어머니의 슬픔, 나아가 일시적인 우울증(대개는 어머니들)을 대면해야 한다. 그럴 때 아이들이 흔히 보이는 정상적인 반응은 이런 것이다. 어려움 속에서 '단결하고' 함께 사는 아버지 또는 어머니를 떠나지 않는다. 그런데 그것은 청소년기 자녀가 자신의 자주성을 획득하는 데에는 도움이 되지 않는다.

대응법

상황이 어떠하든 미리 조정해야 할 모든 문제들 중에서 청소년기 자녀의 정서적·사회적 삶을 고려하려고 노력해야 한다. 이를테면 자녀에게 주는 용돈에 한 달에 한 번씩 기차표값을 넣어 줌으로써 자녀가 옛 친구를 다시 만나거나 옛날에 가장 친하던 친구네 집에서 주말을 보내거나 자녀가 준비하던 축구 모임에 참가할 수 있게 해야 한다. 자녀가 새 환경에 동화됨에 따라 이렇게 왔다 갔다 하는 일은 줄어들겠지만 그럼으로써 너무 갑작스러운 결별은 면해 줄 수 있을 것이다.

이혼했을 경우에도 부모는 자녀의 본래 생활을 보호해 줘야 한다. 보호자인 아버지는 새로운 거주지에서 자녀가 사회생활을 잘할 수 있도록 도와줘야 하고, 어머니는 자녀를 볼 권리가 있다는 이유로 자녀

의 모든 주말을 길에서, 서로 마주 보고 앉아 있는 것으로 모두 '허비
하지' 않도록 주의해야 한다. 그것은 사실 자녀가 친구들과 운동할 시
간이나 영화관에 갈 시간을 빼앗는 행위이다.

64
아들이 사고를 당했다

당연히 겁은 많이 나지만 피해는 적은 휴가철 도로 위에서의 전복이 될 수도 있고, 자녀의 넋을 빼앗고 충격을 안겨 주는 두 바퀴 차의 걷잡을 수 없는 추락이 될 수도 있다. 이를 어떻게 회복할 것인가?

육체적 부상 외에 정신적 부상도 존재한다. 마치 머릿속에 남아 있는 충격, 이미지가 달군 쇠로 낙인을 찍기라도 한 것처럼. 그것은 청소년 자신이 사고의 피해자가 아니라 단지 목격자였다고 해도 마찬가지이다. 대개 며칠 동안 당사자는 모든 것(이를테면 집 밖으로 나가는 것)을 두려워하고 잠을 자지 못하며 악몽을 꾼다. 사고 장면, 이를테면 차에서 피 흘리는 사람의 모습이 끊임없이 머리에 떠오른다. 한 가정의 여러 아이들이 같은 사고를 겪었어도 반응은 다르게 나타날 수 있는데 이는 그들의 나이, 당시의 허약함, 성격에 달렸다.

대응법

경험에 따르면 이런 불안 증상이 사고 한 달 뒤에도 계속된다면 고착될 우려가 있는 것으로 나타나고 있다. 따라서 아이를 도울 방법을 조속히 찾고 심리상담가나 정신과 의사와 상담해야 한다. 아이가 빨리 반응을 보일수록 빨리 충격에서 벗어날 확률이 높다. 지진, 테러 행위 같은 재난의 경우 심리상담가들의 상담실이 생존자들에게 즉시 개방되는 것도 그 때문이다. 이야기하고 머리를 맴돌며 끈질기게 괴롭히는 영상들을 말로 표현함으로써 생존자들은 거기에서 벗어나 충격을 치유할 수 있다. 이것은 누구나 마찬가지이지만 청소년기처럼 감수성이 예민한 시기에는 더욱 그렇다.

65
아들이 갈취, 협박, 구타당했다

아들이 땀과 눈물에 흠뻑 젖어 씩씩대며 돌아왔다. 집에 오는데 큰 애들 두세 명이 돈, 지갑, 워크맨을 달라고 하고 잠바, 나아가 새 농구화도 빼앗고 맨발로 오게 하는 모욕을 안겨 줬다는 것이다. 더 나쁜 것은 그들이 칼로 위협했기 때문에 아이가 아직도 목에 섬뜩한 칼날이 느껴진다고 말하는 것이었다. 때로는 아들이 이유를 말하지 않은 채 우울한 표정으로 며칠씩 자기 방에 틀어박혀 있을 때도 있다.

이런 일은 다른 아이들의 부러움을 살 수 있는 옷과 물건들(휴대전화, MP3 플레이어, 유명 브랜드의 잠바 등)을 착용할 나이에 특히 남자 아이들에게 일어난다. 그들은 아직 그런 유혹을 물리칠 역량이 안 되기 때문이다. 대개 12세에서 15세 사이에 가장 빈번하게 일어난다. 싸움을 거는 아이들은 나이는 겨우 한두 살 많지만 수도 더 많고 힘도 더 세다. 때로 피해자가 잘 아는 아이들인 경우도 있고 같은 학교에 다니는 학생인 경우도 있다. 이 경우 보복을 당할까 하는 두려움 때문에 그들을 고발하기가 그만큼 더 어렵다. 게다가 아이들은 항상 자신이 육체적으로 약하다는 것, 자신을 지키지 못했다는 것을 약간 수치스러워하기 마련이다. 특히 다른 아이들의 부러움을 받는 건장한 체격을 갖고 싶어 하던 아이라면 더욱 그러할 것이다. 청소년기 자녀가 자신에게 일어난 일을 어른들에게 바로 이야기하지 않는 것도 그 때문이다. 그럴 때는 태도의 변화를 지켜봐야만 진실을 알 수 있다.

특히 순하고 수줍음이 많고 대결이나 폭력을 싫어하면서도 자신을 보호할 줄은 모르는 아이들이 이에 해당된다. 그런 자녀를 둔 부모들은 자녀가 중학교에 들어갈 때부터 갈취, 괴롭히기, 폭력 문제를 환기시키고, 도움을 청할 수 있는 어른들의 이름을 가르쳐 주며, 만약 침묵을 고수할 경우 협박당하거나 그런 상황이 계속될 염려가 있다는 것을 일러 주어야 할 것이다.

대응법

우선 예방 차원에서 다른 아이들을 자극할 만한 것을 피하라. 청소년이 지나치게 유혹적인 물건들을 갖고 있다 보면 그것을 살 돈이 없는 모든 아이들이 그를 표적으로 삼을 수 있다. 이를테면 겨울 잠바를 고를 때 우리는 이런 측면에서도 한번 생각해 볼 수 있다. "만일 도난당하면 어쩔래? 너무 실망하지 않을까? 그렇다고 또 다른 걸 사 주지는 않을 거야……."

만일 아이의 대부가 매우 비싼 시계를 선물하면 조심성에 대한 판단은 아이가 스스로 하도록 하라. "너 정말 학교에 그걸 차고 갈 수 있다고 생각하니?"

그런 일이 벌어지면, 특히 거기 폭력이 개입되었다면 아이는 화나고 놀라고 충격받은 모습으로 집에 돌아올 것이다. 그럴 때 부모는 아이에게 이야기할 시간을 줘서 아이가 내면의 두려움, 부당하다는 느낌을 비울 수 있게 해야 할 것이다.

이때 우리는 혹시 자녀나 우리 자신에게 가해질지 모르는 보복에 대한 두려움을 이기고 대응해야 한다. 경찰서에 신고해야 한다. 그래서 자녀에게 부모와 사회가 그의 편이며 그를 보호한다는 것을 보여줘야 한다. 설령 잃어버린 물건을 되찾을 가능성이 희박하다 해도 그것이 아이에게 닥친 일을 중시한다는 것을 보여주는 하나의 방법이다. 법의 대리인은 자녀의 고소를 접수함으로써(자녀가 아직 미성년자이기 때문에 소송은 부모가 제기해야 한다) 법이란 것이 존재하며 그것은 반드시 지켜져야 한다는 것을 증명한다. 대도시에는 젊은이들에게 맞는 덜 위압적인 안내 센터를 설치해 놓은 경찰서들이 많다. 한편 경범죄에 대한 이런 고소들의 결과로 효과적인 감시 체제가 세워지고 다른 공격 행위들을 피할 수 있다. 이런 일은 학교 당국에도 알려야 한다. 만일 자녀가 혼자 외출하거나 학교에 가기도 싫어할 정도로 불안해하면 처음에는 아이와 함께 다니고 아이를 보호해야 한다. 하지만 아이가 자신의 자주성과 최소한의 평정을 빠른 시간 내에 회복하지 못한다면, 한편으로는 아이가 도움도 받게 해야 하지만 다른 한편으로는 진정한 생활의 변화, 전학을 고려해 보아야 한다. 그래서 자녀가 다른 아이들의 웃음거리가 되거나 또래 아이들과 대등한 관계를 맺지 못하는 것을 피해야 한다. 마지막으로 만일 이런 일이 다른 곳에서도 되풀이된다면 경우에 따라서는 심리요법을 통해 매번 그런 식으로 피해자 입장에 놓이는 이유에 대해 스스로에게 질문을 던져볼 필요가 있을 것이다.

66
아들이 자살을 기도했다,
아들의 반에 자살한 아이가 있다

커다란 충격이다. 딸이 자신이 얼마나 불행했는지, 왜 생을 마치고 싶었는지, 얼마나 부모를 사랑했는지 또는 미워한다고 생각했는지를 알리기 위해 부모 앞으로 편지 한 통을 남기거나 남기지 않은 채 알약 한 통을 먹었다……. 자신의 자녀가 직접 또는 간접적으로 관련되었을 경우 어린 자살 기도자의 모든 주변 사람들은 삶과 죽음의 불확실성에 부딪치며 더 이상 아무것도 전과 같지 않을 것이라고 느끼며 죄책감을 느끼거나 불안에 사로잡히게 된다.

자살은 젊은이들의 사망 원인 가운데 두번째를 차지하지만 다행스럽게도 모든 자살 시도가 죽음으로 끝나는 것은 아니다. 이는 어느 가정에서나, 어떤 청소년에게나 일어날 수 있다. 자살이 모든 경우에 절망의 행위 또는 심각한 병인 것은 아니며 '이후' 상황을 평가해 봐야만 그것을 말할 수 있다. 행위로 넘어가기 전에 청소년은 대개 어떤 신호들을 보내지만 주변 사람들은 그것을 심각하게 받아들이지 않는다. 이를테면 생을 끝내고 싶은 마음을 담은 편지를 자기 책상 위 잘 보이는 곳에 두는 식이다.

만일 아이가 칼로 마구 베거나(컴퍼스로 정맥을 자르는 것, 이는 특히 여자아이들이 자주 사용하는 방법이다) 약을 먹고 자살을 기도했다면 이 것은 청소년이 자기 삶에서 뭔가가 잘못됐으며(이는 아마 단순한 감정적 실망일 것이다), 그 뭔가를 바꿔야 한다고 말하기 위한 하나의 방식이다. 따라서 그것은 역설적이게도 지금과 다르게, 더 잘살기 위한 구조 요청인 것이다.

또한 자살 기도는 청소년 성격상의 커다란 장애의 표현일 수도 있고(중증의 우울증 등) 가족 관계 내에 자리한 심각한 어려움을 드러낸 것일 수도 있다(특히 성적 폭력, 감당하기 버거운 사건들의 연속 등).

물론 주변 사람들에게 이것은 너무나 충격적인 사건으로, 이런 사건을 한번 접하고 나면 어른 아이 할 것 없이 모든 사람들이 삶의 의미, 죽음에 관한 시각에 대해 의문을 품게 된다. 그들은 그처럼 어린 나이에 죽는다는 것은 너무나 부당한 일이라고 느낀다. 이것은 그들의 육신에 대해 그들 자신이 갖고 있는 '절대적 권위'에 대한 환상을 깨뜨린다. 결국 사건과 관계된 어른들의 감정과 불안은 청소년들에게도 영향을 미친다.

한 집단, 한 반에서 자살 시도가 있었을 때——하물며 그것이 자살인 경우엔 더——이 사건으로 인해 가장 타격을 받는 사람은 물론 피해자와 절친한 관계에 있었고 피해자의 친구들이었던 청소년들이다. 그들은 친구가 자살할 것을 예상하고 그것을 막지 못한 것에 대해 엄청난 죄책감을 느낀다. '자살을 기도한 아이'의 고민을 미리 들은 아이들은 특히 더 그렇다.

대응법

자살을 기도한 청소년들을 위해 병원에서 해주는 일은 대개 너무나 빈약하다. 무슨 일이 있었는지를 알려면 오랜 시간 함께 있어 주어야 하는데 그러질 못한다. 자살 시도는 "더 이상 이렇게 살 수는 없어. 바꿔어야 해"라는 말을 절망적인 방식으로 표현한 것이다. 이것이 고려되어야 한다. 반드시 변화를 도입해야 한다. 만일 그렇게 하지 않으면 또다시 자살 시도를 할 수 있다. 설령 자살 시도가 커다란 영향력을 행사하지는 못하더라도 그래도 마치 아무 일도 없었다는 듯, 마치 삶을 다시 시작하기 위해 잊어버리고 싶다는 듯 행동해서는 안 된다. 반대로 '상황을 바꾸려' 노력하고, 그래서 청소년이 누군가 자신을 지속적으로 보호하고 책임지고 있다고 느낄 수 있게 해줘야 한다.

따라서 청소년의 측근이나 가족들에게 아이의 심리적 상황을 종합적으로 검토해 보게 해야 한다. 그래서 모든 것이 문제로 나타난다고 해도. 이때 물론 병원에서 운영하는 청소년을 위한 프로그램 등의 도움을 받을 수도 있다.

이 사건으로 충격을 받은 모든 사람들에게는 '후방〔예방의 반대 의미—역주〕'이라고 부르는 것을 실시해야 한다. 이것은 한 반, 한 가족 안에서 자살 시도가 있었을 때 심리상담가가 측근들의 말에 귀기울이고 도움이 필요할 때를 대비해 전화번호를 가르쳐 주는 등 그들을 보살피는 것이다. 실제로 사건 직후 매우 신속하게 관련된 모든 청소년들, 특히 주위 사람들 중에서 다른 이유들로 인해 이미 약해져 있던(가정 문제, 학교 문제를 갖고 있거나 불면증을 앓고 있거나 공격성을 보이는) 아이들에게 닥친 일에 대해 말할 수 있는 방법을 제공하는 것은 중요하다. 어쩌면 그들은 죽음에 대한 생각에 사로잡혀 그들 자신의 자

살을 고려할 수도 있고, 더 위험하게는 그 목적을 달성하기 위한 방법을 찾고 있을 수도 있다. 근심

더 많은 정보를 얻으려면

D. 마르셀리, 《청소년기의 우울증과 자살 기도 *Dépression et Tentative de suicide à l'adolescence*》, 마송 출판사, 2001년.

67
가족에게 비밀이 있다

아버지가 친부가 아니거나, 어머니가 '혼자' 아이를 낳았거나, 한 번도 거론한 적이 없는 삼촌이 감옥에 있거나, 고모나 이모가 정신병원에 갇혀 있거나, 할아버지가 유산을 탕진했거나 또는 빚을 져서 후손들이 항상 수치스럽게 생각하거나…… 그래서 아무도 그 사실을 말하지 않을 때.

가족의 비밀은 항상 같은 주제의 변주곡이다. 친자 관계, 폭력 또는 정신병 문제이거나 이보다 덜 심각한 것으로 돈 문제가 있다. 이 '벽장 속 시체들〔모두 쉬쉬하는 비밀이라는 뜻—역주〕'의 특징은 가족의 삶에서 큰 비중을 차지하며 부모 자식 할 것 없이 모든 사람의 행동을 제약한다는 것이다. 이를테면 가족들이 거론하고 싶어 하지 않는 범죄자 삼촌이 있을 경우 아들이 화를 낼 때마다 어머니는 생각할 것이다. '제발 애가 삼촌을 닮지 말아야 할 텐데……' 그리고 사건에 비해 지나치게 큰 반응을 보일 것이다. 아들을 만족시키고 화를 가라앉히기 위해 뭐든지 다하거나 아니면 아들이 이해하지 못할 정도로 큰 공격성을 보일 것이다. 그러면 아들은 어머니가 왜 그런 반응을 보이는지 알기 위해 다시 화를 내기 시작할 것이다. 그리고 다음번에도 그럴 것이다. 왜냐하면 그는 그것이 어머니를 '움직이는' 방법이라는 것을 알았기 때문이다. 그러다가 정말로 화를 잘 내는 사람, 나아가 난폭하고 자기 자신을 통제하지 못하는 사람이 되다가 나중에는 아마도 범죄자가 될 것이다……. 역설적이게도 두려움은 우리가 가장 두려워하는 것을 현실로 나타나게 할 때가 많다.

대응법

용어의 첫번째 의미에서 흔히 침묵은 단순한 진실보다 더 무겁고 더 매력적이다. 자녀의 나이에 맞는 단어를 선택하여 사실을 말하는 편이 낫다. 시간을 끌면 끌수록 그것을 폭로했을 때의 충격은 크고 자연스럽지 않으며, 청소년기 자녀에게 혼란과 고통을 낳을 수 있다. 가족의 비밀의 경우, 설령 윗세대에서는 말하지 않았다 하더라도 부모가 자녀에게 그들이 두려워하는 바를 설명하고, 이 가슴 아픈 가족사 때문에 그들이 어떤 일에 대해 지나친 반응을 보일 수 있다는 것을 인정하는 편이 낫다. 그렇게 말해 주면 청소년기 자녀는 부모의 불안을 한층 더 잘 이해할 수 있다. 자녀는 가족 중의 그 구성원과 동일시되거나 특정 행동으로 낙인찍히는 느낌을 받지 않은 채 부모의 불안을 인정할 수 있을 것이다.

68
아들에게 장애인 형제나 누이가 있다

남들은 형을 동생으로 본다. 왜냐하면 형은 다운증후군 환자이기 때문이다. 형에게는 지나가는 모든 친구들에게 반가운 얼굴로 달려들어 뽀뽀를 해대는 난처한 습관이 있다……. 그의 누이동생은 언제나 온 가족의 보살핌의 대상이었다. 누이동생은 점액과다증을 앓고 있어서 오랜 시간을 병원에서 보내야 하기 때문에 가족들의 생활은 엉망이 되고 어른들에게는 걱정을 끼친다.

아픈 자녀는 가정에서 독자적인 위치를 차지하기 마련이다. 더 많은 시간과 보살핌을 요하며 남다른 걱정을 사기 때문이다. 형제들 중 다른 자녀들은 흔히 부모의 관심의 일부 또는 대부분을 아픈 형제에게 빼앗긴 것, 또는 그들만의 유년기와 청소년기를 누리지 못한 데 대한 고통을 호소한다. 그들은 이미 많은 고통을 겪은 부모에게 그들 자신의 고민까지 안겨 줄 용기를 내지 못한 채, 장차 제대로 된 어른으로 서려면 반드시 거쳐야 하는 단계들을 통과하지 못한 채 '유명무실한 청소년기'를 보낼 우려가 있다.

대응법

　부모는 모든 에너지를 한 자녀에게만 쏟지 말고 가족들의 생활이 장애인 자녀에게 예속되지 않도록 균형을 찾아야 한다. 특히 어머니는 다른 사람들도 장애인을 돌볼 수 있다는 걸 명심하고 자녀를 가끔씩 남에게 맡기는 편이 좋다. 그렇게 하면 규칙적인 취미 활동을 할 수 있고 장애인 형제 또는 자매 없이 청소년기 자녀의 나이에 맞는 휴가를 보낼 수 있다. 용기를 내어 다른 사람들에게 가족의 생활을 도울 수 있는 방법을 설명해 줘야 한다. 특히 가족의 책임을 나눔으로써. 그렇게 하면 온 가족이 정상적인 사회생활을 끊지 않아도 된다.

　비장애인 형제자매가 장애에 대해 터놓고 말할 수 있도록 도와줘서 그들이 그것을 잘 알고 나아가 친구들에게도 설명해 줄 수 있게 해야 한다. 이상적인 것은 가끔씩 이 장애인 형제 또는 자매가 나이에 따라 비장애인 형제자매들의 취미 활동에 동참하는 것이다. 이런 '통합'이 차이를 받아들이는 능력이라는 하나의 도덕적 가치로 소개될 수는 있지만 도그마(교의)로 변형되어서는 안 된다. 형제자매들이 이 도그마의 새로운 신도들로 바뀌어서는 안 된다. 또한 그들에게 장애인 형제와 죽을 때까지 함께 있으라고 강요해서도 안 된다.

69
아이가 입양아이다

아들은 7개월 됐을 때 콜롬비아에서 왔다. 당신 부부는 아무도 돌
봐 주지 않는 고아원에서 그 아이를 데려왔다. 지하철을 타면 사람들
은 그 아이를 '더러운 깜둥이' 라 부르고 사나운 눈초리로 훑어본다. 그
래서 그 아이는 자신을 모씨가 낳은 니콜라 뒤퐁이라 부른다.

옛날에는 아이들이 입양된 사실을 나중에 밝히거나 아예 밝히지 않
는 것이 관례였다. 때로 그들이 우연히, 어떤 부주의 또는 행정 절차 후
에 알게 되는 경우도 있었다. 입양 사실을 알리는 것은 항상 매우 충격
적인 사건이었다. 요즘 아이들은 어린 시절부터 이 사실을 알고 있기
때문에 그것이 고통스럽지도, 매일같이 그것만 생각하고 있지도 않다.
하지만 청소년기가 되면 그들도 어쩔 수 없이 이런 현실과 대면해야
된다.

모든 청소년들은 자신이 부모의 친자식이 아니라는 상상을 한번쯤
해본다. 부모는 단점 투성이지만 미지의 누군가에 대해서는 모든 장
점을 부여하고 원하는 만큼 이상화시킬 수 있기 때문이다. 이런 상상
은 청소년으로 하여금 자신을 부모와 구별시키고 '형편에 맞는' 긍정
적인 이미지와 동일시하게 해준다. 입양된 청소년기 자녀는 자신의 근

원에 관한 질문을 이중으로 제기한다. 그는 한편으로는 미지의 생물학적 부모 소속으로 거기에 모든 희망을 걸고 있을 수 있다. 한편 그는 현실의 부모와 함께 살고 있는데 그들은 매일 얼굴을 마주 봐야 하는 결함이 많은 사람들로서 아이가 그들에 대해 공격성을 드러낼 수도 있다. 따라서 인생의 이 시기에는 전자에 대해 더 많은 것을 알고 싶어 할 것이다. 이것은 아이가 양부모는 '바보 같다고' 생각하고 친부모를 이상화하기 때문일 수 있다. 그래서 아이는 양부모의 아픈 곳을 건드릴 수 있고 입양 계획 자체를 흔들 수도 있다. 또는 반대로 아이가 양부모를 이상적으로 보기를 고수하고 자신을 낳아 준 부모를 경멸하는 경우도 있다. 이런 태도를 가진 청소년은 양부모에 대해 유아기적 관계를 고수하고 그들에게 계속 의존함으로써 제대로 성장하지 못할 수도 있다.

많은 입양아들이 다른 대륙, 특히 아프리카나 아시아에서 온다. 따라서 학교나 거리에서 우리가 그들에게 '깜둥이' 또는 '짱꼴라'의 이미지를 반사하는 것은 인종차별주의이다. 그런데 그들은 자신이 입양된 나라의 문화에 속한다고 느낀다. 거기서 그들의 이미지, 그들의 몸에 대해 새로운 의문이 생긴다. 나는 누구를 닮았지? 내 고향은 여기인가 머나먼 그곳인가? 나의 진짜 문화는 어떤 거지? 그들이 각자의 해답을 찾고 사회 속에서 제자리를 잡으려면 적잖은 시간이 필요할 것이다.

대응법

청소년기 자녀의 새로운 질문들 또는 머릿속에서 떠나지 않는 질문들에 대해 우리는 가능한 한 가장 많은 대답을 제시할 수 있다. 그렇다고 그것이 양부모에 대한 애정을 빼앗아가지는 않을까 두려워하지 않아도 된다. 그의 친부모, 혹시 있을지 모르는 형제자매에 관해 우리가 갖고 있는 모든 정보를 그에게 주어야 한다. 사진, 처음 입양됐을 때의 자취들을 보여주고, 아이를 데려온 탁아소에 대해서도 이야기해 주고 아이를 돌보던 사람들에 대해서도 말해 줘라. 경험에 비춰 보면 모든 것을 알게 된 아이는 대부분 더 이상 나아가지 않았다. 반대로 만일 양부모가 뭔가 쉬쉬하고 있다고 느끼거나 자신의 출생에 대한 열쇠를 쥐지 못한 아이는 그것을 찾으려는 노력을 필사적으로 계속했다.

이런 질문들을 계기로 아이가 태어난 나라에 대한 여행을 계획해 볼 수 있다. 단 아이가 낯선 여행자처럼 느끼지 않게 만반의 준비를 다하고 현장에서의 접촉을 계획해야 한다. 이때 관광을 위한 여행보다는 다른 것이 중요하다. 그것은 어떤 세계로 들어가기 위한 만남이지만 그렇다고 그것이 아이의 모든 귀속 문제를 해결해 주지 못하리라는 것을 우리는 알고 있다. 오히려 아이가 그동안 이상화해 왔을, 하지만 정작 말 한마디 알아들을 수 없는 그 나라도 자신의 조국은 아니라는 것을 깨달을 염려도 있다. 거기서 아이는 이중으로 소외감을 느끼게 된다. 아이는 자신을 입양한 나라에서도 이방인이고 자신을 낳아 준 나라에서도 이방인인 것이다. 아이가 이 여행에서 너무 실망하지 않도록 이 문제를 미리 의논하는 것이 좋다.

더 많은 정보를 얻으려면

G. 들래지, P. 베르디에, 《아무에게도 속하지 않은 아이 *Enfant de personne*》, 오딜 자콥 출판사, 1994년.

70
어머니가 우울증 환자이다

눈물, 아이들에 대한 근거 없는 비난, 식사 시간 동안의 침묵, 입 밖에 내지 못하는 질문들……. 집안 분위기가 무겁다. 아이들은 관심과 삶의 즐거움을 찾아 틈만 나면 도망친다.

우울증은 모든 연령에 나타나며 몇 년 전부터 그 빈도가 증가하고 있다. 우울증은 대개 여성들에게 피해를 입히며 발병률이 인구의 10퍼센트에 이른다. 우울증은 가장 가볍고 일시적인 의기소침에서부터 수면, 기분, 식욕 장애, 활동 감소 등을 동반하는 무거운 형태까지 갈 수 있는 복합적 증상이다. 부모의 활력과 정신적 여유에 영향을 미치는 다른 모든 것과 마찬가지로 이런 우울증은 청소년이 감당하기 힘들다. 게다가 우울증 환자의 특성은 자신의 상태에 대한 책임을 주위 사람들에게 돌린다는 것이다. "내가 우울증이 걸린 건 네 아버지 때문이야. 네 아버지가 어쩌구저쩌구……. 너 때문이야. 네가 어쩌구저쩌구……." 따라서 이 장애의 대다수는 가족 문제와 공명을 일으키고, 집안 분위기와 가족 구성원들 간의 관계의 본질에 영향을 끼친다.

대응법

어른이 먼저 자기 자신이 우울증 또는 불안증에 걸렸다는 것을 인정하고 자신의 결함을 자녀들에게 말하기란 매우 어렵다. 왜냐하면 그것은 모든 부모가 자녀에게 보여주고 싶어 하는 이상적인 부모의 상을 포기하는 것이기 때문이다.

어머니가 환자인 경우엔 아버지가 개입하여 자녀에게 "어머니가 건강이 좋지 않으시단다"라고 설명함으로써 어머니의 가치를 떨어뜨리지 않으면서도 무슨 일이 일어났는지 당사자 앞에서 자녀에게 설명할 수 있다. 그럼으로써 어머니도 자기 등 뒤에서 쑥덕거린다는 느낌을 받지 않을 수 있다.

청소년기 자녀가 어머니의 병의 무게를 감당해서는 안 된다. 자녀를 부모의 행복과 건강에 대한 책임감에서 해방시켜 줘야 한다. 그렇기 때문에 어른들은 자기 몸을 돌보고 다른 사람들의 도움을 받아야 한다. 다른 사람들의 도움을 받을 때 자녀는 해방될 수 있다. 왜냐하면 부모에 대한 근심은 자녀에게도 불면증, 학교 성적 하락 같은 증상을 유발할 수 있기 때문이다. 개중에는 친구들과 어울리지 않고 자기 방에 틀어박히는 아이들이 있는가 하면 틈만 나면 집에서 도망침으로써 상황을 거부하는 아이들도 있다.

71
아버지가 알코올 중독이다, 폭력을 휘두른다

이런 문제는 외부 사람 눈에 잘 띄지 않을 때가 많다. 다만 부차적인 어려움들을 통해서만 알 수 있을 뿐이다. 알코올의 영향으로 싸움이 구타로 변하고 가족이라는 연대감 때문에 무슨 수를 써서라도 그것을 감추려고 노력한다. 그런 것이 청소년기 자녀에게는 어떤 영향을 끼칠까?

무엇에 중독되느냐 하는 것은 다를 수 있어도(이를테면 알코올이냐 마약이냐) 이것은 모든 사회 계층에 해당하는 문제이다. 아버지든 어머니든 부모의 알코올 중독을 비롯한 모든 형태의 중독, 그리고 그와 관련된 육체적 고통은 청소년 자녀에게 커다란 위험 인자로 작용한다. 그것을 숨길 필요가 없으며 청소년 자녀가 그것을 못 보거나 그게 무엇인지 모르리라고 믿는 것은 헛된 일이다. 특히 어른이 술을 마셔서, 또는 술을 마시지 않아 알코올이 결핍된 상태라서 폭력 행위를 유발한다면 더욱 그러하다. 모든 폭력적 분위기는 그것이 청소년 자신을 향한 것이든 배우자를 향한 것이든 다른 자녀를 향한 것이든 항상 정신적 외상을 남긴다.

대개 아동기 때 자녀들은 입을 다문다. 크면서 자신이 강해졌다고 느껴지면 어머니나 동생을 보호하기 위해 개입한다. 그러다가 주먹다

짐, 새로운 폭력 행위들, 힘의 관계가 발생할 수 있고 상황이 위험해질 수도 있다.

한편 자녀가 안정된 상태이고 흥분과 폭력의 악순환에 저항할 능력이 있다면 그는 스스로 '부모화한' 것이다. 하지만 이렇게 부모 대신 어른 역할을 하게 되면 그 아이는 청소년기를 빼앗기게 된다. 그러면 훗날 자신의 안정을 유지하기 위해 모든 것을 통제해야만 하는 완고한 어른이 될 수 있다. 그리고 살면서 인생의 난관에 봉착했을 때 매우 약한 모습을 보이고 정신적으로 붕괴될 우려가 있다.

아무튼 설령 폭력 행위가 없더라도 알코올 중독은 아이들에게는 위험하다. 왜냐하면 알코올 중독자의 자녀들은 인생의 다른 영역들에서 부모가 말하는 모든 것을 믿지 않기 때문이다. 청소년 자녀들은 부모 때문에 불행하다. 특히 딸들은 부모에 대해 두려움, 미움을 키울 수 있다. 부모를 더 이상 존중하지 않으므로 함부로 말대꾸하기 시작한다. 그리고 부모를 존중하는 마음과 부모로서의 권위를 잃어버리게 되면 청소년 자녀의 자존감도 타격을 받는다.

대응법

가장 먼저, 그리고 반드시 해야 할 일은 상황을 인정하는 것이다. 치료를 받아야 할 사람이 의사를 찾아감으로써 그렇게 해야 할 것이다. 설령 그것이 자신의 자녀만 보호하기 위한 일이라고 해도 의존 상태에 놓인 모든 부모는 이 과정을 밟아야 한다. 도움에 대한 요청이 자녀를 통해 이루어지는 경우가 많다. 이를테면 어머니가 '폭력적이고 누구의 말도 듣지 않는' 아들을 누군가에게 데려가지만 가족의 알코올 중독이나 여타의 폭력들에 대해서는 말하지 않는 식이다. 그것은 결국 자녀

에게 내재된 아버지의 어려움을 치료하는 문제로 귀착된다. 그것은
'구타하는' 아버지와 '싸우는' 청소년 자녀를 동일하다고 보고 그에
대해 부언하는 방식이다. 청소년은 자신의 아버지가 같은 어려움에 같
은 중요성을 부여하고, 같은 절차를 밟을 때에만 자기 자신의 어려움
을 인정하고 거기서 어떤 대책을 찾으려는 시도를 할 수 있다.

이때 부부의 실패도 인정하고 자녀를 보호하기 위해 따로 사는 것도
받아들여야 할 때가 많다. 가정 폭력이 심화되어 청소년 자녀마저 폭
력적이 되는 경우 유일한 대책은 강제로라도 가해자를 가족들로부터
분리시켜 입원시키는 것이다. 피해자들은 그것을 요청할 수 있다(323
쪽 90번 문제를 보라).

72
가족 중에 누가 죽었다

그날 전화기가 울리고 삶이 정지됐다. 또는 반대로 피할 수 없는 일을 기다리며 몇 달이 흘렀다. 이후로 온 가족이 추억과 슬픔 속에서 산다. 우리가 고인의 자녀·아들·딸·형제·자매·손자·손녀일 때 죽음을 어떻게 맞이해야 할까?

가까이에서 죽음을 접할수록 청소년은 그 죽음으로 인해 커다란 충격을 받는다. 왜냐하면 청소년은 죽음, '앞으로 영원히 볼 수 없는 것,' 사후의 문제를 처음 대면하는 경우가 많기 때문이다. 이것은 슬픔을 초래하고 애도를 요구하며 집안의 분위기와 상황을 바꿔 놓음으로써 남은 가족들에게 우울증까지 유발할 수 있다.

청소년기 자녀에게 부모 중 한 사람이 사망하는 것은 항상 커다란 비극이다. 마침 청소년기 자녀가 부모로부터 독립하고 싶은 마음이 들 때 부모가 사라져 버렸다. 따라서 아이는 부모에게 버림받은 느낌을 갖게 된다. 자동차 사고 같은 것으로 갑자기 돌아가셨을 때 특히 더하다. 자녀는 부모 없이 살 준비가 되어 있지 않으며, 왜 그래야 하는지 이해하지 못한 채 심한 우울증 반응을 보일 수 있다.

가족 중 누군가가 자살했을 때 그것을 숨길 필요는 없다. 청소년들은 불안, 함묵을 매우 빨리 간파한다. 그리고 그에게 과해진 이 '모르고 지나가라는 명령,' 알면 안 되는 것이 있음을 알라는 명령을 받아들이는 것보다 힘든 일은 없다. 정신적 안정에 가장 해로운 것은 아마 그 것일 것이다. 물론 자녀에게 알리면 아이는 스스로에게 많은 질문을 퍼부을 것이고 자신이 나쁜 아이였던가, 자신이 왜 그것을 말리지 못했을까 하고 자문할 것이다. 하지만 대화를 하다 보면 아이는 자신의 질문과 자신의 슬픔을 표현할 수 있을 것이다. 이 청소년들에게 이따금 느끼는 슬픈 생각들은 전혀 다른 차원을 띨 것이며 너무나 끔찍한 느낌을 줄 것이다. 왜냐하면 그들은 이런 생각들이 자신을 끝까지 몰고 갈 수 있다는 것을 경험으로 알기 때문이다.

긴 병을 앓다가 임종의 고통을 겪은 후 죽었을 때 모든 사람은 슬픔과 안도감이 뒤섞인 감정을 느낄 수 있다. 그리고 이 안도감에 대한 죄책감도. 이것도 부정해서는 안 된다. 왜냐하면 이것은 고인을 모욕하는 행위가 아니기 때문이다.

아이가 죽었을 경우 그가 손위였느냐 아래였느냐, 나이와 생활 방식 면에서 가까웠느냐 멀었느냐에 따라 청소년 자녀의 반응은 다르다. 이런 죽음은 청소년으로 하여금 자기 자신의 유한성을 되돌아보게 만들고 부당한 느낌을 갖게 만들며(왜냐하면 아이가 죽는 것은 순리가 아니기 때문이다) 끔찍한 죄책감마저 안겨 준다. 왜냐하면 함께 지낸 유년기를 생각할 때 자신이 상냥하지 않았거나 죽은 형제와 함께 뭔가를 그르친 적이 반드시 있기 때문이다. 그런 순간들이 그에게 가슴 아픈 기억으로 떠오른다.

조부모 또는 다른 가족 구성원이 사망한 경우 청소년의 반응은 고인과의 친밀도, 고인이 집안에서 차지하던 비중, 고인과 청소년이 맺은 사적인 관계, 부모가 슬퍼하는 정도에 달려 있다.

대응법

죽음을 접한 모든 이들은 처음에 피할 수 없는 애도 기간을 거친다. 대개 청소년은 남편을 잃은 어머니를 위해 세심한 배려를 기울임으로써 상을 당한 사람을 위로하는 데 몰두한다. 열심히 공부함으로써 걱정을 끼치지 않는다거나 어리석은 짓을 하지 않는다거나 가족과 많은 시간을 보낸다거나 하는 자기만의 방식으로. 그 다음, 어른들이 서서히 회복해 갈 때에야 비로소 공격성 같은 것으로 자신의 욕구를 발산시킨다. 이 반응도 정상적인 것으로서 설령 자녀들 중 하나가 고통스러워하는 것을 보는 것이 괴롭더라도 심리 치료를 받으려고 달려갈 필요는 없다.

일반적으로 그럴 땐 청소년에게 삶을 지속할 가능성, 나이에 맞는 기쁨을 되찾을 가능성을 주어야 한다. 부모는 그들 자신의 슬픔을 극복하고 자녀의 반응에 주의를 기울이되 문제가 생겼다고 즉시 병원으로 달려갈 필요는 없다. 두세 달 후에도 자녀가 아직도 그 상태인 것 같고 방에서 혼자 우는 소리가 들리고 학교 성적이 떨어지고 슬픔에 빠져서 친구도 만나지 않는 것 같으면 의사의 진찰을 받아야 한다. 자녀가 슬픔으로부터 빠져나오려면 부모가 그것을 자녀와 공유하지 않고 혼자 감당할 수 있을 만큼 강한 정신력을 지녀야 한다. 필요하다면 부모 자신도 다른 사람의 도움을 받을 수 있어야 한다. 왜냐하면 부모가 다 떠맡을 수는 없기 때문이다. 온 가족이 죽음의 흔적들 속에서 살지 않게 하려면 때로 생활 환경을 바꿀 필요도 있을 것이다……

더 많은 정보를 얻으려면

D. 카스트로, 《가짜 죽음, 진짜 죽음 *La mort pour de faux, la mort pour de vrai*》, 알뱅 미셸 출판사, 2000년.

C. 포레, 《하루하루 죽음의 슬픔 체험하기 *Vivre le deuil au jour le jour*》, 알뱅 미셸 출판사, 1994년.

M. F. 바케, 《애도와 건강 *Deuil et Santé*》, 오딜 자콥 출판사, 1997년.

VIII

둘이서 또는 혼자서
청소년 자녀와
대면하는 부모들

73
자녀의 사춘기는 부모에게 새로운 단계일까?

10세에서 12세 사이의 아이들은 안정기를 겪는다. 그들은 비교적 자율적이고 친구들과 잘 어울리며 부모를 신뢰한다. 부모는 숙제를 마친 기분이 들 수 있다. 하지만 사춘기가 오면 다시 모든 게 문제가 있는 것으로 여겨진다…….

자녀가 사춘기의 격변을 접하는 바로 그 순간 부모는 40대의 격변을 겪는다. 이를 두고 우리는 때로 '생의 한가운데에서의 위기'라고까지 말한다. 지금 청소년 자녀를 둔 부모들은 전후 세대이다. 그들은 전보다 나은 생활 여건, 위생, 영양, 의학적 발전의 혜택을 누렸기 때문에 영원히 젊음을 간직할 것으로 믿었다. 반대로 이전 세대들은 늙는다는 느낌 없이 어른이 되었다. 그러다가 자녀의 사춘기를 맞는다. 그때 일종의 자기 자신과의 약속, 부부의 실패들, 모종의 권태, 가볍지 않은 불만 등으로 점철된 15여 년간의 결혼생활에 대한 총결산을 하게 된다. 자녀의 생기, 당당한 젊음, 피어오르는 관능성은 부모 세대를 자신의 나이, 피할 수 없는 육체적 쇠락과 대면하게 만든다…….

대응법

어른들이 체념해야 할 것이 있으니 바로 자신의 젊음이다. 그들은 어떤 꿈과 계획들을 포기하고 그것들을 다음 세대에 넘겨줘야 한다. 이것은 개인적·직업적 인생의 반 이상이 지나가 버렸으며 어떤 것들은 더 이상 가능하지 않다는 것을 깨닫는 때이기도 하다. 인생이 그들이 바라던 모든 것을 가져다주지 않았을 때 그것은 하기 어려운 자각이며 항상 조금은 고통스러운 체념이다.

부모로서의 역할을 행사하는 방법에 변화를 주고 너무나 당연하게 자녀에게 휘두르던 절대 권력을 조금 양보해야 할 때이기도 하다. 그들은 차차 권위를 잃기 시작한다. 그보다 훨씬 더 일찍 시작한 유년기의 교육적 선택들이 첫번째 결과를 나타내는데 거기에는 분명 실수도 있고 그것은 때로 가혹할 수도 있다. 현실을 직시해야 하고, 자신의 주장을 드러내는 청소년 자녀의 이런저런 성격에 대처해야 하고, 반대를 수용해야 한다…….

자녀가 헤쳐나가는 '위기'와 부모가 겪는 위기 간의 공명은 때로 다소 심각한 어려움들로 나타나곤 한다. 이를테면 지나치게 엄격하고 권위로 경직된 어른들은 자녀의 나이에 따라 규칙을 변화시킬 줄 모른다. 또는 반대로 '친구 같은 부모'는 세대간의 격차를 묵살하고 자녀를 달콤한 의존 속에 묶어두게 된다.

요즘은 후자의 경향이 우리를 더 많이 위협한다. 세대간의 차이는 분명히 드러나야 한다. 그리고 지나치게 '유행에 민감한' 부모보다는 '시대에 뒤떨어진' 부모가 낫다. 왜냐하면 '유행에 민감한' 부모는 자녀와 같은 코드를 공유하고 싶어 하지만 오히려 그래서 자녀가 위험한 행동을 통해 한층 더, 그리고 다른 식으로 부모와 차별화되어야 한다는 부담감을 느낄 수 있기 때문이다. 두 경우 모두 자녀가 제대로 성장하고 자신의 자리를 쟁취하기 어렵다. 부모가 그럴 여지를 주지 않기 때문이다. 그런 부모들은 깊이 생각해 보고 태도를 바꿔야 하며 필요하다면 이 힘든 과정 속에서 다른 사람의 도움을 받을 수도 있다.

더 많은 정보를 얻으려면

A. 드 뷔틀레, 《야호, 엄마, 아빠가 서로 사랑하신다! *Génial, mes parents s'aiment!*》, 플뢰뤼 출판사, 2002년.

P. 외르, 《청소년기, 한 세대에서 다른 세대로 물려주는 유산 *L'Adolescence en héritage d'une génération à l'autre*》, 칼만 레비 출판사, 1996년.

74
부모가 자녀 교육 문제에서 동의하지 않는다

아들은 대개 아버지보다는 어머니로부터 더 많이 그리고 더 빨리 얻을 수 있다는 것을 잘 알고 있다. 딸은 자기가 원하는 것을 얻으려면 아버지를 어떻게 구워삶아야 하는지 이미 간파했다. 모든 자녀들은 부모를 조르고 졸라 결국 지겨운 전쟁으로부터 그들이 원하는 것을 얻어내는 기술을 완벽하게 터득하고 있다……. 그들은 부모의 불화를 이용하고, 부모의 약한 구석을 뚫고 들어가고 권위를 횡령한다.

모든 면에서 항상 일치하는 부부는 없을 것이다. 그 이유가 단순히 남자와 여자는 모든 주제에 대해 같은 방식으로 반응하지 않기 때문이라고 하더라도 말이다. 따라서 각기 다른 인격들간에 존재하는 관점의 차이보다 더 긍정적이고 건강한 것은 없다. 이유야 어찌됐든 불일치가 표면적인 일치에 의해 은폐되더라도 청소년기 자녀는 그것을 재빨리 간파한다. 그리고 부모 중 한 사람이 자신의 견해를 묵묵히 희생시키고 있다는 것도 잘 안다. 그리고 그것을 보고 자녀는 두 사람 중 하나가 개성을 포기하지 않고는 부모가 합의하는 것은 불가능하다는 결론을 내릴 수 있다.

청소년으로서 자신을 형성해 나가기 위해 차이를 활용해야 하는 바로 그때 자녀가 확인한 부모간의 차이는 자녀에게 도움이 될 수 있다. 단 이때 부모의 불일치는 행복한 공동생활을 허락하는 타협에 의해 해결되어야 한다.

모든 자녀들은 부모의 관점의 차이를 이용하는 법을 배운다. 심지어 그들은 어른들의 입장의 틈새, 취약함을 탐지하고 그것을 약삭빠르고 집요하게 파고드는 데 매우 능하다. 부모에게는 귀찮아도 협상에서 '적'의 심리 위에서 게임할 줄 아는 것은 자녀와 자녀의 미래를 위해 도움이 된다. 그것은 인생에서 소중한 인간 관계에 관한 지능을 발달시켜 준다. 하지만 부모 중 한 사람이 '남편이 너무 엄격하기 때문에 난 애들을 그냥 내버려두겠어' 또는 '아내가 충분히 그러지 못하기 때문에 내가 자녀들에게 강압적으로 나가야 해'라고 생각하고, 다른 사람의 태도를 철저히 보상하는 '보완적' 확대는 조심해야 한다.

대응법

서로 다름 속에서 균형을 발견하는 비법은 각각의 부부가 찾아야 한다. 일상생활의 계획처럼 어머니의 의견이 우세한 분야가 있을 수 있다. 왜냐하면 그 분야의 책임자는 어머니이기 때문이다. 또는 모든 권한이 오직 한 사람에게 위임될 때도 있다. "주말에는 네 아버지가 모든 걸 결정한다." 부모 두 사람이 번갈아가며 공정하게 상대방의 의견을 받아들이기로 결정할 수 있다. 물론 자신이 선택한 것의 결과를 책임지는 사람도 그 사람이다. 어쨌든 자녀는 자신과 관계된 결정에 관한 한 부모가 그를 대신하여 숙고하고 선택한다고 느껴야 하며, 자신은 그들의 불화의 쟁점이 아니라고 느껴야 한다. 부모는 자녀와 무관한 갈등에서 자녀를 동지로 활용하거나, 부부간의 대결을 피하기 위해 배우자 몰래 결정을 내리는 일은 피해야 한다.

물론 부모가 포괄적 원칙과 공동 가치관에서 합의하면 청소년 자녀와의 관계를 끌고 가기가 더 쉽다! 협상의 열기 속에서보다 불일치가 뚜렷할수록 냉정하게 공동 행동 노선을 결정하는 데 더 많은 시간이 필요하다. 일단 이런 원칙에 대한 입장이 정해진 뒤에는 되는 대로 가는 것보다 그것을 지키는 편이 훨씬 더 편하다. 미리 어떤 상황에 대해 함께 생각해보는 데에는 시간이 필요하다(별로 크게 실수할 염려 없이 정상적인 청소년기에 닥칠 수 있는 문제들의 목록을 작성해 볼 수 있다 ——이 책도 그를 위해 쓰여진 것이다!).

너무 바쁠 때에는 고집 부리는 자녀 앞에서 평화를 바라는 마음에 너무 빨리 승낙하는 경우가 있다. 목적을 헤아려 볼 시간이 없어서, 또는 자녀의 사랑을 잃을까 봐, 자녀의 반발을 살까 봐, 자녀와의 관계가 끊어질까 봐 두려워서 그러기도 한다. 물론 당장은 그러는 편이 시간을 벌어 준다. 하지만 그렇게 하다 보면 훗날 삶이 복잡해질 가능성이 높다. 왜냐하면 우리를 굴복시키는 데 성공한 자녀들이 다음 사건 때는 더 단호한 태도로 나올 것이기 때문이다!

특히 어떤 것이든 배우자 모르게 허락하거나 다른 부모 모르게, 이를테면 모녀가 아버지를 상대로, 부녀가 어머니를 상대로 뭔가를 공모해서는 안 된다. 자녀는 이중성의 교훈을 기억해 두었다가 장차 어느 날에는 옛 '동지'를 상대로 그 방법을 사용할 것이다…….

이따금 우리는 자녀에게 '속아 넘어갔고' 자녀의 '연기가 훌륭했다'는 것을 인정하는 편이 낫다. 하지만 다음번에는 더 단호한 태도를 보여라. 이번 행동 방침에서는 부모가 호락호락하지 않다는 것, 그럴 가치가 있다고 판단될 때에는 자식들만큼이나 집요할 수 있다는 것을 증명한다. 이런 태도는 효과적이지만 많은 시간과 정력을 소모시킨다! 또한 이런 태도는 자녀에게 부모에 대한 전략을 결정하기 위해서뿐만

아니라 부모의 진짜 생각을 알기 위해 부모와의 관계를 생각해 보는 기
회를 제공한다. 아이를 성장시키는 하나의 방식인 것이다!

더 많은 정보를 얻으려면

L. 루셀, 《확신 없는 가족 *La Famille incertaine*》, 오딜 자콥 출판사, 1989
년.

75
이혼하려면 자녀가 청소년기가 될 때까지
기다려야 할까?

부부간의 불화가 극에 달했을 때, 새로운 자율성을 확보하는 자녀의 청소년기가 결혼생활을 총결산하고 이혼 결정을 내리는 시간이 될 때가 많다…….

자녀가 부모의 이혼을 더 잘 감내하는 시기가 존재한다면(하지만 우리가 정말로 시기를 선택할 수 있을까?) 그것은 유아기에 오는 오이디푸스 콤플렉스의 시기나 사춘기가 아니라 우리가 잠재 단계라 부르는 아동기 후반이다. 그 시기 아이들은 어떤 안정 속에 정착했기 때문에 비교적 덜 상처받는다. 그리고 청소년기 후반도 그렇다. 왜냐하면 그들은 이미 독립적인 감정적·사회적 생활을 하고 있기 때문에 생활의 안정을 찾기 위해 더 이상 가족이라는 기본 단위에 전적으로 의존하지 않는다.

잘 대비된 것처럼 보이는 청소년은 기꺼이 부모에게 이렇게 말할 것이다. "두 분 마음대로 하세요!" 하지만 자녀의 이성적 반응과 감정적 반응 사이에는 차이가 있다. 특히 12-13세, 15-16세 사이에 놓여 인생에서 가장 큰 혼란을 겪는 시기에 놓인 청소년 자녀들은 사실 어린 자녀들보다 더 큰 정서적 충격을 받는다. 어찌 됐건 부모의 이혼 통고는 모든 게 무너진 듯한 느낌과 고통을 야기한다. 이런 관계의 단절은 그에게 물질적 · 정서적 좌표를 동시에 잃게 할 수 있는 위협으로 보인다. 이것은 아이의 머릿속에서 인지되고 일상생활 속에서 정착되는 데 많은 시간이 필요한 중대한 사건이다. 그렇다고 이혼이 우리를 완전히 무너뜨리는 정신적 재앙인 것은 아니다. 잘 극복한 모든 시련이 그러하듯 부모의 이혼 뒤 자녀는 더 강하고 더 성숙한 모습으로 변할 수 있다.

그것이 오래된 갈등이냐 최근의 갈등이냐에 따라 상황은 매우 다르다. 부모의 긴장이 극에 달하고 때로는 신체적 폭력도 오가던 끝에 이혼하게 된 것이고, 이혼하게 됨으로써 갈등이 멈추기만 한다면 비록 아무도 발설할 수 없다 해도 그것은 마음 놓이는 결정으로 받아들여질 수 있다.

갈등이 최근에, 이를테면 부모의 '40대의 위기,' 또는 이혼을 요구하는 쪽에게 다른 사람이 있는 것이 밝혀짐으로써 생긴 것일 때 정소년기 자녀는 부모의 사생활, 성생활을 갑작스럽게 대면하게 된다. 그럴 때 자녀들은 부모의 문제로부터 거리를 두고 친구들에게서 안전함과 편안함을 제공할 수 있는 안식처를 찾는 반응을 보인다. 이를테면 이성 친구를 구해 그 친구의 가족에 의해 얼마 동안 '입양' 되는 것이다.

이렇듯 이혼한 부모의 자녀들은 또래들에 비해 조금 조숙한 성생활을 하는 것으로 확인된다. 부모 중 한 사람과 대립 관계에 놓이는 청소년이 "아빠는 이렇게 말했는데……" 또는 "엄마는 이러는 거 싫어하는데……"라는 말을 남용함으로써 이혼하려는 부모의 갈등을 고조시키는 경우도 흔하다. 이것은 부모를 부부로서 재편성하고 그 중심에 자신을 놓으려는 하나의 방법이다.

대응법

아무리 어려워도 부모는 자신들의 목적과 문제를 자녀의 그것들과 분리시켜야 한다. 어른들의 사생활과 성생활은 자녀들과는 무관하다. 따라서 어떠한 변명도 있을 수 없다. 이를테면 부부 중 한 사람이 부정을 저지른 것이라면 자세한 것까지 설명할 필요는 없다.

어른들에게 닥친 일은 자녀들의 책임이 아니다. 자녀들이 죄책감을 갖지 않도록 그 사실을 말해 줘야 한다(자녀들이 어릴수록 이런 죄책감을 많이 느낀다). 그러나 대부분의 경우 아이들은 예상되는 혼란과 물질적 어려움 속에서 자신의 세계를 지키고자 하는 염려에 따라 행동한다. 자신의 세계란 그들의 삶의 의미를 만드는 친구, 취미 활동, 학교 등이다.

이혼 결정이 그들과 관계가 있는 것처럼 보이게 내버려두어서는 안 된다. 이를테면 "이제 네가 다 컸으니 우리가 이혼할 수 있겠구나"라고 말하지 마라. 그것은 부모의 인생이 오직 자녀들에게 달려 있다는 생각을 심어 줄 우려가 있다. 또한 큰다는 것이 이런 끔찍한 일을 야기할 바에야 차라리 크지 않는 편이 낫겠다는 생각도…….

마찬가지로 만일 부모가 "우리는 지금까지 너 때문에 함께 있었단다"라고 말하면 청소년 자녀는 자신이 이혼을 용납할 수 있는 숙명적인 나이가 될 때까지 부모가 부부 흉내를 내고 있었고, 모든 사람들이 오래전부터 겉치레로 살고 있었다는 느낌을 받게 된다. 설령 그것이 사실이라 해도 그렇게까지 말하면서 그런 사실을 강조할 필요는 없다. 왜냐하면 자녀는 그것을 혼란스럽게 느끼면서도 부모와 자신을 묶어 주는 관계를 믿어야 하기 때문이다.

마지막으로 겉으로는 화합하는 척하면서 "엄마, 아빠는 더 이상 의견이 일치하지 않는구나"라고 통고하는 것도 해롭기는 마찬가지다. 부모는 이런 식으로 말하기 어려운 문제들을 회피하면 자녀는 갈피를 잡을 수가 없게 된다. 부부가 이혼할 때에는 중대한 까닭이 있는 법이며 그것을 보편화해서는 안 된다.

가장 좋은 방법은 이런 결정을 아버지와 어머니가 함께 자녀에게 통고하는 것이다. 자녀가 어릴 때보다는 청소년기에 있는 자녀 앞에서 부모는 '자신의' 진실을 말하면서도 다른 부모의 이미지를 배려할 수 있다. 다른 부모의 이미지가 폄하되어서는 안 된다. 사실 진실은 항상 여러 가지가 있다. 물리적 사실, 사건들은 공통될 수 있으나 관계, 감정적인 문제에 대해서는 각자 독자적인 판단을 내리기 마련이다. 다른 사람의 관점이 자신의 것과 다를 수 있음을 인정하는 것이 중요하다. 이혼을 초래한 것이 바로 그러한 차이이기 때문이다.

자녀는 어른들의 말 속에서 참된 울림을 주는 말과 거짓된 울림을 주는 말을 느낄 수 있다. 그는 부모의 사생활과 관계된 것을 제외하고는 이혼에서 자신과 관련된 부분을 알 권리가 있다. 부모의 사생활을 아는 것은 자녀가 고통을 이겨내는 데 아무런 도움을 주지 못할 것이다. 최선의 경우 자녀의 기분을 상하게 할 것이다. 최악의 경우 자녀를 화나게 할 것이다. 그것은 자녀가 부부의 방을 열쇠 구멍으로 들여다봤을 때와 같은 효과를 초래한다.

더 많은 정보를 얻으려면

G. 푸생, E. 마르탱 르브룅, 《이혼의 자식들 *Les Enfants du divorce*》, 뒤노 출판사, 1997년.
I. 테리, 《이혼 *Le Démariage*》, 오딜 자콥 출판사, 2001년.

C. 쿠튀리에, 《헤어진 부모들의 지침서 *Guide des parents séparés*》, 시로스 출판사, 2001년.

G. 네랑, 《부모의 별거를 대면한 자녀: 교대 보호 *L'Enfant face à la séparation des parents: garde alternée*》, 시로스 출판사, 2001년.

청소년 권장 도서

F. 카디에, 《우리 부모도 이혼했다 *Les miens aussi ils divorcent*》, 라 마르티니에르 출판사, 1998년.

76
청소년기 자녀는 함께 살고 싶은 부모를 선택해야 할까? 자녀의 삶을 가장 잘 계획할 수 있는 방법은 무엇인가?

"아빠 집에는 안 올 거예요!" "계속 이럴 거면 네 아버지 집에 보내 버리겠다." "너는 너를 너무나 사랑하는 어머니 집에서 살래, 아니면 항상 집을 비우는 아버지 집에서 살래?" 자녀나 부모가 긴장된 순간이나 우울한 순간에 내뱉었을지도 모르는 이런 문장들을 별거한 부모의 자녀가 청소년이 되었을 때 어떻게 지혜롭게 주워 담을 수 있을까?

나이가 몇 살이건 청소년기 자녀는 부모가 별거할 때 아직 자신의 인생을 결정할 입장이 못 되며, 따라서 그것을 자녀에게 분명히 말해 줘야 한다. 그러한 선택에 대한 책임을 진다는 것은 자녀에게 너무나 부담스러운 일이 될 것이다. 선택을 하게 되면 자녀는 부모 중 한 사람의 편을 들어야 하는데 그것은 대단히 어려운 일이다. 반대로 부모는 자녀의 의견을 물어보거나 들어볼 수 있다. 그러한 결정을 내리는 사람은 가정법원의 판사이지만 부모나 자녀의 견해나 의견을 반드시 고려해야 할 의무는 없다.

판사는 방문권 조정을 포함해 자녀에게 유리하도록 판결해야 한다.

이를테면 어머니의 동의하에 "나는 더 이상 아버지를 보고 싶지 않아요"라고 밝히는 청소년 자녀는 방문권을 반드시 지키지 않아도 된다.

자녀는 미리 그것을 알아야 한다. 대개 자녀는 지금 이 순간 대립 중이지 않은 부모(그렇다고 권위가 부재한다는 뜻은 아니다), 더 쉬운——더 '쿨한'——관계를 맺고 있는 부모의 집에서 살기를 원한다. 지금 겪고 있는 혼란 속에서도 자신의 환경과 친구들을 중시하는데, 그것은 자신을 지켜 주는 대피소, 슬픔을 막아 주는 피난처를 잃고 싶지 않기 때문이다.

우리 모두는 어떤 일체성을 필요로 하며 자기만의 공간을 상상할 수 있어야 한다. 따라서 가장 우선시되는 곳도 그곳이다. 하지만 어떤 조직 형태든 이점과 위험이 따르기 마련이다. 그리고 지리적·재정적 이유 때문에라도 모든 것이 항상 가능하지는 않다. 주소지가 가까울 때는 자녀를 교대로 보호해도 지속적인 사회생활과 여가 활동이 가능하지만 이 경우 방을 포함해서 모든 것을 두 배로 확보해야 한다. 실제로 그곳에 사는 사람들과의 관계의 질에 따라 두 집 중 한 집이 항상 다른 집보다 낫기 마련이다.

어쨌든 두 개의 집을 왔다 갔다 하는 것은 청소년 자녀에게 힘든 일이다. 그러다 보면 자녀는 매번 이제는 없는 것에 대한 향수를 갖게 되고 자기 생활의 두 극점 사이의 거리를 재게 된다. 청소년기에는 자녀에게 가장 좋은 생활 여건이 매우 빨리 바뀌며 형태도 매우 자주 바뀐다. 별거한 지 오래된 경우에는 청소년기 자녀가 친구들과의 자기 생활로 바쁘기 때문에 친권 없는 부모를 방문하는 일이 점차 뜸해지고 불규칙적으로 되는 일이 빈번하다. 축제나 다른 스포츠 활동들은 항상 주말에 벌어지는데 주말은 아이가 다른 부모의 집에 가야 하는 날이기 때문이다. 따라서 이 경우 관계를 유지할 수 있는 다른 방법을 생각해 내야 한다(48쪽 12번 질문을 보라).

대응법

　가정법원의 판사들은 판결을 내리기 전에 13세 이상 된 자녀들의 말을 듣는다. 대개 자녀들은 살던 곳에 그대로 살고 싶어 하며 이사하기 싫어하는데, 그것은 자신의 친구들이나 친숙한 환경을 잃어버리지 않기 위해서이다. 때로는 자신과 더 밀접한 관계를 맺고 있다고 느끼는 부모의 집을 택하는 경우도 있다.

　일단 이혼 판결이 내려지면 이미 많은 불안 속에 살고 있는 자녀에게 불안을 더해 주지 않기 위해 가능한 한 빨리 물질적 준비가 이루어져야 한다. 자녀는 가까운 미래, 3개월에서 6개월 사이에 자신에게 일어날 일을 알아야 한다. 왜냐하면 아이들은 그보다 먼 미래는 계획하기 힘들기 때문이다. 그리고 아이는 규칙적이든 자기 마음대로든 원하면 언제든 부모를 만날 수 있어야 한다. 아이의 요구와 욕망은 매우 빨리 바뀐다. 법원의 판결보다 훨씬 더 빨리 바뀌기 때문에 판결이 거기에 맞춰야 한다. 그러자면 물리적 준비와 관련해서는 넉넉한 융통성이 있어야 한다. 이혼 판결문을 글자그대로 따르고 만나는 시간을 세는 것이 항상 가능하지는 않다. 그럴 땐 부모가 관계를 받아들이는 새로운 방식에 적응해야 한다. 언제 부모를 만날지, 무엇에 관해 말하고 싶은지를 결정하는 것은 자녀이다. 따라서 자녀의 참된 관심사, 최상의 관계를 발견하려면 끊임없이 변화해야 한다. 이를테면 주말에 아버지 집에 가면 친구들을 만날 수 없기 때문에 주중 하루를 잡아 저녁에 외식하고 영화 보는 만남으로 바꿀 수 있다.

　부모가 사는 곳이 멀 경우 모든 것이 친권 없는 부모와의 관계를 유지하기 위한 쪽으로 이루어져야 한다. 이혼 판결이 떨어질 때 자녀가 꺼내 쓸 수 있는 '여행비'도 예상해둬야 할 것이다. 돈이 많이 들지만 그럴 가치가 있는 일이다. 게다가 자녀는 거기서 새로운 이동의 자유, 새로운 시야를 발견할 가능성, 생각을 바꾸는 방법이라는 무시할 수 없는 부수적 이익도 얻게 된다.

자녀가 다른 부모의 집에서 돌아왔을 때에는 설령 당장은 아무 문제 없다 해도 아이가 슬퍼하거나 말을 하지 않거나 기분이 나빠질 것을 예상하고 있어야 한다. 왜냐하면 다른 부모를 방문하는 일은 이혼 당시의 고통을 되살아나게 하기 때문이다. 그럴 땐 자녀의 침묵과 신중함을 존중하고 특히 "어땠니?" 같은 피곤한 질문을 던지지 않는 게 좋다. 이런 질문은 비난하거나 즐거워함으로써 어느 한쪽 편을 들라는 명령, 억지 개입으로 받아들여질 수 있다.

77
자녀가 있어야만 살 의욕이 생긴다, 또는 자녀가 있어서 더 이상 살 의욕이 없다…… 만일 아들이 아버지 집에 가서 살겠다고 하면?

아들은 벌써 당신보다 머리 하나는 더 크고 집에서든 학교에서든 어떤 권위도 거부하고 사고만 친다. 딸은 어느새 어머니 말에 사사건건 반대하는 소녀가 되어 버렸다. 그리고 당신도 숨 좀 돌리고 싶고, 직장 생활 또는 감정적 생활을 정리하고 싶다. 이럴 때 어떤 태도를 취해야 할까? 아버지가 교대해 줄 수 있을까?

이혼한 지 오래됐다면 아이들이 어렸을 것이기 때문에 필시 어머니가 아이들을 맡았을 테고 자신의 모든 시간을 할애했을 것이다. 그러니 이제는 어머니가 ‘포기하고’ 싶은 순간이 온 것은 너무나 당연하다. 또는 자녀의 나이 13,14세가 되어 갈등이 나타날 때 이런 질문이 제기되기도 한다. 딸은 어머니와 경쟁 관계에 들어가고 아들은 더 이상 어머니의 권위에 복종하려 들지 않는다. 그래서 어머니가 "앞으로도 계속 이럴 거면 아버지 집에 보내 버릴 거다"라고 협박을 할 때도 있고, 아이가 "지겨워 죽겠어. 차라리 아빠랑 살래!"라고 말할 때도 있다.

이혼 후 새 가정을 꾸미지 않은 어머니는 대개 외로움을 이겨내기 위해 자녀에게 기대고 자녀를 어른 또는 어른이 다 된 사람으로 대하며, 자신의 불행을 털어놓는 친구로 생각하고 자신의 우울증을 치료해 주는 '의사'로 여긴다. 어머니의 '버팀목'이 된 이 자녀는 점차 어머니를 자기 마음대로 부릴 수 있다는 느낌을 갖게 된다. 그 결과 사춘기가 다가와 피할 수 없이 어머니와 대립하게 됐을 때 아이는 어머니의 권위를 일체 거부한다. 왜냐하면 자신이 어머니를 보호하고 보살펴 왔기 때문이다. 한편 어머니는 아들은 청소년기에 남자가 필요하다는 것을 알고 있고, 아버지 없는 아들로 키운 것에 대해 죄책감을 느끼며 자신이 모든 역할을 맡을 수는 없다는 것을 깨닫는다. 아들도 이 모든 것을 느끼고 어머니의 이러한 약점을 건드릴 줄도 알게 된다.

이 모든 것은 고전적 상황이다. 따라서 자녀가 사춘기가 되면 어머니는 재빨리 자신의 한계를 깨닫고 모자간의 갈등 상황 속에 갇히지 말아야 한다. 그러려면 제삼자, 자녀와의 관계를 보는 또 다른 시선의 개입을 수용해야 하는데 이는 대개 힘든 과정이다. 더 이상 어머니 혼자서는 우월한 입장에서 자녀를 가르칠 수 없는데 그것은 자녀가 어머니의 행복에 자신이 없으면 안 된다고 느끼기 때문이며, 어머니가 자기가 없으면 살 수 없다는 것을 자녀가 알기 때문이다. 자녀가 사춘기가 되면 부모는 다시 외로움을 떠맡아야 하고 새로운 형태의 이별을 받아들여야 한다.

청소년기에 이른 자녀가 매일 보지 못하는 부모와 다시 친해지고 싶고 성별의 차이, 부모간의 차이를 경험해 보고 싶고 또 아직 대면해 본 적이 없는 사람과 대면하고 아버지의 가족을 알고 싶은 것은 정상적인 일이다. 아이는 자신이 어디에서 왔는지 알고 싶고 아버지의 족보에서 자신의 자리를 찾고 싶다. 이 나이 때 아이들은 혈통의 문제를 스스로에게 제기한다(245쪽 69번 질문을 보라). 그는 아버지의 가문에서 자신이 동일시하고 싶은 부부나 인물의 이미지를 발견할 수 있다. 그리고 모르는 사람들보다는 그 사람들이 자녀에게 관심을 기울이기 쉬울 것이다.

아버지가 없을 때 청소년으로부터 할머니 쪽이든 할아버지 쪽이든 엄연히 존재하는 가족의 일부를 빼앗으면 안 된다. 만일 아버지(또는 어머니)가 돌아가셨다면 관계는 상호간의 의지와 그들이 만들어 내는 기회에 달렸다. 설령 돌아가신 부모가 잘못했고 자녀에게 관심이 없었더라도 그 가족과의 관계는 유지되어야 한다.

대응법

두 가지 역할——무조건적인 사랑을 베풀면서 권위를 행사하는 것——을 동시에 완벽하게 해내는 것은 불가능하다. 청소년으로 하여금 집안의 작은 가장이 되거나 어린 남편 역할을 하도록 허락해서는 안 된다. 그것은 원래 그의 몫이 아니다. 이것이 너무 어렵고 어머니가 다시금 자녀의 명령을 따르는 상황에 놓일 확률이 크다면 비상수단을 써서 당분간 아이랑 떨어져 있는 것도 고려해야 한다. 수행하기 벅찬 역할은 다른 사람들에게 위임하고 다른 어른들, 되도록 남자들에게 기대는 편이 낫다.

청소년기 때에는 아버지가 아들을 맡는 편이 낫다. 모자간의 위기가 시작된 상황에서 변화는 즉석에서 행해져서는 안 되며, 천천히 미리미리 준비하면서 이루어져야 한다. 특히 그것이 일종의 처벌이나 포기로 받아들여져서는 안 된다. 거처의 변화에 대한 합의가 이루어지고 조금씩——다음 개학 때 갑자기 거처를 옮기기 전에 이를테면 주말과 방학을 연장하는 식으로——그에 대한 준비를 하는 데에는 상당한 시간이 필요하다.

갈등 상황에서 어머니는 거부당한 느낌, 부당한 느낌을 받을 것이다. 그녀는 힘든 자녀의 유년기를 혼자 감당했고 자녀를 돌보기 위해 자신의 개인생활을 희생할 때도 있었다. 그런데 이제 물리적 구속이 약해지는 청소년기에 이르자 그녀는 다시 혼자가 됐다. 이제 자녀들은 이미 몇 년 전에 그들을 버린 사람이 더 좋다면서 자신을 떠나고 싶어 하는 것이다.

지금은 어머니도 기진맥진해 있지만 자녀는 자녀대로 아버지의 집에서 거부당하는 느낌, 아무도 원치 않는 귀찮은 짐이 된 듯한 느낌을 받을 수 있다. 이럴 경우 일이 잘못될 여지가 많다. 잘 알지도 못하는 자녀와 마주하게 된 아버지는 아무도 진정으로 원치 않는 경험을 해야 할 처지에 놓였다. 그는 아버지 역할을 다시 할 준비가 되어 있지 못하고 오랫동안 신망을 얻지 못할 수도 있다. 그렇기는 하지만 때로 서로의 매력이 제 역할을 해내고 새어머니가 그것을 허용할 경우 부자간보다 부녀간에 일이 더 잘 진행되는 경우도 있다.

부자의 동거가 실패로 드러날 때 그 기간 동안 아들의 부재로 고통을 겪은 어머니는 이를 환영한다. 복수하기 위해, 또는 자녀가 가진 아버지의 이미지를 '깨기' 위해 비록 무의식적이긴 하지만 일이 잘못되기를 바라는 경우도 흔하다. 그러면 처음 단계로 되돌아오게 된다. 어머니에게 절대 권력을 휘두를 수 있다는 느낌이 더욱 확고해진 자녀는 아버지와의 관계를 형성할 수 있는 기회를 영영 잃어버릴 수도 있다…….

하지만 거처의 변화는 청소년에게 새로운 긍정적 단계가 되고 양부모에게는 과거의 어려움을 '보상하는' 느낌을 줄 수 있다. 기숙사도 좋은 대안이 될 수 있다(357쪽 98번 문제를 보라).

만일 아버지가 이 역할을 제대로 수행할 수 없거나 돌아가셨다면 친가와의 관계를 유지하는 것은 어머니의 몫이 된다. 설령 그것이 어머니에게 도움이 되거나 기쁨이 되는 일이 아니더라도. 그럼으로써 자녀에게 삼촌·고모·숙모·조부모 등 아버지에 관해 말해 줄 수 있고 자녀를 위해 아버지를 되살려 줄 수 있는 모든 사람들과의 관계를 형성함으로써 그들이 '물려받은 것'에 다가갈 수 있게 해준다. 자녀가 청소년기를 보내는 동안 돌아가신 부모 가족과 확고한 관계를 갖고, 그 관계가 청소년기 동안 지속될 수 있으려면 유년기부터 관계를 쌓아가야 한다. 그리고 함께가는 휴가, 가족 모임, 주말의 점심식사 등 서로 만나 친해질 수 있는 기회를 마다하지 말고 나아가 먼저 만들어야 한다.

아버지나 어머니가 사망했고 연락을 취할 가족이 없을 경우 남은 부모는 자신의 가족에게 간곡히 부탁하여 자녀에게 다정한 부부의 이미지와 폭넓은 후원자 계층을 마련해 주어야 한다. 자녀는 자신의 어머니 또는 아버지는 세상에 홀로 남겨진 존재가 아니라고 느낄 수 있어야 하며, 자신의 자율성을 획득하기 위해 부모의 다른 이미지에 기댈 수 있어야 한다.

만일 아무도 존재하지 않는다면 부모의 친구들, 또는 자녀 친구의 부모가 이 역할을 할 수 있으면 좋을 것이다. 솔직하게 부탁하기만 하면 세상에는 자신의 정열을 쏟을 준비가 돼 있는 선한 의지를 가진 사람들이 많이 있다. 그리고 교류가 항상 한 방향으로만 이루어지는 것은 아니다. 그것은 자녀에게 대부 비슷한 것을 찾아 주는 일이다. 자녀는 그를 좋아하고 존경할 수 있고, 그는 자녀의 일에 개입하고 영향력을 행사할 것이다. 그런데 이것은 어머니가 자녀가 닮고자 하는 사람들과 자녀와의 관계를 도와주기 위해 많은 노력을 할 때에만 가능하다. 그런 사람들로는 할아버지, 삼촌들, 부모의 친구들, 또는 선생님들, 체육 지도자들, 스카우트나 다른 활동의 진행자 등이 있다. 그들이 어떤 역할을 할 수는 있지만 대개 그들의 존재는 일시적이며 1년이라는 기간밖에 지속되지 않는다.

78
자녀 문제로 전 배우자와의 충돌을 피하려면?
자녀와 함께 살지 않으면서 부모로 남으려면?

때로는 하룻밤 새 부모와 자식 간의 관계가 더 이상 일상적이지 않게 되고, 생활의 제약들로 짜여지지 않게 되고 의무적인 것에는 더 이상 기대지 않게 된다. 긴장·고통·죄책감 사이에서 부모가 되는 새로운 방법을 다시 생각해야 한다.

부부가 이혼할 때 어떤 쟁점이 있다면 그것은 각자 자기 방식대로 온전히 부모로 남아 있을 수 있느냐는 것이다. 이때 당연히 불일치, 충돌이 있을 수밖에 없다. 그렇지 않다면 이혼도 없었을 것이다. 그런 것들이 없다는 것은 오히려 회피의 신호로 보아야 할 것이다. 왜냐하면 불일치와 충돌은 서로간의 관계를 오랫동안 망쳐 왔을 것이기 때문이다. 청소년 자신도 부모에게 반항하는 시기에 있기 때문에 이 사적인 갈등은 대개 부모간의 갈등을 강화시키게 된다.

그럴 땐 이 어려움을 해결하는 데 총력을 기울여야 하지만 사실 이것은 매우 어려운 일이다. 왜냐하면 자녀들을 대하는 전 배우자의 태도가 이혼 사유의 하나인 경우가 많기 때문이다. 전에 비난받았던 삶의 방식이 이혼 후에 개선될 까닭이 없지 않은가! 그러려면 그 또는 그녀가 내가 바라는 아버지나 어머니가 되기를 기대하지 말아야 한다.
그리고 더 이상 그의 삶의 방식에 개입하지 말아야 한다. 왜냐하면 이
제부터 그 또는 그녀가 어떻게 사느냐 하는 것은 그 또는 그녀만의 권
리이기 때문이다.

역설적인 것은 자녀의 생활을 계획하기 위해 이혼한 뒤에 더 많이 대
화하고 상호 동의하려고 노력해야 한다는 점이다. 전에, 부부 사이가
좋을 때에는 하지 못하던 일이다. 그런데 대부분의 경우 부모 모두 상
대방에 관한 이야기를 듣거나 상대방과 말하는 것을 원치 않는다.

사실 부부간에 사소한 것부터 큰 결정까지 생활의 구체적 계획은 상
호 신뢰라는 바탕 위에서 무언의 위임으로 넘어갈 때가 많다. 대화와
신뢰가 더 이상 존재하지 않을 때에는 자녀가 자신의 주변 사람들을
쉽게 ‘조종’할 수 있는 만큼 전보다 훨씬 더 단호하고 무게감 있는 언
어 체계와 대화 체계를 적용해야 한다.

반대로 아이를 데리고 있지 않는 부모 편에서는 일상생활의 불질적
제약이라는 현실 때문에 밀접한 관계를 유지하기가 대단히 어렵다. 자
녀가 어리고 별거한 지가 오래됐다면 더욱 그럴 것이다. 부모와 자녀
와의 관계는 하루하루 자녀의 관심사와 변화를 따라가면서 구체적이
고 사소한 것들을 이야기함으로써 돈독해지는 법이다. 그런 친밀함 속
에서 어른은 자녀의 반응이 어떻게 변하고 자녀의 성격이 어떻게 굳
어지는지를 관찰할 수 있다. 대개 처음에는 열의를 갖고 있던 많은 아
버지들이 이런 일상생활, 이런 풍부한 관계를 접할 기회가 없기 때문
에 결국은 자녀들을 정기적으로 만나지 못하게 되고 차차 스스로를 가
치 없고 낯선 존재로 느끼게 된다. 교대로 아이를 데리고 있는 방법이
가진 장점의 하나는 양부모가 일상에서 접촉을 유지할 수 있다는 것
이다.

대응법

　부모는 각자 상대방이 원하는 대로 살도록 놔두는 법을 배워야 한다. 왜냐하면 그것은 더 이상 자신과 상관없는 일이기 때문이다. 상대방이 심각한 행동을 할 경우에만 관심을 기울이고 개입할 권리가 있을 뿐이다. 이를테면 아버지 또는 어머니가 자녀를 완전히 방치하고, 자녀에게 해로운 행동을 하거나 부적절한 행동을 하는 경우 말이다.

　적어도 1년에 한 번쯤은 서로 만나 학업, 취미 활동, 건강, 여러 가지 결정해야 할 사항들 등 자녀 생활의 기본 방침을 정해야 한다. 요구와 욕구가 빨리 변하는 시기인 만큼 변화에 따라 계획과 재정 상태를 정기적으로 재조정해야 한다. 14세 또는 15세까지는 부모가 자녀와 관계된 결정들을 최대한 함께, 그리고 직접 내려야 한다. 부모가 서로 대화 나누기를 원치 않는다고 해서 자녀에게 중재자 역할을 하라고 강요해서는 안 된다. 그 뒤부터는 반대로 각각의 부모와 자녀가 직접 의논할 수 있다. 자신의 진로, 취미, 인생 계획과 관련된 문제에서 선택을 내려야 할 사람은 당연히 자녀이기 때문이다.

　설령 이 일이 어렵다 해도 자녀 생활의 금전적 계획이 부모간의 쟁점이 되거나 자녀에게 지나치게 무거운 부담이나 욕구불만거리가 되어서는 안 된다. 자녀가 자신의 존재가 대립을 야기한다는 것 때문에 죄책감을 느껴서는 안 되며, 그가 봉착한 계획상의 문제들을 자신 있게 제기할 수 있어야 한다. 고전적인 예들로 이런 것들이 있다. 주말에 양육권이 있는 부모가 자녀의 계획을 제약하는 역할을 담당하고 있다면 양육권을 가진 부모 혼자 자녀의 주말 활동——무용이나 축구 연습——을 결정하거나 또는 자녀 혼자 결정하도록 내버려둬서는 안 된다. 자녀에게 하는 것, 또는 주는 것을 통해 다른 부모가 일상생활 속에서 존재하게 하는 성실함도 필요하다. 이를테면 우편물이 왔을 때 이렇게 말하는 것이다. "와, 너 스키 장비 사라고 아빠가 수표를 보내 주셨네."

양육권이 없는 부모 편에서 자녀와 계속 연락을 취하려면 생활을 잘 조정해서 지리적인 거리가 관계의 장벽이 되지 않게 해야 한다. 다른 부모와 매일 연락하지 않더라도 자신과 관련된 문제는 다른 부모도 함께 결정한 것임을 자녀도 반드시 알아야 한다.

마찬가지로 자녀의 일상생활과의 관계를 유지해 주는 모든 기회를 포착해야 한다. 전화로 약속을 잡거나 인터넷으로 메시지를 보내는 것은 전 배우자의 개입이나 감시 없이 일주일에도 몇 번씩 자녀의 일상생활이나 최근 사건들——수학 성적, 친구 집에서의 파티 등——을 접할 수 있는 좋은 방법이다. 일상생활의 관례들에 참여할 수 있는 기회 또한 놓치지 말아야 한다. 파티가 끝났을 때, 또는 여행에서 돌아왔을 때 자녀를 데리러 가는 일 같은 것 말이다. 생일을 축하해 주는 것도 잊어서는 안 된다! 이혼한 부모의 사이가 원만하다면 자녀의 생일을 축하하는 의미에서 1년에 한 번 만나 식사를 하는 관례를 정하는 것도 자녀에게 좋은 선물이 될 것이다. 얼마 전부터 법령에서 명시한 대로 성적표를 양쪽으로 보내 달라고 요청하라. 자녀가 원할 때에는 항상 시간을 내줄 수 있다는 것을 정기적으로 상기시켜주고 곤란한 상황에 처했을 때 대처하는 법을 알아두라(저녁 늦게 기차를 놓쳤을 때, 하굣길에 폭행당했을 때 등).

만나지 못하는 부모와의 관계에서 2-3년간 관계가 단절되거나 느슨하다가 다시 자녀가 그 부모를 만나고 싶어 하거나 근황을 궁금해하는 경우가 있다. 그렇기 때문에 설령 갈등이 있고 오랫동안 아무 응답이 없더라도 어른들은 정기적으로 소식을 전함으로써 언제든 시간을 내줄 수 있다는 것을 보여줘야 한다. 자신이 자녀를 보고 싶어 하며,

또 보아야 한다는 걸 증명하고 끈기 있게 시도함으로써 자녀가 자존
심을 과시하고 기품 속에 갇혀 지내지 않게 하는 것은 어른들의 몫이
다. 사실 모든 사람들은 그것 때문에 고통을 겪는다. 모든 것이 너무나
빨리 변하는 나이이기에 결코 단념해서는 안 된다!

79
청소년이 되어 가는 자녀에게
양아버지는 어떤 역할을 해야 하는가,
또 양어머니는 어떤 역할을 해야 하는가?

혈연적으로 그들은 서로 '무관' 하다. 그런데도 그들은 잠옷 차림으로 단둘이 아침식사를 하고, 쓰레기를 내다 놓거나 식탁을 치우는 등의 집안일을 분담하며, 눈물을 펑펑 흘리는 순간들 또는 첫사랑 같은 자녀 인생의 중요한 순간들의 증인이 된다. 두 사람이 새로운 관계를 형성하는 과정에서 자녀의 존재는 큰 비중을 차지한다…….

재결합한 지 오래됐다면 유년기를 거치는 동안 생활과 교육을 함께 해 온 양부모는 친부모에 가깝다고 할 수 있다. 그가 할 일은 다른 부모, 즉 절대로 친부모의 자리를 가리지 않도록 주의하는 것뿐이다.

청소년기중에 양부모와 함께 살기 시작했거나 다양한 나이의 자녀를 둔 두 가정이 이런저런 재결합에 따라 합칠 경우 상황은 무척 달라진다. 그럴 때에는 훨씬 더 많은 주의가 필요하다. 재결합은 흔히 어렵고 상처로 얼룩진 다양한 사연을 가진 사람들을 가능한 한 가장 조화로운 방식으로 한 지붕 아래 살게 하는 것이다. 가정에서의 공동생활은 많은 시간이 흐르면서 서서히 익숙해지는 법이다. 그것이 갑자기 이루어질 때에는 각자의 태도와 역할을 학습하고 생각해 보는 시간이 필요하다.

상당한 금전적 능력을 가진 경우를 제외하고 모든 자녀에게 아버지 집과 어머니 집에 동시에 '두 개의' 자리를 제공하기는 어렵다. 자녀들이 스스로를 '불필요한' 존재로 여기거나 '혼자만 뚝 떨어진' 느낌을 갖게 될 우려는 항상 존재한다.

청소년과 양부모의 관계는 매우 다양한 양상으로 나타날 수 있다. 그것은 한편으로는 자녀가 부모 중 한 사람에게 반항할 가능성에, 한편으로는 양부모 본인의 태도가 올바르냐에 달려 있다. 양아버지 또는 양어머니는 의붓자식들의 공격 대상이 되는 경우가 많다. 좋은 부모와 나쁜 부모 간의 싸움에서 그들의 역할은 정해져 있다! 각자 자기 처지에 맞게 행동하지 않을 때 충돌이 발생한다.

이런 상황을 피하려면 존중이라는 단어를 염두에 두어야 한다. 어른들이 자신의 소유가 아닌 자녀들을 대할 때에도 존중해야 하지만 자녀들 또한 부모 이전에 사람인 어른들을 대할 때 존중해야 한다. 어른으로서 아이들을 존중할 때 아이들에게도 어른을 존중하라고 요구할 수 있을 것이다.

대응법

사실 청소년들이 겪는 상황은 그들이 선택한 것이 아니다. 그들이 비록 동거를 위해 결정된 규칙들을 지켜야 할 의무가 있기는 하지만 그래도 아버지나 어머니의 새 동거인을 좋아하지 않을 권리, 그들이 속으로 원하는 것을 생각할 수 있는 권리는 인정해 줘야 한다.

그것이 자연스럽게 나타나는 것이 아니기 때문에 분명한 원칙이 주어져야 한다. 양아버지와 양어머니는 친부모가 아니기 때문에 고전적인 가정에서보다 더 거리가 있을 것이다. 그들은 집에 없는 아버지나 어머니에 대해 말하지 말아야 하며, 하물며 그 자리를 빼앗거나 자녀 앞에서 친부모에게 교육적인 충고를 주어서는 안 된다. 한편 자녀들은 양어머니나 양아버지가 자리를 비운 가운데 친아버지나 친어머니와 그들만의 시간을 보낼 수 있어야 한다.

일상생활에서 준수해야 할 간단한 규칙들도 있다. 청소년기 자녀 방에 들어가기 전에는 항상 노크를 하고, 자녀의 우편물을 열어 보거나 학교 성적에 대해 이러쿵저러쿵 말하지 말아야 한다. 반대로 공동생활의 틀 안에서는 이를테면 식사 준비하기나 자기 물건 정리하기 같은 의무를 정하는 것이 옳다. 단 이때 스스로 알아서 지켜야 하며 그러한 의무는 가족 모두에게 해당되어야 한다.

양부모와 의붓자식들의 관계는 먼저 운동·영화·요리 같은 중립적 영역에서 서로의 취향을 '테스트' 해 보기 위해 행사될 수 있다. 때로는 친자식이 아니기 때문에 그만큼 더 거침없는 대화가 오가기도 한다!

양부모의 능력이나 이해를 넘어서는 이유로 인해 자녀와 양부모 간에 도에 지나친 공격적 표현이 오간다면, 그들이 집 안에서 마주치거나 식사할 때 긴장을 피할 수 없다면 당분간 자녀를 다른 부모 또는 기숙사로 보내는 것을 고려하는 편이 낫다.

더 많은 정보를 얻으려면

A. 카도레, 《남들과 다르지 않은 부모, 동성애와 부모자식 관계 *Des parents comme les autres, Homosexualité et parenté*》, 오딜 자콥 출판사, 2002년.

아이 아버지가 남자와 살 때, 아이 어머니가 여자와 살 때

이성애 관계를 갖고 그래서 아이를 낳은 후, 아이의 아버지 또는 어머니는 동성애를 선택했고 파트너와 함께 산다. 부모 중 한 사람의 동성애가 자녀가 청소년기에 이르렀을 때 밝혀지는 경우가 자주 있는데, 왜냐하면 그때 부모는 자녀들이 자신을 더 잘 이해할 수 있는 자율적인 나이가 되었다고 여기기 때문이다.

동성애 커플과 함께 사는 것은 이성애 커플과 함께 사는 것이나 마찬가지로 자녀의 성적 취향에 영향을 미치지 않는다. 전기 청소년기 아이들(13-14세)은 그들 자신을 이해하기 위한 일환으로 동성 친구들에게 매력을 느낄 때 의심이 굳어지고, 이것을 동성애적 끌림으로 해석하고 거기에 저항할 수 있다. 하지만 이것은 오히려 일찍 이성과 관계를 맺도록 그들을 부추길 우려가 있다. 실제로 이런 아이들이 보통 아이들보다 이르고 강도 높은 성생활을 하는 것으로 확인되고 있다.

보수적인 나이, 특히 자신이 '다른 아이들과 똑같기를' 바라는 나이에는 규범에서 어긋나는 것을 받아들이기 어렵다. 설령 이 아이들이 그들의 부모에 대해 판단을 내리지 않고, 그것 때문에 자기들이 방해받지 않는다고 주장하더라도 실제로는 그런 상황을 대면하는 일을 피하기 위해 친구를 집에 잘 초대하지 않으며 이 사실을 외부에 이야기하지도 않는다.

해당 부모는 자신의 파트너에게 어떤 행동이나 말을 할 때 조심스럽게 해야 할 것이다(이성애 부모들과 마찬가지로). 그리고 이 파트너가 바뀌지 않고 청소년기 자녀에게 어른다운 모습을 보여줄 수 있다면 더 좋겠다. 동성애 부모는 설명 없이 상황을 노출시킬 수 있으니 자녀들에게 어떤 권유도 하지 않도록 조심해야 한다. 혹 전투적 태도를 가져야 할 상황이 닥치더라도 그래야 할 사람은 그와 다른 어른들이다. 한편 다른 부모는 어떤 판단도 내리지 않아야 하며 자녀가 다른 부모의 집을 마음대로 왕래하도록 놔두어야 한다.

IX

크고 작은 어리석은 행위들

80
아들이 사고를 친다

청소년기 자녀를 둔 부모로서 아들을 찾으러 경찰서로, 딸을 찾으러 병원으로 가야 하는 것이 드문 일은 아니다. 그리고 사고치는 것을 막고 정의의 기사 노릇을 해야 할 때는 더욱더 많다. 당황도 방임도 하지 않으면서 적절하게 대처하는 방법은 무엇일까?

청소년기 자녀는 문제를 일으키려고 어리석은 짓을 하는 것이 아니다. 어린이에게 주어진 한계 이상을 시험해 보고 위험한 짓을 하는 것은 청소년들의 특성이다. 하지만 이 사회적 탐색의 시기는 한 번 또는 여러 번의 '대형 사고'로 끝날 수 있다. 이런 현상은 대개 14세에서 17세 사이에 발생하는데, 흔히 동성 친구들 사이에서 여러 차례 발생한다. 이 나이 때는 사회 규범에 따르는 것보다 자신의 능력을 친구들에게 보여주는 것이 훨씬 더 중요하고, 그들과 똑같이 하는 것이 더 중요하다. 대개 한두 번 경험하고 훈계를 듣고 나면 같은 잘못을 되풀이하지는 않는다.

그런데 일부 가정에서는 그들의 가족사 때문에 의식적인 두려움을 드러내기도 한다. 이를테면 마약중독자 삼촌이 있는 집에서는 마약중독에 대해, 자녀를 때린 할아버지가 있는 집에서는 폭력에 대해, 누군가 감옥에 간 선례가 있다면 범죄에 대해 두려움을 드러낸다. 우리는 그것을 '가족의 망령'이라고 부를 수 있을 것이다. 그것은 강박관념이 될 수 있고 따라서 위험할 수 있다. 설령 부모가 그것을 의식하지 못하고 있다 해도(특히 그럴 때), 또는 한 번도 거론한 적이 없다 해도 자녀들은 이 문제에 대한 그들의 불안을 감지하기 마련이다. 그리고 자녀들은 '망령'을 잠재우기 위해 바로 이 영역에 도전할 우려가 있다. 게다가 어느 한 분야에 대해 지나치게 걱정하다 보면 자녀의 다른 생활에 대해서는 까맣게 모를 수가 있는데, 그것이 더 염려스러울 수도 있고 아니면 반대로 전체적인 안정 위에서 전혀 염려스럽지 않을 수도 있다.

대응법

부모 편에서 중요한 것은 저질러진 사고에 대해 적절한 반응을 보이고, 자녀가 이 탐색의 단계를 통과하고 가정과 사회에 의해 정해진 규칙들을 이해하고 그것을 지킬 수 있도록 자녀와 자녀의 충동을 가장 잘 지도할 수 있는 태도를 찾는 것이다. 그러면서 이 경험이 상처를 남기지 않도록 주의해야 한다.

어른들이 교육적인 반응을 보이고 싶다면 무슨 일이 벌어졌는가를 잘 이해하고 무엇이 잘못됐고 법에 어긋났는지를 상기시킨 다음 잘못을 저지른 아이를 엄중히 감시하겠노라고 통고한 후 용서해 주어야 한다. 대개 아이는 그러한 질책을 매우 불쾌하게 여기겠지만 납득은 할 것이다. 어리석은 짓을 바로잡아 주는 처벌을 통해 넘지 말아야 할 한계를 구체적으로 정할 수 있다. 이러한 처벌은 절제되고 기간이 정해진 것이어야 하며, 아이는 이에 대한 설명을 들어야 하고 특히 실제로 실행되어야 한다.

특히 잠자코 있거나 웃어 넘기거나 일을 가볍게 취급해서는 안 된다. 암암리에 행해졌든 아니든 본질적으로 모든 형태의 암묵적 동조는 자녀를 불안하게 만들고 어리석은 짓을 다시 저지르도록 부추긴다. 허용된 것과 금지된 것의 한계를 찾기 위해 좀더 멀리 가보는 것이다. 그렇다고 지나치게 사건을 과장하고 한 번 잘못한 아이를 도둑놈이나 비행 청소년으로 여기는 것도 옳지 않다. 이런 식으로 아이를 자극하면, 특히 아이가 전폭적 신뢰를 받지 못하면 결국 아이는 그길로 접어들게 된다. 결국 이러한 두 가지 형태의 극단적 반응은 같은 잘못을 되풀이할 위험성을 초래한다.

또한 아이가 저지른 잘못 자체에 관심을 쏟는 것은 삼가하고 대신 항상 그것을 자녀의 인생, 자녀의 전반적인 행복이나 불안을 고려한 맥락에서 보기 위해 노력해야 한다.

81
딸이 제 시간에 귀가하지 않는다,
아들이 외박한다

자정을 알리는 종이 울렸다. 또는 부모의 머릿속에서 고통스럽게 울리고 있다. 귀가 시간은 오랫동안 협상해 정한 것인데도 상드리용은 한 시간 늦게 나타나 슬그머니 자기 방으로 들어간다……. 또는 아침에 일어났을 때 아이 침대가 흐트러지지 않은 것을 발견하기도 한다…….

청소년의 야간 외출은 모든 부모의 걱정거리이고 불가피한 협상 주제이다. 따라서 규칙은 확실히 하고 다만 자녀의 나이, 생활 여건과 외출 여건에 따라 변화시켜 나아가는 편이 좋다. 10세에서 13세까지의 전기 사춘기 아이에게 어디 가는지, 언제 가서 언제 돌아오는지를 알리라는 것은 당연한 요구이다. 본격적인 사춘기에 접어드는 15세 무렵에는 더 많은 자유를 부여하고 하루의 대략적인 일정과 이동 계획을 아는 것으로 만족해야 한다. 18세 즈음되면 시간 관리는 자기 영역이지만 그래도 식사 시간에 들어올 것인지 아닌지를 알리는 정도의 예의는 갖추어야 한다. 자녀가 아직 미성년인 한 부모는 당연히 자녀가 있는 곳을 알아야 하고, 가끔 허락되는 경우를 제외하고 자녀는 당연히 가족이 있는 집에 들어와 자야 한다.

자녀가 어릴 때부터 친구들과 어울리고 다른 부모의 책임하에 친구 집에 가고 오가는 차편을 해결하고 귀가 시간을 지키는 습관이 들었다면 사춘기 이전부터 안전 규칙을 숙지시켜야 한다("문제가 생겼을 때에는 한밤중이라도 좋으니 반드시 부모에게 알려라" "모르는 사람 차에 타지 마라" 등). 2000년대를 사는 부모들은 휴대전화가 한밤중 일어날 수 있는 수많은 불안에 대비하여 도움을 청할 수 있는 도구라는 것을 발견했다.

사실 밤은 자신이 과거의 어린이 때와도 다르고 부모 같은 '노땅들'과도 다름을 나타내는 표시로서 청소년들의 것이다. 밤 동안 그는 친구들을 만나고 성장하고 새로운 것들을 경험한다. 그것을 빼앗아서는 안 된다.

대응법

어린 청소년들에게는 부모가 시간표를 정해 주고 밤에 들어와야 할 시간을 정해 주어야 한다. 막판에 즉흥적으로 정해진 시간은 항상 더 불확실하기 마련이다. 필요하다면 그렇게 하는 것이 골탕 먹이기 위해서나 믿지 못해서가 아니라 관심이 있어서라는 것을 강조할 필요도 있다.

그렇다고 해도 청소년은 어른이 정한 모든 규칙에 이의를 제기한다. 만일 우리가 "자정까지는 들어와라" 한다면 틀림없이 아이는 곧 이렇게 반박할 것이다. "네? 그건 너무 일러요! 12시 30분은 어때요? 다른 애들은 자기가 들어가고 싶을 때 들어간다고요……."

아이가 욕심을 부리고 예정된 시간보다 15분 늦은 시각에 허겁지겁 문 앞에 도착하는 것은 지극히 당연한 일이다. 그다지 걱정할 일이 아니다. 왜냐하면 그것은 아이가 넘으면 안 될 선을 잘 알고 있고, 그 시간을 간신히 지키거나 연기하려고 애쓰고 있음을 증명하기 때문이다. 단 이때 부모 중 한 명은 반드시 자지 않고 기다렸다가 다음 날 이렇게 지적할 수 있어야 한다. "어제 기다렸단다……."

그러면 자녀는 겉으로는 지겨워하는 듯해도 마음속으로는 멀리서도 부모의 보호를 받고 있다는 느낌을 가질 수 있다. 부모가 "네가 들어오고 싶을 때 들어오렴"이라고 말하는 것은 다시 말해 아무도 그를 기다리지 않고, 설령 그가 집에 들어오지 않아도 걱정하지 않는다는 뜻이기 때문이다!

반대로 15분의 유예 시간을 넘어 자녀가 아예 들어오지도 않고 사전에 아무 기별("여보세요? 엄마 나 버스를 놓쳐서 늦을 것 같아요…….")도 취하지 않았을 때에는 그냥 넘어가지 말고 때에 따라서는 처벌도 가해야 한다. "엄마가 경고했지. 돌아오는 토요일은 외출 금지야."

처벌이 의미를 지니려면 잘못에 비례해야 하며 사전 경고 없이 주어져서는 안 된다. 이를테면 늦게 귀가한 경우 무기한 모든 외출을 금지하는 것은 부모 자신도 지키기 힘들고 자녀로서는 이해할 수 없는 벌이 될 것이다. 게다가 친구들을 만날 수 있는 모든 기회를 빼앗는 것은 자녀의 성장을 가로막는 행위라 할 수 있다…….

대개 아이들은 어른이 자기로 인해 걱정하는 것을 원치 않으며 정해진 규칙을 지키기 위해 노력한다. 개중에는 부모에게 겁을 주기 위해 늦은 귀가라는 방법을 자주 이용하는 아이들도 있다. 그것은 아마 비뚤어진 관계로 인한 하나의 증상일 수 있으며 문제의 원인을 더 깊이 파고 들어가야 한다.

이러한 행동이 나타난다면, 특히 반복적으로 나타난다면 그것을 집 안 분위기나 가족 관계, 자녀에게 주어지는 실질적인 자율성에 대해 다시 한번 생각해 보는 기회로 삼아야 하다. 부모들은 "너는 가고 싶은 곳은 어디든 갈 수 있지만 나한테는 알려 주면 좋겠다"고 말하면서 짐짓 자녀를 신뢰하는 척하지만 결국 전혀 신뢰하지 않을 때가 많다. 또는 자녀를 곁에 잡아 두기 위해 일종의 협박을 행사할 때도 있다. 왜냐하면 지금 막 냉정하게 부모 품을 떠나고 있는 자녀들에 대한 모든 영향력을 잃고 싶지 않기 때문이다. 그러므로 늦은 귀가가 반복되는 것은 청소년기 자녀가 더 많은 신뢰와 자유를 열망한다는 것을 표현하는 하나의 방법이라고 할 수 있다. 때로는 아이의 수줍음이 원인이 될 수도 있다. 귀가 시간을 늦춰 달라고 요구할 용기가 나지 않는 것이다. 부모가 지나치게 엄격할 때 그럴 수 있다. 늦은 귀가가 용납될 수 없긴 하나 그래도 부모는 협상을 재개할 수 있으며, 더 나은 것은 청소년 자녀의 요구에 맞게 가정의 규칙을 변화시키는 것이다.

더 많은 정보를 얻으려면

P. 들라로슈, 《청소년들에게 양보해야 할까? *Doit-on céder aux adolescents?*》, 알뱅 미셸 출판사, 1999년.

82
자녀가 암거래를 하고 불법 행위를 하며, 교통비를 내지 않는다

어느 날 우연히 지하철 승강장 입구의 자동 개폐문을 훌쩍 뛰어넘는 아들을 보았다. 또는 딸이 자신은 어떤 은밀한 방법을 발견했기 때문에 영화관에 들어갈 때 절대 표를 사지 않는다고 자백했다. 또는 집에 있는 컴퓨터로 불법 복제한 CD-Rom을 돈을 받고 거래하기 시작했다는 것을 알았다…… 흔히 '비양심적 행위'라 불리는 이런 행동들은 저질러도 별 지장은 없고 때로는 주변의 어른들이 먼저 그런 짓을 저지르기도 한다. 이럴 때 어떤 태도를 취해야 할까?

하루가 다르게 진보하는 현대 사회는 기술적 틈, 법적 공백을 낳고 청소년들은 그곳을 비집고 들어가려고 시도한다. 그들은 한계를 모색하고 적법성의 붉은 선 위를 서핑하며 사회 조직들의 틈을 찾아다니고 그들의 창의력을 발휘한다. 그들은 자신들의 새로운 능력을 발견하고 그것을 써먹는 데에서 진정한 환희를 느낀다. 이것은 정보의 불법 복제에서부터 지하철표 승차 시간 속이기 또는 버스표를 가지고 벌이는 전자 부정 행위까지 모두 해당된다. 따라서 기술을 가지고 이런 식으로 장난치는 것은 너무나 당연한 것이다. 거기서 비롯되는 좀도둑

질도 부모가 제때에 중단시키기만 한다면 걱정할 것은 없다. 영화에서도 대범하게 물건을 훔치고 암거래를 하는 호감 가는 배우들을 부각시키는 경우가 많기 때문이다.

개중에는 필요하지 않거나 그것 없이 잘 지낼 수 있는데도 눈 앞에 있는 물건을 갖고 싶은 강박적 욕구를 느끼는 아이들도 있다. 그들은 물건들을 훔쳐 방 한구석에 쌓아두거나 아니면 그냥 버린다. 대개 그것들은 인형이나 사탕 같은 어린 시절을 대표하는 물건들이다. 이런 경우의 도벽은 우리가 관심을 기울여야 하는 어떤 부족, 애정 결핍을 나타낸다.

돈이 꼭 필요해서 암거래를 하는 청소년들에 대해서는 당연히 걱정해야 한다. 이 경우 당연히 마약이나 알코올을 떠올리게 되는데 이것은 제때 치료해야 하는 중요한 문제이다.

대응법

설령 자녀가 체포되지 않았다 해도, 설령 매우 심각한 범법 행위라로 판단되지 않는다 해도 부모는 호의나 무관심을 보이면 안 되고 꾸짖어야 한다. 그냥 눈 감고 있어서는 안 된다. 범법 행위의 장본인이 그것을 떠벌리거나 암거래 속도가 점점 빨라진다면 특히 더 그렇다. 신속하게 단호한 조처를 취해야 한다. 그래야 자녀는 부모가 법을 준수하며 자식을 보호하려고 노력한다는 것을 알고 안심하게 된다. 다만 자녀에게 만인이 보는 앞에서 잘못을 인정하고 물건을 돌려놓으라고 강요하거나, 자녀를 도둑놈 취급하는 등의 지나치게 엄격한, 나아가 모욕적인 태도는 피해야 한다. 그런 다음에는 잊어버리고 유감스러운 사건을 끝없이 상기시키지 말아야 한다.

자녀를 경찰에 신고하는 것은 부모의 역할이 아니다. 왜냐하면 그것은 어떻게 보면 아이가 자기 자식임을 부인하는 행위이기 때문이다. 하지만 만일 자녀가 현장에서 잡히고 경찰이 개입했다면 부모는 냉정하게 잘못을 인정하고 자녀가 사법적 절차에 말려들어가지 않도록 애써야 한다. 왜냐하면 여기서는 그것이 의미가 없기 때문이다. 사법권의 유통망은 이미 충분히 혼잡하기 때문에 거기에 보탬을 줄 필요가 없다. 이런 유형의 사소한 실수에 대한 벌은 두려움이면 충분하다.

더 많은 정보를 얻으려면

P. 들라로슈, 《청소년들에게 양보해야 할까? *Doit-on céder aux adolescents?*》, 알뱅 미셸 출판사, 1999년.

83
자녀가 부모 지갑에서 돈을 훔쳤다

처음에는 아마 모르고 지나갈 것이다. 왜냐하면 사람들은 자신의 지갑에 든 돈의 정확한 액수를 잘 모르기 때문이다. 하지만 두번째나 세번째 때에는 자문하게 된다. 분명히 10유로 또는 50유로 지폐 한 장이 있었는데 없어졌다. 하지만 가방은 의자에 그대로 놓여 있다. 그렇다면 혹시 아들이나 딸이 범인이란 말인가? 왜 그런 욕구를 느꼈을까? 이런 행동은 무엇을 의미하는 것일까?

법적 차원에서 보면 가정 안에서는 절도 행위가 존재하지 않는다. 돈은 가족 공동체, 모든 가족 구성원의 재산이므로 전적인 신뢰 속에서 순환될 수 있어야 한다. 이를테면 자녀에게 "아빠 지갑에서 네가 필요한 것을 살 돈을 꺼내 가라"고 말하고 매번 가져간 금액을 확인하지 않을 수 있어야 한다. 돈에 대한 이런 친숙함, 일상적으로 행하는 이런 작은 결정들이 자녀로 하여금 필요한 금액이 얼마인가를 계산하고 물가를 알게 해준다. 이를테면 빵 가격은 1유로(1천4백 원 정도)보다 싸고 스테이크를 먹으려면 15유로쯤 내야 한다는 것을.

그런가 하면 성에 관해 그러하듯이 돈에 관해서도 모든 사람은 비밀스런 부분을 지키고 싶어 한다. 동전 지갑, 부모의 신용카드, 가족들이 필요한 것을 살 때 쓰기 위해 현관에 놓는 돈통이 자녀의 용돈과 같은 지위를 갖는 것은 아니며, 자녀는 그것을 알아야 한다.

대응법

집 안에서 돈이 없어졌을 때에는 수많은 원인이 있을 수 있다. 이때 훔쳤다는 말은 입 밖에 내지 않는 편이 나으며 그저 돈이 없어졌으며 어떻게 된 일인지 알아야겠다고만 말하라. 혐의가 가는 자녀에게 특별한 문제는 없지만 조금 수줍은 성격이라면 친구들로부터 돈을 빼앗기는 것은 아닌지 의심해 봐야 한다. 그리고 자신에게 일어난 일을 이야기할 수 있도록 자녀를 믿고 죄책감이 들지 않게 해야 한다.

청소년이 돈을 '훔치는' 것, 특히 계획적으로 그러는 것은 대개 중요하지만 말할 수 없는 새로운 필요성 때문이다. 담배나 대마초를 사기 위해 그럴 수 있다. 돈이 정기적으로 없어진다면 그것은 '시험 삼아' 가끔씩 흡연하는 것이 아니라는 뜻이다. 이런 경우 가장 먼저 대처해야 하는 문제는 흡연, 불법 거래의 가능성, 그것이 초래하는 행동 장애들이며 도와줄 수 있는 방법을 빨리 찾아야 한다.

하지만 대개 돈이 없어지는 것은 그것이 가족간 갈등의 초점임을 의미한다. 돈 문제로 인해 뭔가가 틀어졌고 그것이 이를 계기로 드러난 것이다. 저명한 소아과 의사 D. W. 위니코트는 말했다. "훔치는 아이는 자신이 받지 못한 것을 자기 것으로 만드는 아이이다." 대개 돈을 너무 낭비해서 부모로부터 물질적 원조를 받지 못하는 청소년들이 이에 해당된다. 또는 가족 중 한 사람, 이를테면 삼촌의 범죄로 충격을 받은 가족도 그럴 수 있다. 부모는 그런 일이 되풀이되는 것을 몹시 두려워하게 되고, 그래서 그들은 항구적인 불신 속에 살게 된다. 그리하여 돈을 감추고 통장을 끊임없이 확인하는 등의 일이 벌어진다. 그러한 행위들은 너무나 큰 긴장을 야기하고 바로 이런 이유 때문에 문제가 생기고 만다. 왜냐하면 청소년들은 '실수를 저지르는' 천부적인 재주가 있기 때문이다!

사실이 밝혀지고 자녀가 돈을 가져간 까닭을 알았다고 해서 너무 쉽게 그 일을 잊어버리면 안 된다. 이것은 용돈으로 '빌린 돈'을 갚으라고 요구해야 하는 흔치 않은 경우이다. 이때 자녀에게 최소한의 생계비는 남을 수 있도록, 그리고 돈이 없어 모든 사회생활을 끊는 일이 없도록 금액을 조정해야 한다.

더 많은 정보를 얻으려면

P. 들라로슈, 《청소년들에게 양보해야 할까? *Doit-on céder aux adolescents?*》, 알뱅 미셸 출판사, 1999년.

84
아들이 가게에서 물건을 훔쳤다

프낙(프랑스의 대형 서점)에서 CD를, 모노프리(대형 할인점)에서 화장품을…… 주변에는 많은 물건들이 등장하고 부모는 그것을 사 주지 않고, 그에게는 그것을 살 돈이 없다. 그런데 가게 주인으로부터 현행범으로 잡힌 자녀를 데려가라는 전화 한 통이 걸려온다. 어떻게 해야 할까?

우리는 말 그대로 모든 것을 손에 넣을 수 있는 소비 사회에서 살고 있다. 그것을 갖고 싶으면 손을 뻗기만 하면 된다. 모든 것이 욕망을 불어넣기 위해, 원하는 것을 쉽게 얻을 수 있다는 환상을 안겨 주기 위해 만들어진다. 단 그 대가를 지불할 구매력이 있어야 한다. 따라서 청소년들은 원하는 것과 할 수 있는 것 사이에서 한계를 체험한다. 그리고 이러한 갈등은 평생 동안 자주 되풀이될 것이다! 가게들에서는 도난 사건이 많이 일어나고 그렇기 때문에 가게 주인들은 강력한 방안들을 실시한다. 이를테면 현행범일 경우 반드시 경찰을 부르게 되어 있다. 몇 세대 전만 해도 자기 밭에서 뭔가를 훔치는 아이들을 발각한 농부는 엉덩이를 한 대씩 차 주는 것으로 혼자 이 일을 해결했을 텐데!
좀도둑질이 여러 번 거듭됐을 때에는 그다지 염려하지 않아도 된다.

왜냐하면 청소년들은 서로 부추기는 분위기, 친구들에게 재고 싶은 마음에 어쩔 수 없이 행동으로 옮겼을 수도 있기 때문이다.

대응법

사건을 심각하게 받아들이고 가게나 경찰서에 가야 한다. 이런 것을 사소한 사건으로 간주하는 것은 일종의 암묵적 동조 행위이다. 자녀로 하여금 혼자 해결하도록 내버려두는 것은 그를 포기하는 것과 마찬가지이다.

훔친 물건의 값을 치르고 가게 주인에게 고소를 취하해 달라고 부탁하고 아이의 용돈에서 그만큼을 제하는 편이 낫다. 정의의 영역에 속하지 않는 사건들로 법정을 혼잡하게 할 필요가 없다. 같은 잘못을 다시는 저지르지 못할 정도로 혼을 내기도 해야 하지만 자녀에게 용서받을 수 있고 부모의 신뢰를 되찾을 수 있다는 느낌도 주어야 한다.

만일 한 번의 위법 행위로 인해 경찰서에서 어쩔 줄 모르는 자녀를 데려와야 한다면 부모는 법을 문제 삼거나 불법적 행동을 찬성하지 말고 그런 짓을 저질러도 그들은 여전히 자녀의 보호자임을 보여주는 태도를 취해야 할 것이다. 이 경우 추가로 징계를 보탤 필요는 없다.

더 많은 정보를 얻으려면

P. 들라로슈, 《청소년들에게 양보해야 할까? *Doit-on céder aux adolescents?*》, 알뱅 미셸 출판사, 1999년.

85
아들이 몰래 담배를 피운다

정원 구석이나 아이들을 위해 치워 놓은 지하실에 갑자기 들어가자 아들이 슬그머니 담배꽁초를 밟는다. 그래도 남은 연기나 담배 냄새는 여전히 공기중에 떠돌고 있다.

모든 것은 아이가 무엇을, 몇 살에, 얼마나 그리고 어떤 상황에서 피우느냐에 달려 있다. 담배가 합법적으로 도처에 유통되는 사회에서 최초의 흡연은 사회적 관습에 속하며 대개는 부모가 그것을 제안하거나 아니면 적어도 본보기를 보여줘 왔다! 그것은 청소년기에 반드시 겪어야 하는 경험이다. 14-15세의 흡연이 정상적이라고 치면 12세 이전의 흡연은 '위험한 행동'이며 마땅히 우려해야 한다. 전기 청소년이 공공연히 흡연한다면 그것은 성숙하지 않았는데 '어른처럼 행동하고' 싶어 하며 교육적 환경이 충분치 못하다는 의미이다.

흡연량도 중요하다. 첫번째 담배부터 습관성이 될 위험성이 존재하기는 하지만 하루에 4-5개피 이상이면 그것은 더 커진다. 일찍(14-15세 이전) 흡연할수록 훗날 중독이 될 확률은 그만큼 더 커진다.

요컨대 가끔씩, 이를테면 축제 같은 때 아이들끼리 태연한 체하기 위해 피우는 담배는 자기 방에 틀어박힌 채 심심함이나 쓸쓸함을 달래기 위해 혼자 피우는 청소년의 흡연보다는 덜 염려스럽다. 특히 이러한 습관이 매일 반복되고 이것이 하루가 시작될 때 제일 먼저, 또는 하루가 끝날 때 맨 마지막에 이불 속에서 하는 행동이 되었다면 더 그렇다. 또한 이러한 습관이 다른 형태의 불만, 불안, 우울이나 통제하기 어려운 충동성과 결부된 것은 아닌지 알아볼 필요가 있다.

대응법

흡연 자체를 규제하는 것은 별 효과가 없다. 담배의 위험을 말해 주는 것도 청소년들에게는 충격을 주지 못한다. 왜냐하면 미래에 닥칠 위험이 그들에게는 멀고 비현실적으로 여겨지기 때문이다. 그보다는 그것을 반대한다는 의사는 분명히 표현하되 그렇다고 흡연을 금하거나 지속적으로 감시하고 의심하는 행동은 피해야 한다. 감시하거나 의심하는 행위는 대개 더 많은 흡연을 초래하며 청소년들로 하여금 자신의 뜻을 표현하고 부모에게 반항하고 그들의 차별성을 주장하기 위한 흡연을 하도록 부추긴다.

담배를 규탄하는 행위는 건강한 생활을 위한 일상적 규칙들을 동반해야 한다. 방보다는 환풍이 잘 되는 방, 집보다는 다른 곳에서 피우도록 요구하는 것 등이 거기에 해당된다. 또한 일관성도 있어야 한다. 자기 자신이 지키지 않는 행동을 자녀에게 강요하는 것은 헛되고 위험한 일이다. 이를테면 부모 자신이 담배에 많이 중독되어 있을수록 이 문제를 지나치게 통제할 때 충돌이 따를 우려가 높다.

86
아들이 몰래 대마초를 피운다

부모들의 큰 걱정…… 아들의 학교에 마약이 있다고 한다. 자기도 '시도해' 보았노라고 자백했다. 또는 아들의 침대 밑에서 몰래 키운 세 포기의 '풀 뿌리'가 그것과의 친숙함을 증명하는 듯하다. 이대로 두었다가 아이가 마약중독자라도 되는 건 아닐까…….

전문가들은 마약이라는 말보다 약물의 소비라는 말을 더 즐겨 사용하는데 그것은 최초의 담배, 최초의 대마초(마리화나)와 불확실한 마약 중독의 차이는 크기 때문이다. 합법적 제품과 불법적 제품의 소비자들 간의 인격적 측면은 별 차이가 없다. 다행히도 대마초를 '시도해 본' 청소년들 중 절반은 2년 안에 그것을 중단한다. 나머지 절반 중 결국 중독이 되는 아이들은 위험한 행동이나 다른 불안 증상들에 의해 조금씩 구별되기 시작한다. 결국 청소년들을 중독자라 부르는 것은 낙인을 찍는 효과를 불러올 수 있다. 이는 그들로 하여금 과장해서 말하고 불법 행위 면에서 한 단계 뛰어오르도록 부추길 우려가 있다.

어떤 화학 물질에 중독된다는 것은 그것을 중단하면 금단 반응이 나타나고, 같은 효과를 얻으려면 양을 늘려야 하는 의존 반응이 나타나는 것을 의미한다. 모든 화학 물질이 같은 중독성이나 같은 의존성을 초래하는 것은 아니다. 헤로인이 가장 위험하다. 대마초는 소량일 때에는 효과가 미미하지만 대신 일상적으로 소비되며 뇌의 지속적 침투를 초래하고, 그러다 보면 집중하고 기억하는 것이 어려워진다.

대마초는 모든 도시, 모든 학교 건물 안에서 유통된다. 대다수의 젊은이들이 대면하고 있다. 대개 16-17세경, 담배를 피워 본 다음에 처음 경험하게 된다(그런 일이 더 일찍 닥친다면 더 염려스러운 일이다). 대마초는 불규칙적으로, 파티 같은 때 피우는 것이기 때문에 청소년의 건강을 해칠까 봐 지나치게 염려할 필요는 없다. 만일 인도 대마를 키워 자신의 '수요'를 스스로 충족시키는 청소년이 있다면 그 위험성도 적다. 왜냐하면 그 산물은 무해하기 때문이다(훨씬 더 높은 함유량을 갖도록 품종 개량된 대마가 아니라면).

대마초를 규칙적·일상적으로 피우거나 특히 혼자 있을 때, 이를테면 청소년이 자신을 '쿨한' 사람으로 느끼고 싶어서 또는 좀더 쉽게 잠들기 위해 피울 때는 걱정해야 한다. 또한 그러리면 대마초를 구입하기에 충분한 돈이 있어야 한다. 이미 굳어 버린 습관의 비용을 대기 위해 청소년은 온갖 종류의 암거래에 뛰어들 염려가 있다.

대응법

청소년이 세상 모든 사람들이 말하는 그런 경험을 하고 싶은 것은 비정상적인 것이 아니다. 왜냐하면 모든 화학 물질들을 손쉽게 구할 수 있기 때문이다. 하지만 자녀가 대마초를 피운다는 것을 알게 되거나 의심하게 된 부모가 걱정하는 것도 정상이다. 그것이 우습거나 자연스럽다고 생각해서도 안 되지만 그렇다고 지나치게 불안해하지도 말아야 한다. 왜냐하면 두 가지 극단적 태도는 자녀로 하여금 더 먼 데까지 가보도록 부추길 염려가 있기 때문이다. 그럴 땐 이 문제에 대해 자녀에게 직접적으로 접근해야 하며 만일 그것이 불가능하다면 제삼자(이모·고모·의사 등)를 제시해도 된다. 그래서 상황을 검토해 봐야 한다. 얼마나 많이, 얼마나 자주, 어떤 유형의 제품을 소비하는지? 또한 그것이 어떤 행동의 변화, 성적의 저하, 새로운 친구들과의 사귐, 고통의 증상 같은 것을 동반했는지도 관찰해야 한다. 만일 모든 면에서 별 탈이 없고 흡연량도 묵인할 수 있는 한계를 넘지 않는다면 우려하지 않아도 된다. 반대 의사를 분명히 밝히고 정기적인 대화를 통해 자녀와의 접촉을 유지하면 된다. 어쨌든 안전 문제 때문에라도 청소년들은 파티나 다른 곳에서도 출처를 알 수 없는 약물은 거부해야 하며, 사람들이 많이 모인 곳에 존재하기 마련인 구급반에서 약물의 순도를 철저히 검사하는 습관을 들여야 한다.

만일 청소년이 고통스런 증상을 보이고 이런 정신적 증상을 완화시키기 위해 약물을 복용하는 것이 확실하다면 이것은 훨씬 더 염려스러운 일이다. 의사의 진찰을 받고 부모로서 당연히 자녀의 어려움을 함께 떠맡아야 한다.

더 많은 정보를 얻으려면

J. C. 마티시아크, 《아들아, 너는 마약 중독자가 되지 마라! *Tu ne seras pas accro, mon fils!*》, 알뱅 미셸 출판사, 2002년.

87
아들이 술을 지나치게 많이 마신다

파티가 늦은 밤까지 연장됐다. 화장실에서 마신 술을 다 토하고 휘청거리는 아들을 찾아냈다. 아들은 흥을 내기 위해 '취하기로' 작정하고 배낭에 맥주 한 팩 또는 위스키 한 병을 넣고 친구들한테 갔다. 더 나쁜 것은 딸이 파티가 끝나고 어떤 남자 친구 차를 타고 집에 와서는 그가 '정신이 별로 온전하지' 않았다고 말하는 것이다…….

다른 나라들보다 프랑스에서 유독 알코올은, 심지어는 알코올의 남용조차 양면적인 이미지를 갖고 있는 것 같다. 알코올의 위험에 대해서는 아무도 부정하지 못하면서도 파티를 열거나 잔치 기분을 낼 때 빠지면 안 되는 것으로 여기며, 많은 계층에서 어떤 생활의 멋으로 인정하고 있다. 부모가 청소년기에 접어든 자녀에게 식사 전 아페리티프를 따라주거나 보르도산 포도주를 맛보게 함으로써 술을 처음 배우게 하는 경우도 드물지 않다. 때로는 부모 자신이 잔이 넘치게 따르고 알코올의 장점을 찬양하기도 하면서…! 게다가 알코올은 우울증 치료제이다. 알코올은 한계를 지우고 인간 관계와 행동으로 옮기기를 더 쉽게 만들어 준다. 자기 자신에게 만족하지 못할 때가 많은 나이에 그것은 위험 요소가 없지 않다……. 남자 여자 할 것 없이 '만취'가 어떤 입문 의례의 가치를 띠는 일이 점점 더 많아지고 있다. 심지어 그로 인한 '숙취'도 다른 사람들을 대면했을 때 당사자를 폼나게 보이는 역할을 한다…….

음주의 가장 큰 위험은 그것의 간접적인 결과와 결부되어 있다. 밤에 귀가길에 벌어지는 자동차 사고, 합의도 제대로 보지 않고 피임법도 제대로 지키지 않고 행하는 성관계 등이 그것이다.

대응법

알코올의 쾌락과 결부된 우리 문화에서 청소년들의 파티 때나 긴장을 푸는 시간들에 술을 일절 금하기는 어렵다. 하지만 그것을 조장해서는 안 된다. 그것 말고 다른 즐거움도 있고, 반드시 술을 마셔야만 인정받는 것은 아니며 친구들의 행동을 맹목적으로 따라해야만 사랑받을 수 있는 것도 아님을 보여줄 필요가 있다. 부모들은 자녀들에게 적당히 마셨을 때 그 맛을 더 잘 음미할 수 있으며, 알코올의 효과에 의존하지 않는 모습을 보여줌으로써 가르침을 줄 수도 있다. 즐거운 시간을 보내기 위해 취해야 하는, 또는 '환각 상태에 빠지기 위해' 약물을 섞는 젊은이들의 모습을 보면 걱정스럽지 않을 수 없다.

모든 잠재적 알코올 소비자들에게 자기 자신과 다른 사람들에게 미치는 알코올의 효과와 위험을 헤아려 보도록 가르칠 필요가 있다. 그럼으로써 청소년들은 술을 마신 다음에 운전을 하면 안 되며 친구의 차에 탈 때는 그가 술을 마시지 않았음을 확인해야 한다는 것을 알아야 한다. 청소년들은 또한 안전한 상황인지를 판단할 수 있어야 한다. 다만 상황이 여의치 못한 경우 그 자리에서 자도 좋다(물론 부모에게 미리 알려야 한다……). 그들에게 몇 가지 좋은 방법을 일러 줄 수도 있다. 파티 전 또는 중간에 뭔가를 먹는 것이다. 왜냐하면 위가 비었을 때 알코올은 더 빨리 피 속으로 흡수되기 때문이다. 그러면 뇌가 급격하게 대량으로 취하는 것을 막을 수 있다. 그리고 알코올은 갈증을 일으키기 때문에 피해를 줄이려면 술을 한 잔씩 마실 때마다 중간에 물을 마셔 줘야 한다. 술을 섞는 것도 피하라. 훨씬 더 위험하다. 과음한 다음 날에는 야채스프를 많이 먹어 위의 산성화를 억제하고 구토를 줄이려면 콜라를 마시는 것도 도움이 된다. 단 아스피린은 피하라.

88
아들이 사라졌다, 딸이 가출했다

딸은 교문을 나서면서 집에 들어가지 않을 거라는 얘기는 하지 않았
다. 아들은 밤새 귀가하지 않았다. 딸은 언쟁 끝에 문을 쾅 닫고 나가
서 사라졌다. 아들은 더 이상 집에서 못 살겠다는 메모를 남겼다. 오래
전부터 아들은 죽었는지 살았는지 소식이 없다……. 이런 상황에 처하
면 부모들은 불안해질 수밖에 없다.

다양한 전형적인 예들을 구별할 필요가 있다. 가장 빈번한 것은 '사
라지는 것'이다. 청소년이 몇 시간 동안 예고 없이 부모의 통제에서 벗
어나는 것이다. 아이는 시내를 배회하거나 친구 집에 갈 것이다. 대개
이런 일은 부모가 찬성하지 않으리라는 것을 분명히 알고 그런 결심
을 할 때 일어난다. 아니면 부모가 자신의 일과를 전혀 모르기를 바라
는 마음에 그냥 부모에게 알리고 싶지 않아서 그럴 수도 있다. 더 많
은 자유를 획득하고자, 어른들의 시선에서 벗어나고자 하는 것은 이
나이 때의 특성이다. 부모가 당장은 많이 걱정할지 몰라도 심각한 것
은 아니다.

때로는 미리 계획하고 몰래 준비할 수도 있다. 많은 청소년들이 축제
나 파티, 낯선 도시에 가고 싶어 하지만 부모가 허락하지 않으리라는

것을 잘 알고 있다. 그래서 그들은 부모의 반대를 무릅쓰고 강행한다. 이것도 별로 걱정스러운 일은 아니다. 왜냐하면 이것은 세상을 발견하고 싶은 ‘실종자들’의 욕망, 그리고 그들의 탐험을 계획하는 비현실적인 상황에 대한 의식 등을 증언하는 것이기 때문이다. 대개 한 집단 안에는 한 명의 주동자와 여러 명의 단순 추종자들이 있기 마련이다.

마지막으로 내향적인 아이들이 일말의 자유를 맛보기 위하여, 그들에게 쏟아지는 구속들에 대항하기 위해 몇 시간 동안이나마 하숙집에서 도망쳐 ‘무단외출’하는 경우도 있다.

가출이라고 부르려면 적어도 하룻밤 동안은 집 안에서 보이지 않아야 한다. 가장 빈번한 것은 예고 없이, 옷도 돈도 들지 않고 나가는 충동적 가출이다. 불만에 사로잡힌, 또는 갈등을 겪은 청소년들은 남녀 상관없이 ‘다른 곳에 가고 싶은’ 욕구를 느낀다. 그래서 집에서 도망친다. 그리고 그 다음엔 어디로 가야 할지 모르는 채 슬픔을 곱씹으면서 집 주변을 배회한다. 그의 머릿속에는 가족들이 자신으로 인해 얼마나 걱정할까, 실종자 수색에 얼마나 전념할까 하는 것을 평가하고 싶은 생각이 있다. 그리고 경찰이 자신을 빨리 찾을 수 있도록 조처를 취한다.

다른 성질의 것으로는 준비된 가출이 있다. 이 경우 청소년은 친구 집, 애인 집, 그곳에 가면 마음이 편할 것 같은 이상화된 가정으로 피신한다. 이혼한 부모의 자녀들은 흔히 다른 부모를 만나러 간다. 평소에도 다른 부모의 집을 자주 드나들었거나 그곳에 친구들이 경우에는 특히 더 그렇다.

가출의 가장 큰 위험은 나쁜 만남, 위험한 모험, 생존을 위해 ‘빈 집을 불법 점유’하거나 ‘훔쳐야’ 할 필요성에 직면하는 것이다. 하지만 가출한 청소년들의 대부분은 이제는 가족의 보호를 받고 있지 않다는 바로 그 느낌 때문에 평소보다 더 신중한 태도를 취한다. 경험에 의하면 청소년들이 가출한 동안 사고나 큰 불상사는 거의 일어나지 않는 것으로 드러나고 있다. 이를테면 젊은이들이 자살을 시도하는 것은 그때가 아닌 것이다. 모든 대도시에는 청소년들을 맞아 주고 재워 주는 청소년 쉼터들이 있고 그들은 그곳 주소를 쓸 수 있다. 대다수의 경우 2-3일 후면 가출 청소년들의 위치를 추적할 수 있다. 사고가 났을 경우 병원이나 경찰서에서 부모에게 신속하게 알려 주는데, 그것은 미성년자에게는 사소한 치료를 할 때에도 부모의 허락이 필요하기 때문이다.

진정한 가출은 고통과 불만을 야기하는 장소를 떠나 '다른 곳'을 찾아가는 하나의 방법이다. 이런 청소년들은 대개 갈등, 실패, 학교에서의 왕따 위협, 가정 폭력, 성적 학대 상황을 피하기 위해 가출하는 것이다.

대응법

13-14세 청소년이 새벽 2-3시 후에도 귀가하지 않으면 걱정하고 경찰에 신고하는 것이 당연하다. 17세 청소년의 경우엔 24시간 기다려 볼 수 있다. 실종 사건을 아이의 주변 사람들에게 숨길 필요는 없다. 오히려 사건이 일어나면 맨 먼저 이웃집, 친구, 친척 등 자녀가 피신할 수 있는 집들을 한 바퀴 돌아봐야 한다. 이것은 부모가 얼마나 많은 다양한 사람들이 자신의 자녀에게 마음을 쓰는지를 아는 기회가 될 것이다!

부모는 또 공공연히 집 주변, 동네를 순찰할 수도 있다. 가출 청소년은 누군가 자신을 찾아 주기를 기다리면서 아주 가까운 곳에 숨어 있는 경우가 많다. 만일 그렇다면 이를테면 뒤를 쫓아가서 힘으로 잡지 마라. 그러다 보면 자녀가 훨씬 더 먼 곳으로 도망칠 우려가 있다. 그럴 때 자녀가 도망친 곳에서 자녀 곁에 앉아라. 그리고 가족들이 얼마나 걱정하고 나아가 충격을 받았는지를 보여주고 공격하지 마라. 자녀가 가출한 이유나 자신에 대한 가족들의 사랑에 대한 의심을 털어놓을 때까지 계속 대화하려고 노력하라. 그리고 집으로 돌아오고자 하는 최초의 반응을 자녀 스스로 보일 때까지 기다려라.

자녀가 혼자 돌아오건 또는 경찰서나 청소년 쉼터로 데리러 가야 하건 재회의 순간은 결정적이면서도 매우 상징적인 순간이므로 될 수 있으면 그것을 가장 다정한 시간으로 만들려고 노력해야 한다. 이는 다시 말해 충동적으로 등짝을 후려치거나 울음보를 터뜨리거나 심하게 불안해하거나 "자, 네가 네 어머니를 어떤 지경에 빠뜨렸는지 똑똑히 봐라!" 하는 식으로 비난하지 말하는 뜻이다. 물론 당장에는 그렇게 하는 것이 부모의 불안을 덜어 주겠지만 그럼으로써 자녀는 같은 잘못을 되풀이하는 상황에 빠지게 된다. 그렇다고 모든 걸 용서했다고 확신하면서 자녀에게 달려들어 뽀뽀 세례를 퍼붓는 것도 옳은 방법은 아니다!

먼저 자녀에게 자신의 세계로 되돌아올 시간을 주고 그 다음에 조용히 앉아서 이야기를 나눠야 한다. 짧은 실종이었을 경우 자녀는 자신이 저지른 행동의 의미를 알지 못할 수도 있고, 부모의 근심을 이해하고 그에 대해 진심으로 미안해할 수도 있다. 이 경우 실종은 상황을 재조정하고 아직도 유효한 가족의 규칙들을 상기시키고("귀가 시간이 늦어지면 전화해라" "외출할 때는 미리 알려라" 등), 그러고 나서는 자녀의 불만을 토로하는 기회가 된다. 절대 넘어서는 안 될 선을 표시하기 위해 제재를 곁들일 수 있다. 하루 저녁 '무단외출' 한 기숙생들이 한 번의 질책과 세 시간의 외출금지령을 받는 것처럼.

진짜 가출이었을 경우 자녀는 그 몇 시간 또는 며칠 동안 제대로 자지도 먹지도 씻지도 못한 경우가 많다. 그럴 때는 우선 기본 욕구를 충족시켜 주고 쉬게 놔두어야 한다. 같은 말을 되풀이하는 것을 피하려

거든 나중이든 다음 날이든 그가 어느 정도 신체적 컨디션을 회복하고 나면 그때 가서 그간 있었던 일을 물어보라. 폭력적 분위기가 고조되면 신뢰할 수 있는 제삼자의 개입을 요청하거나 시로 자제할 수 있도록 카페나 레스토랑에 가서 대화할 수도 있다. 이때 해야 할 주된 질문은 "왜 가출했니?"가 아니라 "왜 그렇게까지 할 수밖에 없었니?"이다. 가출은 청소년에게 "나는 잘 지내지 못 하는데 말할 수는 없어서 행동으로 옮긴 거예요"라고 말하는 하나의 방식이다.

제2의 가출과 유혹을 막고, 살면서 부딪치는 모든 문제를 회피라는 방법으로 피하는 것을 막으려면 문제의 본질을 해결하는 것이 중요하다. 가족들과 떨어져 있거나 학교 기숙사 또는 필요하다면 치료를 제안해 보는 등 미래를 다른 식으로 계획하고 자녀의 생활을 조정해야 할지도 모른다.

89
아들이 수업을 '빼먹는다'

부모는 학교에서 보내온 통지서나 학교 행정실의 소환장을 통해 곧이 사실을 알게 된다. 하지만 부모 스스로 이것을 알았을 때는 이미 이러한 습관이 굳어진 다음인 경우가 많다.

애나 어른이나 우리 모두는 가끔씩 '자기만의 세계에 침잠하고' 어디가 특별히 아프지 않아도 하루 정도는 집에서 쉴 권리가 있다. 하지만 여기에는 어떤 한계가 있어야 한다. 학교는 '생활 공간'이다. 다시 말해 청소년들은 그곳에서 하루의 상당 부분을 보내고 공부 말고도 다른 많은 것들을 한다. 청소년기는 짝, 친구, 이성 친구들과의 생활 속에서 인격을 형성해 나아가는 시기이다. 자신의 자리를 찾고 인정을 받으려면 많은 정력이 필요하고 때로는 호전성마저 필요하다. 따라서 그런 목적을 저버리는 것은 하찮은 일이 아니다. 그것은 무시하면 안 되는 하나의 불안 증상이다.

물론 정기적으로 치료하고 따라서 수시로 결석해야 하는 만성 질환(당뇨병, 점액과다증 등)도 있다. 이 경우 해당 청소년들은 필요한 치료를 받고 놓친 수업 시간을 만회할 수 있는 '맞춤형 계획'의 기회도 누릴 수 있다. 하지만 그런 경우는 전체 결석률에서 아주 적은 비율을 차지한다.

그보다는 수업을 놓치거나 빼먹는 청소년들이 훨씬 더 많다. 그 중 일부는 확인되지 않은 맹장염에 대한 의심, 월요일 아침마다 되풀이되는 발열 등 다양한 병명을 핑계로 한 부모의 동조에 기대어 주기적으로 양호실로 가고 있다. 이는 유년기로 거슬러 올라가는 분리 불안을 감춘 것일 수 있으며, 그것이 청소년기에 다시 나타난 것이고 이는 장차 학교 공포증으로 발전할 가능성이 있다. 마지막으로 행정실의 부득이한 공백을 이용하여 '수업을 빼먹고' 다른 곳에 구경 가는 아이들이 있다. 그런데 수업 시간중에는 쇼핑센터나 거리를 '어슬렁거리는' 것 말고는 특별히 할 일이 없는데, 그러다가 나쁜 사람들을 만나거나 어리석은 짓을 저지르기 쉽다.

물론 모든 수업이 중요한 것은 아니며 몇 번 결석했다고 학교생활이 실패의 나락에 빠지는 것은 아니다. 하지만 다른 아이들과 같은 수준에 머물기 어렵고 스스로 제자리로 돌아갈 동기를 찾기 어려운 때가 올 것이다. 한 번의 결석은 또 다른 결석을 초래하며 손 놓고 있으면 결국은 학교로부터 '이탈' 될 우려가 싹트게 된다. 조사에 따르면 주기적인 결석, 잇따른 지각은 이런 '위험 요인들' 에 속하며 진짜 행동 장애로 옮아갈 수 있는 것으로 나타나고 있다.

대응법

우선 그것이 어떤 형태의 결석인지를 밝혀야 한다. 왜냐하면 원인은 결과만큼이나 다양하기 때문이다. 결석을 가끔 하는가 아니면 주기적으로 하는가? 혼자 하는가 아니면 여럿이서 하는가? 후자의 경우 이것은 어떤 질병의 표현이기보다는 모험에 대한 유혹이기 쉽다. 아이가 빠지는 것이 어떤 특정 수업인가 아니면 모두가 지겹게 느끼는 수업인가?

만약 어떤 특정 교사가 특별히 자신에게 원한을 품은 것 같은 느낌 때문에 그 선생님의 수업을 견디지 못한다면 문제는 크지 않다. 설령 학생이 수업이나 교사를 선택할 수는 없다 해도 모든 이의 이익을 위해 해결책을 찾는 유연성을 보여주는 편이 낫다. 이를테면 해당 교사로부터 해명을 듣는 만남을 주선하거나 반을 옮기는 것을 고려해 볼 수 있다. 그게 아니고 시간 낭비라는 느낌이 들어서 수업을 빼먹었고 (아이가 반드시 틀린 것은 아니다!) 그 시간에 할 만한 더 나은 일이 있다면 이 결석도 그리 심각한 것은 아니다. 아이가 결석해도 지장 없다는 것, 다시 말해 교사가 자신이 결석한 것을 알아차리지도 못하리라는 것 아니면 벌을 내리지 않으리라는 것을 알 때에만 이런 모험을 감행하는 경우도 흔하다.

하지만 수업을 거부한 것이 친구들의 결석, 집단적 불만, 극복할 수 없는 학교생활의 어려움, 부모와 집을 떠나는 데 대한 불안이나 모든 것에 대한 무관심 때문이라면 중학생이든 고등학생이든 수업을 빼먹는 자녀를 도울 방법을 찾아야 한다. 왜냐하면 이 경우 그냥 내버려두게 되면 상황은 나빠질 수밖에 없기 때문이다. 친구들과 있는 것을 불편해할수록, 학교생활을 따라가기 힘들어할수록 자녀는 유급하고 '중도에 포기할' 확률이 높아지며, 그럴 경우 또래 아이들과의 괴리가 커지고 자녀의 어려움도 가중되는 결과가 나타날 것이다.

이 모든 경우 우리는 규칙을 상기시키고 자녀가 그것을 지켜 주기를 바라는 부모의 마음을 보여주기 위해 당사자에게 자세히 설명해 주어야 한다. 충분한 시간적 여유를 두고 학교, 시간표 등과의 연계성을 잘 점검하고, 현실적 이유 없이 또는 거짓된 변명을 통해 쉽게 자녀의 뜻에 동조하기를 거부하는 것도 꼭 필요하다.

부모는 그만큼 더 중학교나 고등학교에서 맡지 않는 교육적 관리 역할을 확실하게 수행해야 할 의무가 있다. 이런 규칙 위반들은 머뭇거리지 말고 행정실에 알려야 한다. 확실히 교사들에게는 아이들의 결석을 신고하는 것보다 몇몇 의욕적인 제자들을 가르치는 것이 훨씬 더 편하다. 왜냐하면 그랬다가는 그들이 다시 학교로 돌아와 전보다 더 소란을 피우는 모습을 보게 될 확률이 크기 때문이다!

90
아들이 자주 싸우고 난폭하다

어릴 때도 잘 싸우던 아들이 커서도 눈에 멍이 들거나 셔츠가 찢어져서 집에 들어온다. 돼먹지 못한 어떤 놈을 흠씬 두들겨 줬다고 허풍을 떨거나 아니면 갑자기 화를 내서 모든 사람을 겁에 질리게 하고, 컵을 벽에 던지고 심지어 부모를 위협하는 행동까지 한다.

청소년기 초기에, 특히 13세와 17세경 남자아이들에게 나타나는 어떤 폭력성은 자연스러운 것이다. 이런 폭력성은 남성호르몬인 테스토스테론의 급증과 관련된 것으로 보인다. 그렇기 때문에 대부분의 남자아이들이 더 난폭하고 여자아이들은 에스트로겐의 보호를 더 많이 받는다. 하지만 때로는 난폭한 여자아이, 매우 유순한 남자아이도 있다! 사춘기의 성적 흥분기가 도래하여 자신의 새로운 몸, 새로운 힘을 느낄 때면 남자아이들은 주먹질, 발길질을 하며 서로 싸운다. 반면 여자아이들은 물고 할퀴고 손바닥으로 때리고…… 그리고 남자아이들이 폭력을 행사하도록 부추기는 편을 더 선호한다.

자신을 향한 것이든(이를테면 컴퍼스로 자신의 피부에 상처를 내어) 남을 향한 것이든(공격성, 난폭한 행동) 여자아이들의 폭력은 남자아이들보다 드물지만 대신 더 심각하다. 그것은 대개 심각한 애정 결핍이나 과거에 겪은 성적 학대를 드러낸다. 이 어린 아가씨들은 특히 사춘기가 일찍 찾아온 경우 자신을 책임지기 어렵다. 흥분과 폭발을 되도록이면 참는 것이 중요하다. 왜냐하면 사춘기 몇 년 동안 그것들은 위험한 결과를 불러올 수 있기 때문이다.

미숙한 청소년들의 경우는 상당히 다르다. 그들은 유년기부터 흔히 가정 폭력이라는 상황에서 온갖 어려움을 겪어 왔다. 그들은 특히 가족 중에서 그들보다 약한 사람들에게 폭력성을 드러낸다. 실제로 부모자식 간 관계의 성격이 청소년기에 이르러 마음을 진정시키는 관계에서 서로를 자극하는 관계로 바뀔 때, 그리고 권위, 자기 자신에 대한 통제의 한계가 유년기에 통합되지 않았을 때 이런 관계는 폭력으로 표현될 수 있다. 그것은 처음에 욕설 또는 말로 하는 위협으로 시작된다. 그러다 어떤 제재도 주어지지 않으면 사소한 거절에도 화를 내고 처음에는 집기를, 다음에는 가구를, 마지막으로는 집 자체를 파괴하는 행위(벽지 찢기 등)로 계속된다. 동시에 폭력이 가장 약한 사람들에게 확산되는 것도 목격할 수 있다. 약한 어머니로부터 돈을 강탈하고 나이 든 아버지를 가두고 주먹질, 발길질을 해대고 포크로 공격하는 것 등이 그런 예이다.

대응법

싸움이 일시적 현상이고 비슷한 체력의 젊은이들끼리 몸으로 벌이는 토론이라면 그럴 때 그저 청소년들에게 자신의 폭력성을 참고 조절하고 합법적으로, 이를테면 축구장이나 유도장에서 표현하는 법을 가르쳐 주면 된다. 어른들은 갈등을 해결하는 다른 방법들이 있으며 인간은 동물이 아니며 말로 표현할 수 있다는 것만 상기시켜 주면 된다.

필요하다면 벌도 내릴 수 있지만 다툼에 깊이 개입하지는 마라.

반대로 만일 여러 명이 한 사람을 상대로 '공격'했다면, 한 집단이 한 어리보기한 대상이나 한 소녀(성적 학대의 경우)를 상대로 폭력을 행사했다면 피해자를 보호하고 가해자들을 벌하기 위해 개입해야 한다.

부모에 대한 폭력의 경우 부모는 이런 유형의 학대를 절대로 당연하게 여겨서는 안 되며 처음 당했을 때부터 도움을 받아 폭력의 확산을 막아야 한다. 왜냐하면 그런 가정에는 더 이상 가능한 교육적 관계가 존재하지 않기 때문이다. 이 경우 가족 치료를 받아 볼 수 있으며, 그것이 여의치 않다면 주거지를 조정해 볼 수 있다(별거, 기숙사 등). 또한 약과 정신요법을 병행한 치료 방법도 존재한다(250쪽 71번 질문을 보라).

더 많은 정보를 얻으려면

C. 레이, 《폭력성과 대면한 청소년들 *Les adolescents face à la violence*》, 시로스 출판사, 2000년.

P. 아셰트, 《카미카제를 흉내내는 청소년들 *Les ados qui jouent les kamikazes*》, 플뢰뤼 출판사, 2001년.

P. 외르, 《천사도 야만인도 아닌: 젊은이들과 폭력성 *Ni anges, ni sauvages: les jeunes et la violence*》, A. 카리에르 출판사, 2002년.

91
아들이 입만 열었다 하면 거짓말이다

아들이 오후를 어디서 보냈고 무엇을 했는지에 대해 조심스럽게 입을 다물고 엉뚱한 이야기만 늘어놓는다. 딸이 친구들에게 가족의 특징을 꾸며대거나 성적표를 위조한다. 어떻게 해야 할까?

거짓말에는 두 가지 유형이 있다. 첫째가 숨기는 것이다. 청소년은 여러 가지 일들을 하거나 생각하는데, 그것이 꼭 금지된 일이 아니더라도 누구에게도 말하지 않을 수 있다. 이를테면 그는 어렸을 때와 달리 그날 있었던 모든 사건을 엄마에게 이야기하기를 원치 않는다. 이는 자녀에 대한 부모의 신뢰 문제와 그들 사이에 형성된 관계의 질을 반영한다. 12,13세경에는 사생활에 대한 새로운 욕구를 느끼는 것이 정상이다. 청소년은 자기만의 은밀한 공간을 만들고 지키며 그것은 세월의 흐름에 따라 확대되기 때문에 부모와의 거리는 점점 더 멀어질 수밖에 없다. 꾸며대기는 이와는 전혀 다른 것이다. 일부 청소년들은 친구들에게 가족의 특징을 꾸며서 말하거나 또는 가족에게 친구들의 특징을 꾸며서 말한다. 또 다른 전형적인 예로는 나쁜 성적, 교사와의 갈등 같은, 숨겨야 할 것들이 있는 경우이다. 그래서 이를 부모에게 숨기기 위해 거짓말을 하는 것이다.

대응법

청소년기 자녀의 생활에 대해 모든 것을 알 수는 없다는 것을 받아들이고 나이에 따라 달라지는 자유, 사생활, 비밀의 공간을 부여해야 하며 객관적으로 물어봐야 하는 것(저녁 귀가 시간)과 청소년의 사생활에 속하는 것, 말하거나 하지 않는 것이 자녀 마음에 달린 것(파티에 온 아이들의 이름), 그리고 어쨌거나 비밀로 남겨두어야 하는 것(여자 친구와 무엇을 했는지 등)을 잘 구별해야 한다. 자녀는 사생활을 침해당하고 싶지 않은데 부모가 너무 집요하게 질문을 해대거나 호기심 때문이든 불신 때문이든 지배욕 때문이든 자녀 생활의 모든 것을 알고 싶어 한다면 거기서 나오는 대답은 거짓일 수밖에 없다. 자녀는 자신을 보호하기 위해 철저히 은폐하고 피하는 전략을 구사할 것이다. 설령 감출 만한 일이 없다 해도 흔적을 없애고 '김 빼기 작전'을 펼칠 것이다. 그런데 이런 '거짓말'은 꼭 필요한 것이다. 자녀로 하여금 성장하게 해주고 독립성을 쟁취하게 해주기 때문이다. 모든 사람이 어떤 한 문제에 관심을 쏟을 때마다 거짓말은 '혀' 노릇을 해주며 자녀로 하여금 더 멀리 가도록, 바로 이 영역에 도전장을 내도록 부추긴다. 부모는 거짓말 자체에 집착하지 말고 자녀와 조용히 대화하는 시간을 갖고 자녀가 정말로 감추고자 하는 것이 무엇인지, 자신의 고민을 부모에게 털어놓을 만큼 부모를 신뢰하지 못하는 까닭이 뭔지를 물어봄으로써 '사건을 축소'할 수 있다.

꾸며대기의 경우 이것은 다른 행동 자애를 동반한다(사소한 비행, 물건이 없어지거나 없던 물건이 생기는 등……). 그럴 땐 기회를 보아 자녀로 하여금 현실을 직면하게 하고 다짐을 받아내야 한다. "너 이 물건 어디서 났니?" 그리고 자신의 상태를 정확히 알기 위해 다른 사람의 도움을 받아들이도록 유도해야 한다.

92
아들이 포르노 사이트를 돌아다닌다,
딸이 의심스러운 '채팅'을 한다

가장 고전적인 것은 매트리스 밑에 숨겨 놓고 친구들끼리 돌려가며 읽는 포르노 잡지이다. 가장 널리 공유되는 것은 부모가 없을 때 텔레비전의 황금 시간대에 방영되는 영화이다. 가장 유행하는 것은 심야에 '야한' 사이트를 방문하고 미지의 인터넷 사용자들과 '가상의 공간'에서 대화를 나누는 것이다. 가장 새로운 것은 소녀들이 몇몇 패션 잡지, 시사 잡지를 통해 일을 시작하는 것이다.

성적 호기심은 정상적인 것이다. 남녀 가리지 않고 모든 청소년들은 '그것이 어떻게 이루어지는지' 알고 싶어 한다. 대단히 선정적인 우리 사회에서 그들은 이 호기심을 충족시키기 위해 필요한 모든 것을 손에 넣을 수 있다. 14세 또는 15세가 된 아이들은 편리하면서도 자극적인 수많은 방법에 접근하여 정보를 얻을 수 있으며 소개된 장면들의 사실성에 매료된다. 대개 잡지나 화면상으로 서너 번 경험하고 나면 아이들은 질리게 되고, 그런 장면들의 반복적 특성에 조금씩 싫증을 느끼게 된다. 모든 청소년들은 이를테면 섹스숍의 '난교 파티'에 가는 것과 같은, 그 방면에서 약간은 극단적인 경험을 하고 싶어 하지만 그런

곳에 가면 불편해하거나 실망한 채 나올 것이다. 이제 그는 다른 관심사로 방향을 돌리면서 현실적인 사랑의 행위들을 발견하게 될 날을 기다릴 것이다. 청소년들이 ‘생각할’ 준비, 현실과 환상을 구별한 준비가 잘 되어 있을수록 이런 일로부터 피해를 덜 입을 수 있다. 특히 다른 관점에서 다른 불안 증상이 없어야 한다. 반대로 만일 18세짜리 어린 성인이 그 이미지들에 머물러 있고, 그 앞에서 많은 시간을 보낸다면 그것은 그가 어떤 단계를 뛰어넘지 못했고 현실적 관계를 맺을 수 없다는 신호이며 더 염려스러운 일이다. 가장 허약한 인격들은 덫에 걸려 도를 넘어선 행동을 할 우려가 있다. 소아성애자들이나 성도착자들의 네트워크가 인터넷상에서 형성되고 아이들, 젊은이들과 접촉을 시도하기 때문이다.

인터넷 사이트, 잡지, 비디오 테이프를 보는 습관들이 사라지지 않는다면 그것은 자녀가 더 큰 어려움을 겪고 있기 때문이거나 어른들 때문에 그런 문제가 발생한 것일 수 있다. 집안이 자극적인 분위기, ‘근친상간적인 분위기’에 잠겨 있어 간접적으로 그런 행위를 부추기는 경우도 있을 수 있다.

대응법

부모는 가족 구성원 각자의 성적 부끄러움과 사생활, 그리고 개인과 세대 간의 건강한 거리를 지켜 줘야 한다(22쪽 3번, 136쪽 37번 질문을 보라). 그것은 부모의 사적인 애정생활의 흥분과 동요를 자녀들에게 강요하지 않는 것부터 시작해야 한다. 저녁 때 텔레비전에서 하는 ‘야한’ 영화를 자녀와 함께 보아서도 안 된다. 자녀가 포르노 사이트를 방문하는 것으로 의심된다 해도 반드시 자녀에게 모욕감을 주며 잘못을 시인하게 해야 하는 것은 아니다. 대개는 자신의 연락처나 사진을 모르는 사람에게 절대 주지 말고 누군지도 모르고 '채팅'을 시작하지 말라는 안전 수칙만 상기시키면 된다. 부모는 화내지 않고 성적 수치심을 건드리지 않기 위해 어떤 조심성을 지키면서도 자녀가 무슨 일을 하는지 알고 있다는 느낌을 풍길 수 있다. 이를테면 자녀 앞에서 인터넷 접속 시간이 늘어난 걸 보니 가족 중 누군가가 컴퓨터 앞에서 많은 시간을 보내는가 본데 그러지 말아야 한다고 말하는 것이다. 그러면 자녀는 부모가 하고 싶은 말을 이해할 것이다.

반대로 무슨 일이 벌어지고 있는지 알아야 하는 상황이라면 부모가 개입해야 할 것이다. 이를테면 이런 행동이 점점 확산되어 자녀가 그 앞에서 밤을 지새우는 경우가 그렇다. 부모는 포르노그래피는 현실의 사랑이 아니며 거기에 몰두하는 것은 자기 자신을 해치는 일임을 상기시켜 주어야 한다. 또한 세상에는 넘지 말아야 할 한계가 있는데, 왜냐하면 서로에게 혐오감을 주면 행복하게 살 수 없기 때문이다.

마지막으로 청소년이 아이들과 함께 있을 때(이를테면 14세 청소년이 8세 된 사촌 여동생과 함께 있을 때)에는 단호하게 개입하여 이런 종류의 장면은 금지된 것임을 상기시키고, 아이들을 떼어 놓고 분명하게 제재를 가하는 것이 좋다. 설령 그것이 그들 앞에서 문제된 포르노 테이프를 부수는 행위에 지나지 않더라도.

X
성적, 진로 지도

93
청소년의 학교 공부를 어떻게 지도해야 할까?

많은 과목들 속에서 부모가 더 이상 자녀를 도울 수 없는 시기는 매우 빨리 온다. 그래도 자녀가 공부할 때 같이 있어야 할까? 그들의 미래가 부모의 관심사라는 것을 보여줘야 할까? 그리고 언제까지 그들 뒤에 있어야 할까?

청소년이 학업에 집착하는 방식은 어쨌든 적어도 부분적으로는 부모의 태도, 부모 자신의 우선 순위, 관심, 기쁨, 공부에 대한 불신 또는 무관심과 연관이 있다. 제대로 정산되지 않은 부모 자신의 성적, 부모 간의 차이, 이 모든 것이 청소년의 태도에 영향을 끼쳐 자녀로 하여금 '부모보다 잘하고 싶게' 만들거나 이 전쟁터를 떠나게 만든다.

학업과 진로 문제는 가장 중요한 목표가 되었다. 이 문제는 가족의 삶에서 큰——때로는 지나치게 큰——자리를 차지하고, 그러면서 많은 긴장을 야기하기 때문에 부모가 중학교, 고등학교 이후에 고등 교육에 관한 진로 지도와 직업 선택이라는 복잡하고 어려운 문제에서 자녀를 도울——또는 방해하지 않을——수 있는 올바른 방법을 찾기란 어렵다.

그럼에도 불구하고 부모는 자녀의 성적에 관심을 가져야 한다. 그리고 자녀에게 야망, 꿈을 품는 것도 괜찮다! 그런 야망, 꿈 덕에 청소년은 자기 자신의 장래 계획을 세우고 어떤 계획들은 택하고 어떤 계획들은 버릴 수 있는 것이다…….

아동기 동안 부모는 자녀의 학교 공부에 관심을 가질 뿐 아니라 그에 대한 책임까지 진다. 중학 입학은 아직도 부모의 뒷받침을 요구하는 적응기이다. 6학년[프랑스의 6학년부터 3학년까지가 우리나라의 중학교에 해당한다—역주]이 되면 이제 너그러운 관심만 가지고는 부족하며 시간을 내어 학과는 익혔는지, 숙제는 했는지 검사하고 공책을 들여다보아야 한다. 단 이때 각 아동의 성격에 따라 조금씩 방법을 달리 해야 하는 것은 분명하다!

반대로 5학년이나 4학년부터는 부모의 역할이 조금씩 바뀌게 된다. 청소년이 되는 과정에 있는 아동에게는 아직까지 부모의 뒷받침과 공부에 대한 평가가 필요하지만, 자신의 고유한 사고 영역을 형성하고 학교라는 세계에 자기 방식대로 적응하기 위해서는 충분한 공간과 자유도 있어야 한다. 이것은 중요한 목표이다. 부모는 점차 물러나 자신의 공부에 대한 책임을 자녀에게 넘겨 줘야 한다. 이런 점진적 과정은 자녀가 어엿한 청소년이 될 때까지 계속된다.

모든 게 원만히 이루어지고 있다면 고등학교에 들어갈 즈음이면 자녀는 장기적인 목표를 정하기 위해 자신의 모습을 미래 속에 비춰 보고, '직업에 대한 계획'을 조금씩 세울 수 있어야 한다. 중학교 끝날 무렵부터 시작해 고등학교에 들어가면 교사들은 학생들에게 스스로 생각하고 그러한 개인적인 견해에 의거하여 논술이나 과학 증명을 세울 것을 요구한다. 좋은 성적을 거두려면 공부하는 법, 특히 자기 자신에 의해 자기 자신을 위해 생각하는 법을 배우는 것이 대단히 중요하다.

때로는 아동의 기능에서 청소년의 기능으로 건너가는 이 과정이 저절로 이루어지지 않을 때가 있다. 일례로 부모의 압력이 너무 강하면 자녀는 거기서 빠져나올 수도 학교 공부에서 기쁨을 찾을 수도 없다. 그렇게 되면 자녀는 무슨 수를 써서라도 공부를 멀리하기 마련이다. 그러기 위해 자신의 모든 지적 능력을 쏟아 붓는 능동적 저항과 투쟁을 펼칠 수도 있다(공책 밑에 만화책을 놓고 보거나 패싸움을 벌이거나 컴퓨터 게임을 하기 위해 속임수를 쓰는 등). 또는 책상에 앉기는 앉지만 아무것도 안 하거나 공상에 빠지는 수동적 회피를 할 수도 있다. 또는 마지못해 배우고 지식을 억지로 주입하지만 제대로 '소화시키지 못하고,' 안다고 믿지만 다음 날 암송할 때 보면 배운 것을 까맣게 잊어먹는다. 그러면 부모, 대개 어머니가 그 내용을 외우고 신경을 쓰게 된다. 이는 이런 지속적이고도 지나치게 밀착된 지도가 비생산적인 것이 되었음을 나타낸다.

대응법

대개 불투명하고 항상 청소년의 이익에 부합하는 것만은 아닌 학교 체제 앞에서 자녀의 목표를 이해하고, 자녀의 개성에 맞는 현실적인 충고를 제시하며, 성공할 수 있는 방법 또는 자녀를 도울 수 있는 사람을 찾고 자녀의 가능성을 믿어 주려면 많은 노력을 기울여야 한다. 자녀가 집에서 공부하는 모습을 지켜볼 수 있는 사람은 부모밖에 없다. 따라서 성적표와 시험뿐 아니라 자녀가 기울이거나 기울이지 않은 노력을 평가해 줄 수 있는 사람도 역시 부모밖에 없다. 부모는 교사가 아니다. 부모의 역할은 지식을 주입시키는 것도 아니고 능력을 평가하는 것은 더욱 아니다. 그것은 학교와 다른 관점을 가지고 자녀의 학교 생활에 동행하면서 단호하게 자녀 곁을 지키는 것이다. 왜냐하면 그들은 다른 경험을 갖고 있기 때문이다. 과거에 자기 분야에서 우등생이었던 교사들은 우선 학교에서 성공해야 직업면에서, 심지어 한 개인의 인생에서도 성공할 수 있다고 기꺼이 주장한다. 하지만 그것은 사실이 아니라는 것을 현실이 증명하고 있다. 우등생만 성공하는 것은 아니며 모든 우등생이 성공적인 인생을 사는 것은 아니다! '학교에서 열심히 공부하는 것'은 성공의 필요조건도 충분조건도 아니다. 능력, 필요한 지식, 나아가 배우고자 하는 마음이 학교 울타리 안에서 모두 전수되는 것은 아니다.

학교 문제가 집안 분위기를 장악할 때, 나쁜 성적표가 쌓임과 동시에 긴장이 고조될 때 모든 가족 관계가 깨지게 된다. 악순환에서 벗어나야 한다. 그렇다고 "이제부터 나는 아무것도 신경 쓰지 않겠으니 네가 다 알아서 해라"라고 선언하면 안 된다. 현실적으로 보면 청소년은 스스로 알아서 하는 법을 아직 배우지 못했으며, 따라서 아직 그렇게 할 수 없는 것으로 나타나고 있다. 이는 시간과 신뢰가 필요하다는 뜻이다(박스 글을 보라).

다른 해결책은 의논 상대를 바꾸는 것이다. 이제부터는 어머니 대신 아버지가 학교 공부에 신경을 쓰거나(대부분의 프랑스 가정에서 그렇게 하듯이!) 그 반대로 할 수 있다. 이 갈등의 영역에서 물러나 대학생 과외교사에게 역할을 양도할 수도 있다. 그는 부모와 전혀 다른 방법으로 자녀를 가르치고, 훨씬 더 부드러운 표정으로 제자를 대면할 것이다(352쪽을 보라).

모든 사람이 선의와 정직함을 보인다면 3개월 뒤 상황은 좋아지고 각자는 자신의 자율성을 되찾게 될 것이다. 부모가 서서히 물러남으로써 1년에서 1년 반이면 모든 사람이 질서를 회복할 수 있다.

그런데 때로는 그것으로 충분치 않을 때가 있다. 계속 떨어지는 성적을 본 부모가 계획을 깨고 재빨리 개입하거나 자녀가 버림받았다고 느끼고 이런 과정을 참지 못하는 경우가 그것이다. 전보다 심한 의존과 상호간의 짜증이 다시 시작된다. 그럴 땐 지체 없이 비상수단을 써야 한다. 이를테면 며칠 조부모 댁에 보낸다든지 얼마 동안 기숙사에서 지내게 하는 식으로(357쪽 98번 질문을 보라).

단 이때 주의할 것이 있다. 학교 성적이 나쁘면 부모들은 대개 아이의 낙이나 여가생활을 탄압하거나 축소시키는 경향이 있다. 그런데 아이들이 효과적으로 공부하려면 긴장을 푸는 시간이 절대적으로 필요하다. 그것도 되도록 가정 밖에서 하는 편이 좋다. 그런 시간들은 보호

자율성은 조금씩 서서히 얻어지는 것

원칙에 따라 행동할 수 있도록 담당 교사들에게 미리 알린 다음 허용되는 자율성의 영역을 정의할 수 있다. 그리고 이렇게 선언하라. "이 과목은 3개월 동안 너 혼자 알아서 하거라. 하지만 네가 도움을 청하면 기꺼이 도와주겠다." 이때 공부 시간의 한계를 정하라. "한 시간 반 뒤에는 공부를 나 했건 못 했건 그만 해라!"

첫 단계는 자녀가 좋아하고 무난히 좋은 성적을 거둘 수 있는 과목을 가지고 시작하는 게 좋다. 그때는 이렇게 하기로 정한다. "수학(또는 프랑스어)은 혼자 하고 문제가 있을 때에만 물어보러 오너라." 또는 "주중에는 혼자 공부해라. 엄마가 봐주지 않겠다. 그리고 주말에 확인하자." 4학년〔우리나라로 치면 중2 정도—역주〕말쯤 되면 더 이상 부모가 공부를 확인하지 말고 도움이 필요하면 자녀가 청해야 한다. "배운 것을 외워 볼까요?" "내가 푼 연습 문제, 맞았나요?" 점진적 변화가 일어나고 검사는 뜸해지고 자녀는 어머니의 감독하에 있기보다는 문을 닫고 자기 방에 들어가 있기를 좋아하게 된다. 자녀가 도움을 청하러 와야지 부모가 공부하는 것을 감시하기 위해 자녀의 방에 가서는 안 된다. 고등학교에 들어가면 공부는 혼자 책임지게 되지만 물론 필요하면 비상벨을 울릴 수는 있다. "수학을 하나도 모르겠는데 누가 나 좀 도와줄 수 있나요?" 부모에게 도움을 청하는 경우는 점점 줄고 그 자리는 친구, 누나 또는 대학생 과외 교사가 차지하게 될 것이다.

해 줘야 한다.

더 많은 정보를 얻으려면

국립 교과 과정 심의회, 《중학교에서는 무엇을 배우나? 중학생에게 요구되는 것들 *Qu'apprend-on au collège? Cahier des exigences pour le collégien*》, XO 출판사, 2002년.

A. 드 라 가랑드리, 《모든 아이가 우등생이 될 수 있다 *Tous les enfants peuvent réussir*》, 마라부 출판사, 1999년.

A. 리쇼, 《중학교부터 대학교까지의 진학 가이드 *Guide de l'orientation scolaire du collège à l'université*》, 오딜 자콥 출판사, 2001년.

94
스스로 공부하는 법을 어떻게 가르쳐야 할까?

공부는 물론 자신을 위해 하는 것이다. 그러니까 물론 스스로 알아서 해야 한다……. 그런데도 어머니가 등 뒤에서 지켜보고 있지 않으면 아들은 아무것도 하지 않는다. 점수라는 당근과 외출 금지라는 채찍을 구사하지 않으려면 어떻게 해야 할까?

세상을 발견할 때 유아는 자신의 구체적인 지능을 사용한다. 중학생 시기에는 20세기초의 심리학자 피아제가 추상적 지능이라고 정의한 것을 적용한다. 이때 청소년은 새로운 차원을 발견한다. 즉 스스로 생각하고 복잡한 정신 기능을 통제하는 경험을 하는 것이다. 이 경험은 그에게 새롭고도 너무나 매력적인 발견의 영역을 열어 준다. 그는 이렇게 말한다. "재미있네…… 너도 이거 알고 있었니?" 이는 그의 사고력이 새로운 차원으로 확대되었다는 신호이다.

이제 그는 '생각하는 자신을 바라보고,' 자신의 사고방식에 대해 숙고하고, 끝없이 새로운 분야에서 자신의 생각을 시험해 보고, 주변 어른들의 견해를 알아보고, 부모의 생각과 거리를 둘 수 있게 된다. 어떤 아이들은 이 새로운 세계를 탐색하는 데에서 많은 기쁨을 느낀다. 자기 몸이 더 이상 자기 몸이 아니게 되는 그 순간, 그들이 불안한 신체 변화를 겪으면서도 아무것도 통제할 수 없는 그 순간에 두뇌의 전혀 새로운 발견이 개입되기 때문에 더욱 그렇다. 이것이 일부 지적인 청소년들을 열광시키는 것도 당연하다. 비록 주변 사람들은 모든 것을 따지는 데에서 기쁨을 찾는 그들을 잘난 척하는 아이들 또는 피곤한 아이들로 생각할 수도 있지만 말이다…….

개중에는 이런 새로운 사고력을 학교 공부에 쏟는 아이들도 있다. 그래서 이런 청소년들은 글짓기에서 논술로, 외워서 배우는 공부에서 문학 과목의 논증이라는 보다 정교한 이해로, 정밀 과학 분야에서는 연습에서 진짜 문제의 해결로 자연스럽게 넘어가게 된다. 이는 중학교에서 고등학교로 넘어가는 전환점과 일치한다. 이 경우 학교 성적도 그런 변화를 따를 것이고 모든 게 잘 될 것이다.

하지만 같은 발달 단계에 있고 역시 머리가 좋은 다른 청소년들은 이런 새로운 '사고의 자유'를 학교 영역보다는 그들의 열정을 위해 사용한다. 소형 오토바이 손질하기, 음악 창작, 인터넷 게임 또는 텔레비전 시리즈 주인공의 심리 분석 등. 학교 성적을 올리는 데 효과적이지는 않지만 지적 발달에 해가 되는 것은 아니다.

대응법

생각의 즐거움이 지적 욕구를 부추기기는 했지만 모든 것을 해결해 주지는 못한다. 청소년은 또한 노력의 의미를 배워야 한다. 난관에 부딪치면 힘든 정신 노동을 해야 하는데, 이는 지적 즐거움을 맛보기 위해서 반드시 넘어야만 하는 단계이다. 어려운 수학 문제를 풀기 위해서든 손으로 멋진 기계를 만들기 위해서든 항상 어느 정도는 헛된 노력을 해야 한다. 그것은 저절로 이루어지는 일이 아닌데 오늘날에는 전혀 인정도 받지 못하고 있다. 때로는 학교 안에서조차 상반된 견해가 나오기도 한다. 학생들의 의욕을 고취시키기 위해 교사들은 공부가 즐거운 일이어야 한다고 주장하며 깊이 들어가지 않고 학급의 모든 아이들이 따라갈 수 있도록 교과를 대충 훑고 지나간다.

평균적 지능을 갖고 평균적인 뒷받침을 받는 아이들이 4학년(중2), 3학년(중3) 때까지는 혼자 많이 공부하지 않고도 우수한 성적을 거두는 경우가 드물지 않다. 인원이 적은 교실에서는 수업 시간에 잘 듣기만 해도 교과를 이해하고 책에서 원하는 것을 틀리지 않고 할 수 있다. 하지만 2학년(고1)부터는 한층 강도 높은 노력을 해야 하고 혼자 규칙적으로 공부해야 한다. 많은 청소년들이 그런 준비가 되어 있지 않고 그럴 생각도 마음도 없다! 그들은 대개 이 시기에 포기하기 시작한다(343쪽 95번 질문을 보라).

하지만 단순히 "공부해라! 노력해라!"라는 말만 반복해서는 아무 소용없다. 왜냐하면 아이가 할 수 있는 노력과 성과라는 경험이 학교 공부에만 해당되는 것은 아니기 때문이다. 그것은 직장에서 열심히 일하고 자아를 실현하고 사회에 도움을 주는 어른들의 증언에서도 나온다. 일에 대한 부모의 태도는 결정적인 역할을 한다. 만일 부모에게 일이 생활비를 벌기 위한 의무적 노동에 불과하며 덜할수록 더 좋은 것이라면, 자녀에게 노력의 긍정적 이미지를 전달하기 어려울 것이 틀림없다. 자꾸 기회를 만들어 줘야 하는 만남들, 가치를 부여해야 하는 경험들이 있다. 만일 부모가 어떤 모임에 가입하여 청소년 자녀에게 매우 다양한 직업에 종사하고 자신의 일에 만족하는 어른들을 만날 수 있게 해준다면 그것은 자녀에게 공부를 열심히 하게 만드는 매우 커다란 간접적 동기의 원천이 될 것이다.

더 많은 정보를 얻으려면

P. 메리외, 《집에서의 의무 *Les Devoirs à la maison*》, 시로스 출판사, 2000년.

P. 메리외, 《학교와 부모 *L'École et les Parents*》, 포케 출판사, 2001년.

M. 피아텔리 팔마리니, 《학습 의욕 또는 그것을 획득하는 법 *Le Goût des études ou comment l'acquérir*》, 오딜 자콥 출판사, 1997년.

청소년 권장 도서

R. 벨레, B. 코스타, 《학교에서 살아남기 *Comment survivre à l'école*》, 알뱅 미셸 청소년 출판사, 2002년.

C. 마야, 《수학 우등생되기 *Devenir bon en maths*》, 밀란 출판사, 1999년.

95
아이가 공부에 대한 흥미를 완전히 잃었다

그렇게 모범생이던 딸, 이때껏 말썽 없이 커주던 아들이었는데 이제는 상황이 달라졌다. 이유도 모른다……. 성적은 계속 떨어지고 있다. 딸은 일부러 그러는 것 같기도 하다. 왜냐하면 특히 '똑똑한 아이'라는 인상을 풍기는 것을 싫어하기 때문이다. 그 말이 학교에서는 일종의 모욕인 모양이다. 아들은 컴퓨터 인터넷 게임에 빠져 공부에는 아랑곳하지 않는 듯하다…….

청소년기가 되기 전까지 아이는 부모를 기쁘게 하기 위해 조금씩은 공부한다. 그 자신도 거기서 기쁨을 얻는다면 그보다 좋은 일은 없다! 아이는 좋은 성적을 부모와 선생님에게 선사한다. 아이는 사랑받고 가치를 인정받고 보상받는다고 느끼고 거기서 텔레비전의 좋아하는 애니메이션을 보거나 축구를 하거나 바비 인형의 환상의 세계에 빠지는 등 부차적 이득을 얻으면 그만큼 더 공부한다.

청소년기에는 이런 방법이 더 이상 먹히지 않는다. 부모를 기쁘게 하는 것은 더 이상 동기가 되지 않으며 오히려 그 반대이다. 자녀는 텔레비전 연속극을 보려면 '학교 공부'를 통하는 것보다는 바로 텔레비전 수상기 앞에 앉는 편이 낫다고 생각할 수 있는 자유를 획득했다. 학교가 파한 후 부모를 걱정시키지 않으려고 곧장 집에 오기보다는 친구들을 만나는 것이 훨씬 더 중요하다! 차츰 공부를 해야 하는 새로운 목표들, 훨씬 더 개인적인 이유들이 아동기의 교환 방식을 대체하게 된다.

중학교 2학년쯤 되면, 때로는 고등학교 1학년이 될 때까지 대부분의 청소년들은, 특히 여자아이들의 경우 더 일찍, 성적 하락 단계를 거친다. 수준에 상관없이 그때까지는 비교적 지속적이고 일정한 성적을 유지하던 아이에게 1분기 동안, 심지어는 1년 내내 변화가 일어난다. 아이는 한 과목, 또는 모든 과목에 대한 흥미를 잃고 공부해야 할 시간을 뒤로 미룬다……. 이 무위로의 이행——하지만 다른 관점에서 보면 너무나 충만한——은 거의 예외 없이 성적의 하락으로 나타난다. 대부분의 교사들은 일시적이고 심각하지 않은 이 현상에 대해 잘 알고 있다. 이는 청소년이 아동기의 공부에서 좀더 사적인 관심사로 옮겨가는 시기와 일치한다. "이 일이 내가 노력할 만한 가치가 있는가?" 아이는 이 핵심적인 질문에 대한 자신만의 답을 아직 발견하지 못했다. 아이는 부모에게 좋은 성적에서 오는 만족감을 선사하고 싶어 하지 않으며 오히려 그 반대이다.

대응법

문제를 오해하지 않으려면 우선 학교에 대한 이러한 무관심의 진짜 이유를 밝혀야 한다. 이런 일이 갑작스럽게 일어났나? 다른 관심사들(사랑? 가정에서 일어난 사건? 다양한 심리적 혼란 등)과 관련이 있나?

학교 공부라는 민감한 영역은 자녀가 도통 신경을 쓰지 않음으로써 부모의 뜻을 거역하기 위해 선택된 결투장이 되었다. 만일 부모가 공부를 최우선에 놓는다면 그것은 대단한 결투장이 될 것이다.

그래도 자녀가 컴퓨터 프로그램을 짜든 자기가 좋아하는 축구팀 선수들의 경력과 위치를 외우든, 여자아이들의 경우 친구들과 섬세한 관계의 망을 짜든 자신의 지능을 연마하기를 게을리 하지 않는가? 그렇다면 몇 달 뒤 자연스럽게 다른 단계로 접어드는 시기가 올 것이다. 왜냐하면 아이는 공부할 때 맛볼 수 있는 생각의 즐거움을 발견했기 때문이다. 그리고 전투기 조종사나 소아과 의사 등이 되겠다는 계획을 세웠기 때문이다. 때로는 단순히 유급할 수 있다는 협박이 무서워서일 수도 있다. 왜냐하면 친구들과 헤어지거나 '창피'를 당하고 싶지 않고, 그래서 공부에 필요한 노력을 쏟을 만한 힘을 찾았기 때문이다. 대개 이 모든 동기가 결합하여 자녀를 다시 공부하게 만든다!

아이가 폭로자 노릇을 할 때도 있다. 이미 어느 정도 간파하고 있었는데 이제 확인된 것이다. 아이는 학교라는 시스템에서 좋은 평가를 받는 지능 형태를 갖고 있지 않다. 학교는 아이에게 관심이 없는 것이 확실하며 아이도 많은 능력을 갖고 있지 못하다. 그럴 때 부모의 역할은 아이를 인정해 주면서 청소년기 자녀가 지금 막 형성해 가고 있는 인격을 헐뜯지 않는 것이다. 자녀가 21세기 사회에서 살려면 반드시 알아야만 하는 '최소한의 기본 지식'을 획득하고 동시에 자신의 취미와 강점(사람들과 잘 어울릴 수 있는 능력, 실용적 재능, 손재주 등)을 알아내 고전적인 길 밖에서 자신에게 적합한 방향을 찾을 수 있게 도와주어야 한다. 자신의 뜻을 활짝 펼친 장인들이나 영리한 사업가 중에는 학생 때 공부를 못했던 사람이 많다!

이러한 지적·정신적 단계를 부드럽게 지나가느냐 못 지나가느냐 하는 문제는 부모의 태도와 자녀의 성격에 달려 있다. 자율성을 향해 나아가는 것을 포기해서는 안 되며, 학교 공부를 중심으로 형성된 부모와 자녀의 관계를 점차 끊어가야 한다. 그러면서 미래를 준비하는 데 관심을 갖게 해야 한다(진로 선택을 위한 박람회, 직업 체험, 전문가들과의 만남 등). 그리고 자녀가 자신의 두뇌와 호기심을 가능한 모든 방식으로 실험해 보도록 해야 한다(우리는 학교에서만 배우는 것은 아니다. 여행을 하면서, 트랙터를 몰면서, 또는 잡지를 읽으면서도 배운다). 그러려면 자녀가 공부를 하는 것에 대한 책임이 이제는 자기 손에 달려 있다는 것을 느낄 만큼 나름대로 성숙한 상태여야 한다.

더 많은 정보를 얻으려면

J. 피아제, 《교육론 *De la pédagogie*》, 오딜 자콥 출판사, 1998년.
J. M. 부르 박사, 《지성과 즐거움의 양식 *Les Aliments de l'intelligence et du plaisir*》, 오딜 자콥 출판사, 2001년.

96
성적이 나쁘다

2학기 성적표가 도착했다. "노력은 하지만 성적이 따르지 않음." "분별력이 떨어짐." "좀더 분발하기 바람." "수박 겉핥기식. 공부하는 방법을 알아야 함." 이게 다 무슨 말인가?

지능이 학교 성적으로 다 반영된다고 볼 수 없다. 그리고 부모가 목표를 지나치게 높이 잡고 자녀가 이 영역에서 달성할 수 있는 것 이상을 기대할 수도 있다. 이 경우 자녀는 이런 기대를 떨쳐 버릴 수도, 그렇다고 바라는 만큼 잘 해낼 수도 없다. 그래서 완전히 지쳐 버리게 된다.

때로는 누구나 한번쯤 거둘 수 있는 저조한 성적을 지나치게 걱정하고 '반드시 좋은 성적을 거둬야 한다'고 자나 깨나 강조하다가 자녀로 하여금 노력할 의욕을 꺾는 일도 발생한다. 또는 자녀가 미친 듯이 공부하기 시작하더니 친구나 취미 활동은 접고 오로지 공부만 하면서 더 많이 공부하지 않는 것에 대해 죄책감을 느끼는 경우도 있다. 정신적 균형을 잃을 정도로 공부가 강박관념이 된 것이다. 그러다가 어느 날 좌절하게 되고 그것이 우울증이나 영양섭취 장애라는 형태로 나타났다가 신경성 식욕부진에까지 이를 수 있다. 특히 여자아이들의 경우에 심하다.

때로는 자녀가 집에서는 잘 이해하는 것 같은데 학교에 가기만 하면 당황할 때도 있다. 학교 공부를 할 때 지나치게 부모의 도움과 지지를 받은 자녀들이 그런 경우가 많은데 그들은 '모래알 지식(savoirs de sable)' 밖에 얻지 못한다. 그런 아이들은 이런 안전한 틀을 벗어나게 되면, 다시 말해 부모가 곁에 없으면 좌절하고 더 이상 아무것도 모르게 된다.

한편 머리가 좋은 자녀들은 초등학교 때부터 노력하지 않고 좋은 성적을 거두는 데 익숙해 있다. 그들은 공부하는 법을 배운 적이 없다. 왜냐하면 지금까지는 수업 시간에 잘 듣는 것만으로도 충분히 이해하고 저녁 때 배운 것을 눈으로 한번 훑어보기만 해도 외울 수 있었기 때문이다. 그런데 대개 4학년(중2)쯤 되면 더 이상 그것만으로 충분치 않은 시기가 온다. 전보다 더 복잡해진 어떤 지식들은 저절로 얻어지지 않기 때문이다. 그것들을 이해하고 암기하고 좋은 점수를 따려면 기꺼이 자신의 무지와 대면해야 한다. 수학 문제를 파고들거나 논술 구상을 쥐어짜야 한다. 시간을 투자하고 수많은 시도와 실수를 거듭하고, 자신의 생각을 다시 검토하고 자신의 한계를 조금씩 넓혀 나가는 노력과 고통이 필요하다.

일부 청소년들은 어려움과 대면하기를 피하거나 거부한다. 왜냐하면 그런 경험을 한 적이 별로 없기 때문이다. 그래서 공부를 중단하게 되고 실패하게 된다. 때로는 여가 활동이나 좋아하는 것들로 도피할 때도 있다. 그런 것들을 통해 학습이라는 노동에 맞설 힘을 찾게 된다. 그렇게 되면 간접적으로나마 공부의 어려움을 극복할 수 있다.

대응법

학교라는 틀에 잘 맞는 자녀를 두는 것이 부모에게 더 편한 것은 분명하다. 그러면 취학과 진로 문제가 별로 발생하지 않을 것이기 때문이다. 하지만 다른 부모들도 실망할 건 없다. 학교라는 코스에 놓인 장애물들을 빠져나갈 수 있는 최고의 방법을 찾기 위해 정력을 쏟는다면. 그리고 스스로 믿음을 잃지 않고 자녀가 자신감을 잃고 배우는 기쁨을 포기하도록 놔두지 않는다면.

가장 먼저 해야 할 일은 상황에 대한 종합 평가를 내려서 객관적 시선으로 볼 때 지금 가장 중요한 것이 무엇인지를 아는 것이다. 능력과 동기 검사지 등 이를 위한 시설을 갖춘 공공의료심리센터, 사설 의료심리교육센터의 도움을 받을 수도 있다.

부모의 기대를 실현할 능력을 자녀가 실제로 갖고 있는가? 자녀의 공부 방법이 비효율적이지는 않은가? 때로는 공부 방법에 대한 좋은 충고로 발동을 걸어서 새로운 자신감을 연동시킬 수도 있다.

혹시 독서 장애나 철자 습득 장애가 있는데도 몰랐거나 불완전한 재교육을 받는 등 특별한 어려움이 있는가? 그런 어려움들은 자녀에게 계속 불이익을 끼칠 수 있다. (발음법, 독해 수준에 대한) 종합 평가가 필요하고 재교육에 들어가야 한다. 자녀는 이 정보의 수취인이 되어야 한다. 그가 이미 성과 없는 '발음법 수업'을 받고 있다면 특히 더 그렇다. 만일 자녀에게 동기가 부여되지 못했고 나아가 재교육을 거부하거나 소극적으로 반대한다면 우선 심리적 상황부터 접근해야 한다.

그것이 외부 세계와의 단절 때문인가, 아니면 억제된 사고 때문인가? 만일 부모가 자녀의 공부에 지나치게 신경을 쓰다 보면 자녀가 공부를 못할까 봐 염려하게 되고 그들의 불안을 자녀에게 전달하기 쉽다. 그러다 보면 자녀는 지식과 함께 실패에 대한 두려움도 기억하게 된다. 그가 선생님이 보는 가운데 칠판 앞에서 자신의 실력을 증명해야 할 때, 또는 책상에서 숙제를 하는 동안 그것은 '블랙 홀'이 된다. 그럴 때에는 심리치료사가 자녀를 도와줄 수 있다.

자녀가 '난관을 거부하거나' 다른 취미 활동으로 도피하는 것 같은

가? 그럴 때 자녀를 유급시키는 것은 아무짝에도 쓸모없는 행위다. 반대로 수업의 고비를 넘기려면 반드시 알아야 하는 기본적인 지식들을 간직하거나 습득하는 데 필요한 최소한의 공부만을 요구해야 한다. 아이는 자신의 부족한 부분을 쉽게 채울 것이다. 중요한 것은 단 한 가지, 아이가 꾸준히 자신의 지능과 호기심을 활용하고 발전시키는지 살피는 것이다. 그러려면 특히 아이가 학교에서 공부하지 않는다는 핑계로 취미 생활과 좋아하는 일(운동, 음악 등)에 재능을 발휘하는 것을 방해해서는 안 된다. 그리고 빨리 아이의 학교 생활을 조정할 수 있는 방법을 찾아서 그런 활동을 할 시간을 남겨 주어야 한다. 이런 투자의 방향이 언젠가 학교라는 영역으로 바뀔 수 있을 것이다. 또는 그러면서 학습이라는 노동과 대면할 힘을 찾을 것이다. 아무튼 아이는 거기서 장차 성인이 되었을 때 갖게 될 창의성을 발전시킬 것이다.

만약 아이가 다른 이유로 공부하기를 거부한다면 그 이유를 알아야 한다. 개중에는 이 방법이 그들에게 관심을 집중시키고, 일하느라 바빠 자녀에게 충분히 신경을 쓰지 못하는 부모를 비난하는 데 매우 효과적이라고 생각하는 청소년들도 있다. 이것은 부모에게 반항하고 부모를 이기는 최후의 방법이기도 하다. 대결 상황에서 빠져나올 수 있는 유일한 방법은 함께 기분 좋은 시간을 보내면서 토론하고 학교 문제를 제외한 다른 것들에 변화를 주는 것이다.

더 많은 정보를 얻으려면

S. 드앤, 《수학 재능 *La bosse des maths*》, 오딜 자콥 출판사, 1997년.

S. 코트, 《영재아이 키우기: 재능이 뛰어난 아이와 학교 *Doué, surdoué, précoce, L'enfant prometteur et l'école*》, 알뱅 미셸 출판사, 2002년.

자녀가 수학이나 철자법 실력이 형편없을 때

학교라는 체제는 지식의 모든 분야에서 단면적 발전을 요구한다. 진급하려면 원칙적으로 모든 과목에서 동일한 수준이어야 한다. 그런데 이 각각의 과목들 안에서의 성공은 매우 다양한 요소들과 연관되어 있다. 우선 아동과 청소년들이 공부에 몰두하는 정도는 교사의 개성과 능력에 따라 달라진다. 아이들과 어른들 간의 은밀한 관계는 매년 새롭게 맺어지지만 잘 드러나거나 중시되지는 않는다. 하지만 청소년기에는 이상으로 삼는 것, 좋아하는 것, 마음을 사로잡는 것, 또는 반대로 갈등, 공격성의 관계들이 대단히 중요하다.

한편 모든 아이는 각기 다른 형태의 지능을 갖고 있으며 아이에 따라 수학, 언어 또는 모국어에 재능을 보일 수 있다. 가정 환경도 중요한 역할을 하지만 한 방향, 다시 말해 긍정적으로든 부정적으로든 예단하지는 말아야 한다. 음악적 분위기나 책 읽는 환경, 또는 전문 지식에 둘러싸여 자란 아이는 그와 가장 가까운 과목에서 편안함을 느끼고 자연스럽게 노력을 기울일 것이다. 반대로 가족이 기대하는 결과에 이르지 못하는 데 대한 두려움 때문에 과대평가되는 분야에서 도망칠 수도 있다. 그런가 하면 어떤 아이는 집에 이런 유형의 문화가 전혀 없기 때문에 오히려 마음 놓고 거기에 집중할 수도 있다.

이런 노력 또는 능력의 차이는 대개 수학이나 국어에 대한 '거부 반응'으로 나타난다. 어떤 한 과목, 어떤 특별한 형태의 능력에서 실패하는 이런 상황은 학교에 대한 전반적인 무관심과는 전혀 다르다. 이것은 머리가 나빠서 그런 것이 아니다. 왜냐하면 두뇌의 수행 능력은 모든 과목에 적용될 수 있기 때문이다. 자기가 잘하는 과목에 기대면 자신감을 유지할 수 있다. 하지만 특정 과목에 대한 거부 반응을 풀 수 있는 기적적인 비법은 없다. 오직 인내심을 갖고 천천히 공부하는 수밖에. 2학년(고1)에서 요구되는 수준은 평균 지능을 가진 모든 아이들이라면 누구나 이해할 수 있는 정도이다. 따라서 학교에서 낙제하지 않기 위해 반드시 필요한 최소한의 지식을 습득하는 것을 목표로 삼아야 한다. 그러려면 부모는 자녀가 잘하는 과목은 최대한 칭찬하고 발전시키고, 못하는 과목은 관심을 기울이지 말고 최소한 후원해야 한다. 그러면서 자녀에게 공부에서 앞서 갈수록 관심 분야를 고르기 쉽다는 것을 상기시켜 주면 좋다. 왜냐하면 2학년(고1) 때 과목, 1학년(고2) 때 계열이 나눠지고 바칼로레아(대입시험) 뒤에 더 자세하게 나눠지기 때문이다. 만약 수학이 문제가 된다면 이과 계열을 강요하지 말고 자녀에게 맞지 않는 커리큘럼을 억지로 따르는 일이 없도록 주의해야 한다.

과외를 시켜야 할까?

아무리 똑똑한 부모라도 어느 단계부터는, 그리고 모든 과목에서 자녀의 공부를 따라가기가 어려워진다. 그렇다고 창피하게 여길 것은 없다. 오히려 자녀들은 이제부터 어떤 분야에서는 '노친네들'을 능가하게 된 것에 대해 어떤 기쁨을 느낀다! 대부분의 경우 이 단계쯤 되면 자녀들은 학교 공부를 혼자 알아서 할 수 있게 된다. 혹 보충수업이나 일시적 설명이 필요하고 주변 사람들 중 하나가 그것을 충족시켜 줄 수 있다면 다행이다. 하지만 그럴 상황이 아니라면 과외 수업이 하나의 해결책이 될 수 있다. 단 이것을 원하고 이 과정에서 능동적인 모습을 보이는 사람이 자녀 자신이어야 한다.

하지만 과외는 부모와 자녀가 학교 공부로 인해 제기된 긴장을 풀기 위해 선택한 답인 경우가 많다. 따라서 제삼자만이 그 긴장을 약화시킬 수 있다. 비록 돈이 들기는 하지만 이 방법도 써볼 만은 하다. 왜냐하면 눈물과 짜증 속에서는 효과적인 학습을 할 수 없기 때문이다. 하지만 몇 번 수업을 받아 본 뒤에는 평가를 내려야 한다. 만약 점수와 분위기가 개선되지 않았다면 문제는 다른 데 있는 것이다.

현직 교사, 은퇴 교사, 대학생 등 각각의 방법마다 장단점이 있다. 일반 교사는 교과 과정과 학생에게 요구되는 요구사항들을 완벽하게 안다. 퇴직 교사는 자격은 같지만 가르치는 방법은 전혀 다르며 다른 식으로 아이의 고유한 기질과 공명하며 더 잘 도울 수 있다. 대학생 과외교사와는 나이의 근접성 때문에 공모하는 분위기와 새로운 동기를 만들어 낼 수 있다…… 어찌 됐건 본인이 준비된 해결책에 대한 결정권을 갖고 자신의 의견을 제시할 수 있어야 하며 잘 맞는 과외교사를 만나야 한다. 아니면 적어도 채용될 교사와 함께 공부하기로 분명히 합의가 되어야 한다.

과외교사가 동반되는 이러한 방법을 너무 많이 쓰거나 자주 사용해서는 안 된다. 그래야 아직도 부족한 자율적 공간을 청소년기 자녀에게 남겨 줄 수 있다.

부모가 자녀의 학교 공부를 도와주는 것을 누군가에게 위임하기로 했다면 자녀와 함께할 다른 활동들을 열심히 찾아야 한다. 왜냐하면 학교 공부를 둘러싼 일상적 관계에 익숙해진 청소년은 평소 부모와의 긴장된 관계를 고발해 오긴 했지만 그래도 부모로부터 버림받고 소외된 느낌을 받을 수 있기 때문이다. 가장 좋은 것은 학교 공부에 쏟았던 시간을 영화·요리·낚시 등을 통해 함께하는 즐거움에 할애하는 것이리라. 왜냐하면 학교 공부 때문에 부모 자식 간에 '불안한 관계'가 형성되었다면 그것은 양쪽 모두에게 함께 보내는 시간들이 필요하다는 뜻이기 때문이다.

97
유급을 찬성할까 반대할까?

아이는 지난 학년을 가까스로 통과하더니 올해에는 완전히 공부를 중단했다. 3학기 중 2학기부터 성적이 좋아지지 않으면 유급될지 모른다는 경고를 듣고 있다. 학교 심의회의 제안을 따라야 할까? 거기에 반대할 수도 있나? 유급하면 더 열심히 공부할까? 아니면 반대로 더 낙담해서 공부를 더 게을리 할까?

원칙적으로 한 학년을 유급시키는 목적은 제때 습득하지 못한 기초 지식을 복습하여 다음 학년을 성공적으로 마치고 계속 발전할 수 있게 해주는 데 있다. 현실적으로 학교의 교과 과정에서 볼 때 중학교에서 배우는 지식은 정기적·반복적으로 배우고 또 배우게 된다(그래서 어떤 아이들은 지겨움을 느낄 수 있다). 혹 누락된 부분이 있더라도 학교 공부에 충실하다면 한, 두 학기면 만회할 수 있다. 왜냐하면 좋은 성적의 열쇠는 열심히 공부하는 것이며 지능과 직접적인 관계는 없기 때문이다.

1학년(고2)과 테르미날(고3) 때의 유급 결정은 가족의 권한이다. 이것은 첫번째가 아닌 두번째 시도에서 장래 계획에 따라 바라던 계열로 가거나 선택 교육 과정에서 행정 당국에 최고의 서류를 제출하고자 하는 어떤 전략일 수도 있다. 하지만 취학 기간을 아무 목적 없이 후기 청소년기까지 연장시키는 거듭된 유급은 바칼로레아라는 최후의 목적에 도달하기도 전에 장래 계획 없는 '궤도 이탈'을 초래할 때가 많다.

유급을 할 경우에도 자녀가 학업, 여가생활, 친구 사이에서 균형을 잘 잡고 있는지 살펴보아야 한다. 청소년은 또래 젊은이들의 생활을 공유할 수 있어야 한다. 친구들과 즐거운 시간을 보내야 기쁘게 공부할 수 있고 그 반대도 마찬가지이기 때문이다.

대응법

학교 심의회의 명령에 따라 단순히, 아무 생각 없이 유급을 결정하거나 받아들이면 무익한 유급이 될 우려가 있다. 그리고 자녀가 '되는 대로 살다가' 1년 뒤 똑같은 지점에 있게 될 염려도 있다. 왜냐하면 새로운 상황이 주어지지 않는다면 단순히 유급만 시킨다고 해서 학생이 다시 공부를 시작하지는 않기 때문이다. 새로운 상황이란 계열, 학교의 변화 같은 것이다. 이를테면 이혼한 부모를 둔 자녀의 경우 1년간 아버지 집에서 산다든지, 새로운 생활 리듬을 계획한다든지 하는 식으로……

'실패한' 1년간 부딪친 어려움들을 이해하고 해결해 주어야 한다. 그리고 이 유급을 다음 해를 위한 새로운 동기를 형성해 주는 긍정적 관점에서 바라보아야 한다.

— 아이가 지금까지 의욕도 있고 공부도 비교적 잘 해오다가 성적이 많이 떨어진 경우. 아이는 어떤 우울증의 징조도 보이지 않고 지난 1년간 '끝장난 것은 아무것도 없다'는 것을 기꺼이 인정한다. 아마 다른 관심사에 지나치게 시간을 빼앗겨서 그랬을 것이다. 이 경우 만일 유

급한다 해도 자신의 부족한 부분을 어렵지 않게 만회하고 노력과 좋은 점수 간의 상관 관계를 확인하고 다음 해에 쉽게 통과할 것이다. 그리고 그것은 기쁨을 선사하고 다음 과정을 위한 동기를 고취시킬 수 있다.

— 아이가 부모가 정한 좋은 성적이라는 목표에 절대 도달하지 못할 거라는 느낌을 가지고 예상되는 실패에 대한 두려움 때문에 공부를 회피하는 반응을 보일 경우. 이 경우 유급은 목표를 수정하는 기회가 되어야 한다. 경우에 따라 이것은 진로 수정이나 과외교사 동반으로 이어질 수도 있다. 그렇게 하지 않으면 실패하리라는 느낌에서 벗어나지 못할 것이다. 반 아이들, 친구들과의 격차도 벌어지고 공부에 대한 무관심도 커질 것이다.

— 유급이 아이에게 무의식적인 성장 거부, 어른 세계에서 자신의 위치를 찾을 능력에 대한 염려로 인한 것인 경우. 유급은 아이로 하여금 계속 학교라는 세계 안에 소속되어 있게 해주고 진로 같은 골치 아픈 결정들을 내리지 않아도 되게 해준다. 물론 이런 태도는 부모에 의해 부추겨지거나 공유될 때가 많다. 이 경우 부모와 자녀 모두 이 상태에서 벗어나 자녀의 장래 계획을 긍정적으로 검토해야 한다.

98
전학시켜야 할까? 기숙사에 넣어야 할까?

아이가 자기가 다니는 학교에서 행복하지 못하다. 그리고 학교에서도 아이에 대해 불만이 많다. 이럴 땐 어떤 대안이 가능할까? 아이를 사립학교에 보내는 것? 정보는 어떻게 구하고 선택은 어떻게 해야 할까? 아이의 조부모가 가끔 그랬던 것처럼 아이를 '기숙사에 처넣겠다고' 협박해야 할까?

원칙적으로 프랑스 교육부는 프랑스 전역의 젊은이들에게 똑같은 교육의 기회를 보장한다. 하지만 현실은 이보다 더 복잡하다는 것을 모든 사람이 알고 있다. 요구되는 사항들의 수준이 다르다(설령 그것들이 평가하기 어렵고 소문만으로 충분하지 않다 해도). 다양한 학교의 분위기 속에서 어떤 교사들이 아이들을 담당하느냐가 중요하고, 사립학교든 공립학교든 제시되는 대안과 계열들이 곳에 따라 다르다. 지역에 따라, 도시냐 시골이냐 하는 환경에 따라 어느 정도는 선택이 가능하다. 최근의 한 여론 조사에 따르면 프랑스에서 두 명의 학생 중 한 명 이상이 재학 기간중에 한 번씩은 종교적 이유보다는 교육적 이유 때문에 사립학교를 거친 것으로 밝혀졌다(대부분의 사립학교는 가톨릭 교파에 속하며 교육 수준과 계획의 다양성은 공립학교와 비슷하다).

기숙학교로 말하면 한 세대 전부터 많이 바뀌었다! 시설 정비, 생활 여건, 처우 개선 면에서 상당히 개선되었다. 하지만 그 수가 적다. 우리는 이제 대책이 서지 않는 자녀들을 기숙사에 넣겠다고 협박하지 못하게 됐다. 오히려 일부 청소년들은 그들이 봉착한 어려움에 대한 해답으로 그것을 요구하기도 한다. 기숙학교는 실제로 제한된 기간 동안 가정생활에 대한 하나의 대안을 상징할 수 있다. 이것은 학교 공부를 둘러싼 가족간의 긴장을 완화하거나 청소년을 가족의 어려움이나 부모의 결별로부터 잠시나마 도피시킬 수 있는 방법이다. 이것은 또 홀로 떨어져 있거나 학교에서 먼 곳에 사는 아이들에게 친구들과의 사회생활을 영위하게 해준다. 이 나이 때 아이들에게 이것은 학교 밖 활동과 함께 대단히 중요하다. 아이들은 기숙학교에서 그들의 나쁜 이미지를 '깨고' 이전 학교에서 어쩔 수 없이 묶여 있던 어떤 집단으로부터 떨어져 나오는 기회도 잡을 수 있다.

하지만 이것은 비용이 많이 드는 해결책이다. 공립학교에서는 가망성이 없는 이야기이고 사립학교의 학비는 비싸다. 요컨대 파리보다는 지방에서 자리를 찾기가 훨씬 더 쉽다.

하지만 기숙학교라는 방법은 13세 또는 14세가 될 때까지는 피해야 한다. 왜냐하면 이 나이 전에는 가족과 떨어지기 어렵고 버려진 느낌을 불러일으킬 수 있기 때문이다. 그보다는 아이를 받아 줄 수 있는 어떤 가정을 찾아 일대일 동반자를 구하는 편이 낫다. 이런 결정을 내리는 것은 아이들보다 부모에게 훨씬 더 힘들 때가 많다. 자녀가 멀리 있다는 것은 부모에게는 매우 좌절스런 일이다. 왜냐하면 항상 자신의 역할을 하지 못하는 것이 불안하고, 자녀가 슬퍼하거나 외로움에 직면해 있다는 것을 알면 걱정되기 때문이다.

대응법

학군에 속하지 않는 다른 학교를 택해야 하는 문제가 제기되는 것은 물론 문제가 생겼을 경우이다. 그것이 자신과 자신의 신념의 문제가 아니고 자녀의 문제일 때에는 하나의 이데올로기만 따르는 것은 피해야 한다. 청소년들은 빨리 변하고 해결책이 하나밖에 없는 것은 아님을 상기하고 현실적인 방식을 채택하는 편이 낫다. 설령 부모가 특목고나 사립 고등학교에 반대한다고 할지라도, 객관적으로 볼 때 집에서 가장 가까운 학교가 자녀에게는 좋은 학교가 아닐 수도 있다. 그것을 인정하고 자녀에게 이득이 되도록 결정을 내릴 줄 알아야 한다. 이를테면 자녀가 친구들에게 돈을 뜯기고 공포가 뭔가를 알게 됐을 때, 엘리트주의 학교에서 공부를 따라가기 힘들어하거나 반대로 아무것도 배우는 것이 없을 때, 어머니가 같은 학교에서 교사로 근무하고 그것이 자녀와 친구들 간의 관계를 거북하게 할 때, 자녀에게 피해를 입히는 패거리의 그늘에서 벗어날 수 없을 때……

그렇지만 멀리 떨어진 학교에 다니는 것의 학교 외적인 결과도 잘 숙고해 보아야 한다. 피곤한 장거리 통학 외에도 친구들과의 관계의 망에서 멀리 떨어져 있다는 것은 청소년기에는 하나의 장애이다. 부모의 신념과 학교의 교육적 또는 종교적 계획 간의 지나치게 큰 격차는 피해야 한다. 그럴 경우 자녀가 조화롭게 자기 자리를 찾기 어려울 것이며, 그럴 경우 자신의 차이점을 드러내기 위해 학교에 반항할 우려도 있다. 어떤 경우든 자녀와 관련된 이런 결정에서 부모는 항상 당연히 자녀를 주인공으로 간주하고 자녀의 의견을 들어보아야 한다.

자녀에게 가장 적합한 기숙학교를 고르려면 자녀와 함께 학교를 방문하여 결정에 참여하게 할 수 있다. 부모가 자신을 떼어 놓고 싶어서가 아니라 자신의 문제에 대한 최선의 해결책을 발견하기 위해 그러는 것이라고 느껴야 한다. 계약 기간은 미리 정해져야 한다. 이를테면 1년 혹은 2년간의 기숙사 생활을 고려할 수 있다. 그리고 학기말마다 종합 평가서를 받아보는 것이다.

현장을 방문하면 대체적인 분위기는 감지되기 마련이다. 그것은 아이들이 접촉을 취하는 교육 환경의 관리자들에 의해 좌우된다. 자녀가 잘 대처할 수 있도록 생활 규칙이 명시되어 있어야 한다. 군대 내무반 같은 공동 침실이 아직까지 존재한다면 자기만의 생활을 형성하고 싶은 청소년기에 그것을 받아들이기는 어렵다. 반면 기숙학교마다 제시되는 취미 활동들은 다를 수 있다. 연극, 사진반, 강도 높은 운동 등은 대개 즉시 가입이 가능하며 삶의 질을 바꾸게 된다.

99
스포츠광인 자녀에게 체육 특기생 제도가 해결책일까?

딸이 체조 지역 예선에서 우승했다. 사람들은 전국대회에 나가 보라고 권하는데 그러려면 체육 특기생반에서 준비해야 한다……. 아들은 테니스광으로 재능도 있는 것 같고 운동을 전공하고 싶은 마음도 크다. 공부와 좋아하는 것을 일치시키면 안 되는 걸까?

스포츠광들에게 좋아하는 스포츠를 마음껏 즐기는 것은 신나는 일이다. 그들은 거기서 자아를 실현한다. 그것은 노력, 연습의 의미를 발견할 수 있는 훌륭한 교육이기도 하다. 연습은 장기간 했을 때, 고통을 통해서만 열매를 맺어 주며 더 큰 기쁨을 얻는 길을 열어 준다. 단 이때 학교에서 지속적으로 최소한의 연습을 하고, 친구들을 만나 정보를 얻고 주변 사람들에게 관심을 기울여야 한다. 하지만 그것이 체육 특기생 제도의 목표는 아니다. 적어도 공립중학교와 고등학교에서 체육 특기생 제도는 각 스포츠 종목에서 최고의 어린 기대주들을 모집하고 지도함으로써 그들이 학업을 계속하면서도 강도 높은 훈련을 따를 수 있게 하려고 만들어졌다. 하지만 이것은 경쟁의 논리다. 스포츠의 절대 명령에 따라 어린 선수들의 생활은 오직 훈련으로만 이루어질 수 있다. 그 나이 때의 관심사로부터 차단당할 우려가 있다.

한편 경쟁 스포츠를 격렬하게 하다 보면 특히 성장기 동안(즉 16세까지) 뼈와 연골, 힘줄을 다칠 수 있다. 그것은 반복적 건염(힘줄염증)을 초래하고 성장을 지연시킬 수 있다. 또한 근육강화제와 흡사한 비타민과 약물을 동반하게 될 때가 많고 그것은 건강에 영향을 미칠 수 있으며 그에 관해서는 이제 막 결과가 밝혀지기 시작했다. 육체적·정신적 차원에서 남다른 인간이라 할 수 있는 일류 선수가 될 재목을 알아보기 위해 수많은 청소년들이 강도 높은 훈련을 받았을 것이다. 그들 중 일부는 노력과 팀의 의미를 배우고 다른 분야에 도전했을 것이다. 그 중 일부는 스포츠라는 모험에서 부상당하고 실망한 피해자로 남을 수 있다.

대응법

부모는 경쟁이라는 스포츠의 논리에 맞서 자녀를 보호하고 훈련에 대한 압력이 청소년기의 온전한 육체적·정신적 상태를 위협하지 않는지 감시해야 한다. 코치들은 최고의 멤버와 그들의 투자에 대한 최고의 수익을 추구한다. 그들은 만인의 건강보다는 다가오는 올림픽 경기를 따져 보고 그들이 양성하는 젊은 선수들에 대한 투자에서 돌아올 것에 대해 생각한다! 부모는 자녀로 하여금 거기서 희생되는 것이 무엇인지를 헤아려 보게 해야 한다. 훈련 위주의 생활, 육체적 고통, 여가생활과 인간 관계의 축소, 학업에 집중할 수 없는 점 등. 미래를 단정짓지 말고 자녀가 스스로 자신의 가능성과 위험성을 평가할 수 있도록 도와줘서 이유를 알고 선택할 수 있게 해야 한다.

100
담임 선생님이 아이에 대해 불평을 터뜨린다

자녀의 학교생활이 엉망이다. 아들은 교사에게 참을 수 없는 학생이고, 딸은 무례하다. 아들은 준비물을 갖추는 법이 없고, 딸은 항상 지각이다……. 부모님께 드리는 말씀이 쌓여 가고 방과 후 교실에 남거나 수업에서 쫓겨나거나 나아가 교장실, 교감실로 소환되는 경우도 많아진다. 해명과 주기적인 해결책도 아무 소용없는 것 같다…….

대개 중학생 시절은 불복종, 폭력성, 공부에 대한 관심 부족 등 모든 행동 장애가 급증하는 시기이다. 전기, 중기 청소년기 아이들이 불안과 흥분으로 가득 찬 사춘기를 통과하기 때문이다. 그들은 도전하고 반항할 필요를 부모뿐 아니라 다른 어른들, 즉 교사에게도 느낀다. 왜냐하면 선생님은 명령을 내리고 복종과 결과를 요구하는 등 한마디로 부모처럼 행동하기 때문이다. 그는 아이들의 대결 욕구의 즉각적인 목표가 된다. 하지만 교사는 한 아이만 상대하는 것이 아니라 스물다섯 또는 서른 명에 이르는, 한 반의 모든 아이들을 상대한다! 선생님에게 개별적인 대답을 요구하는 것은 어렵다. 그는 그런 교육은 받지 않았다.

반 집단 속에서 볼 때 가정의 확고한 권위에 둘러싸이지 않은 아이들이 특히 훨씬 더 많은 도전 행위를 하고, 교사를 대할 때 지켜야 할 최소한의 배려와 존중의 선을 넘는 경우가 많다. 한편 이 또래 아이들에게 가장 중요한 것은 존재감, 자기 자리를 찾는 것, 친구들에게 인정받는 것이다. 그렇기 때문에 무례하고 어리석은 행위를 저지를 수 있는 것이다. 이처럼 개인적 확인의 문제가 학업에 대한 관심이나 미래에 대한 준비보다 훨씬 더 중요하다! 하지만 거듭된 지각은 진짜 행동 장애로 옮겨갈 수 있는 위험 신호에 속한다. 개중에는 지각을 거듭하다 곧 결석을 하는 아이들도 있다. 사실 학생들은 정해진 시간이 넘으면 교문 안으로 들어올 수 없다. 화난 교사들은 수업에 늦은 학생들을 내쫓는다. 그런데 교사의 명령과 수업 출석, 시간 엄수를 지키지 못한다는 사실은 아이가 생활의 틀 속에 포함되고, 사회 규칙을 따르는 것이 힘들다는 것을 보여준다. 그것은 아이가 어릴 때 억압을 받아서 그럴 수도 있고, 청소년기에 자기 자신을 위해 그것들을 통합하지 못해서일 수도 있다.

그런 아이에게는 아마 시간을 일러 줄 사람이 없을 것이다. 이를테면 아침이면 부모가 이미 출근해서 아무도 없는 집에서 등교하는 경우가 있다. 또는 반대로 부모가 사회 활동을 하지 않고 자녀의 등교 지켜보기를 포기했기 때문에 혼자 일어나야 하는 경우도 있다.

대응법

한 학생과 그를 가르치는 교사들이 이러한 대결 양상을 보일 때에는 현실적인 대책을 취해야 한다. 중학교까지는 교사들도 애정을 품고 열성적으로 가르치며 학생들은 교사의 실제 자질이나 결함과 별 상관없이 교사들에게 많은 것을 '투사한다.' 거기서 이런 반감과 신랄한 풍자도 나오는 것이며 그에 관해서 지나치게 염려할 필요는 없다. 이를 테면 자녀가 난폭한 미치광이로 묘사하거나 자신에게 개인적인 원한을 품고 있다고 말하는 선생이 어른들이 보기에는 너무나 상냥한 사람일 수 있다. 그렇지 않은 경우도 있지만!

그렇다고 해도 선생님은 어떤 권위를 대표하며 그 권위는 부모도 공유하는 것임에는 틀림없다. 그들의 역할을 옹호하지 않음으로써 곤란에 처하게 하거나 그들에 맞서 청소년들의 편을 드는 것은 부모가 해야 할 역할의 토대를 무너뜨리는 행위이다. 지난날 교사들은 신화적 인물이었고 지식의 대표자였다. 오늘날 부모들은 더 이상 그들을 그렇게 우러러보지 않으며 자녀의 관점과 감정에 쉽게 동화되고 있는데, 그것은 부모들이 자녀로 인해 자신의 학창 시절을 재경험하기 때문으로 여겨진다. 교사가 하는 모든 말이나 행동에 대해 비판 없이 찬성하는 행위와 자녀와 결탁하여 무조건 교사들에게 반대하는 행위 사이에서 새로운 유형의 관계를 생각해 내야 한다.

만일 자녀가 시간과 규칙을 지키지 못한다면 부모가 더 잘 감독해야 한다. 그러자면 자녀가 등교하고 하교하는 중요한 시간에 집에 있기 위해 부모 자신의 시간표를 조정해야 하는 등의 힘든 수고를 해야 할 수도 있다. 그럴 때는 아는 사람에게 부모 역할을 대신해 달라고 부탁하는 방법도 찾아볼 수 있다. 아이를 친한 이웃집에 맡겨 아침이나 간식을 주게 하고 시간 맞춰 등교하게 도와주고 어딘가에 그를 기다리는 사람이 있다는 것을 알게 하는 것이다. 이는 부담스럽지만 필요한 방법이다. 왜냐하면 이 경우 학교 이탈로 치달을 확률이 매우 높기 때문이다.

101
딸이 체육 수업을 하기 싫어한다

딸은 겨울만 되면 새벽마다 어김없이 학교 가야 할 시간에 체육복 가방을 끌어안고 끔찍한 복통을 호소하면서 결석계를 써 달라고 억지를 부린다. 아들은 염소가 들어간 수돗물에 알레르기가 있어 1년 내내 수영장에 들어가면 안 된다고 한다. 이럴 때 자녀들과 한통속이 되어야 할까?

체육 수업 빠지기는 피곤, 지루함, 게으름에 앞서 자신에 대해 매우 불만스러워 하는 젊은이들, 특히 여자아이들의 가장 상습적인 행위다. 따라서 청소년기 동안 체육 수업 참가율은 계속 줄어든다. 그렇게 된 데에는 학교에서 제안하는 피상적 조건들 탓도 있을 것이다! 하지만 대개 스포츠에 대한 취미는 전반적인 건강을 알려 주는 '표지'다. 만일 어떤 청소년이 '자신의 몸에 대해 만족해한다면' 대개는 '자신의 얼굴에 대해서도 만족해한다.' 체육을 거부하는 것은 흔히 자신의 몸에 대한 수치심을 드러낸다. 소녀들은 자신이 '못생겼고' 너무 뚱뚱하다고 느끼며 소년들은 체격이 왜소하다고 생각한다……. 수영복 차림으로 나타나는 것, 다른 아이들과 비교되는 것에 대한 두려움은 그들을 곤란하게 만든다. 이것은 널리 알려진 큰 불안이기 때문에 그 기원을 조사해 봐야 한다. 또한 이런 태도가 청소년이 받았을지 모르는 성적 학대와 관련된 어떤 ‘수치심’의 방증은 아닌지도 알아보아야 한다.

학교에서 실시되는 스포츠는 항상 모든 사람에게 맞도록 절제된 형태이며 훌륭한 성과나 과도한 노력을 요하지 않는다. 만성적 질병의 경우에도 절대로 운동을 빠져야 하는 것은 아니다. 반대로 운동은 젊은이로 하여금 자신이 ‘다른 아이들과 똑같다’고 느낄 수 있게 도와준다. 1년 동안 체육을 면제받아야 할 정도로 큰 질병은 별로 없다. 그런가 하면 그들의 성공 기준이나 스포츠맨의 아름다움에 부합하지 않는 아이들에게 창피를 주는 데에서 기쁨을 느끼는 짓궂은 교사들은 항상 존재하기 마련이다……

체육 수업을 빠짐으로써 생긴 시간들은 대개 자습실이나 벤치에서 다른 아이들이 수업받는 것을 바라보면서 허무하게 지나간다. 설령 아이가 그래도 괜찮다고 우겨도 이런 무의미한 시간에 의연히 대처하기란 상당히 어렵다.

대응법

몸의 자유스러움은 전염되고 함양된다. 유년기부터 청소년기에 이르기까지 가정에서 신체를 단련할 수 있는 기회는 모두 포착하는 것이 좋다. 자전거 타기, 걷기, 수영장이나 강에서 보내는 오후 등 운동은 큰 기쁨을 안겨 준다. 만일 자녀가 다른 곳, 학교라는 울타리 밖에서 만족감을 안겨 주는 활동(축구 클럽, 재즈 수업 등)을 하고 있다면 정신적·육체적 건강에 대해서는 걱정할 필요가 없다.

반면 너무 빨리 체육 수업 빼먹기를 허락함으로써 운동을 회피하는 전략은 상황을 개선시키지 못한다. 자녀가 그것을 요구하면 학교의 의

사나 가정의 주치의와 진지하게 면담을 해볼 필요가 있다. 이런 거부
는 몸에 대한 거북함을 나타내는 것인 만큼 무조건 운동을 생략하는
대신 다른 해결책을 모색해야 한다. 아이를 안심시키고 아이에게 체
육이 모욕적인 시간이 아니라는 것을 보여줄 수 있는 조정사항들은 항
상 존재하기 마련이다. 이를테면 체형을 감출 수 있는 헐렁한 운동복
을 입게 해달라고 요청할 수 있다.

만일 장기간 빠지는 것이 불가피한 경우라면(발목을 삐었다든가 하는
이유로) 체육 수업 시간 동안 그것을 대체할 수 있는 활동들(음악, 어학
실습실, 도서실 등)을 예정해 놓아야 한다.

102
딸이 학교 식당에 가지 않으려고 한다

"학교 식당은 구역질 나. 게다가 나는 아무것도 안 먹는데 돈을 내야 하잖아." "난 피곤해. 거긴 너무 시끄러워. 어른들은 우리한테 계속 소리 지르고 큰 애들은 우리가 먹을 디저트를 빼앗아 가." "밖에서 한 시간이나 줄 서서 기다리고 15분 동안 식어빠진 음식을 먹어치워야 해." 학교 식당은 아이들에게 인기가 없다. 그렇다면 다른 해결책이 있을까?

이것은 고전적이고 당연한 현상이다. 초등학교 시절 몇 년간 의무적으로 학교 식당을 이용한 청소년들은 5학년이나 4학년(중학교 2-3학년)쯤 되면 틀을 벗어나 다른 곳에 가고 싶고, 다른 식사를 경험해 보고 싶은 마음이 들게 마련이다. 학교 식당에서 나오는 음식이 미각적인 면에서 고급이 아니라는 것은 인정해야 하기 때문에——식이요법적 관점에서는 옳더라도——청소년들이 학교 식당을 더 이상 참을 수 없는 날이 오게 된다. 그들은 학교 주변 가게에서 파는 샌드위치에 마음이 끌린다. 사실 금전적 관점에서만 보면 두 가지 식사 방법에는 별 차이가 없다.

대응법

학교 식당에서 벗어나기, 그것은 간단한 협상의 터전이며 청소년에게 내재된 자유와 믿음에 대한 욕망을 만족시키기 위해 포착해야 할 기회다. 단 이때 서서히 이 변화를 유도해야 한다(이를테면 일단 일주일에 한 번씩 친한 친구 한두 명과 함께). 요구하기 전부터 미리 해주지는 말고 요구가 좀더 무르익을 때까지 기다리는 편이 바람직하다("좋아. 하지만 내년부터 하자" 또는 "네 생일 지난 다음에 하자"는 식으로). 또한 아이들이 오후 수업 시간에 맞춰 학교에 돌아오는지도 당연히 확인해야 한다. 선택된 친구들과 학교 밖으로 점심을 먹으러 나가는 것, 물론 크게 위험하지 않은 시간대에 정해진 시간 동안 위험 지역 밖에서 시내를 조금 '어슬렁거리는 것'은 성장하고, 친구들과의 우정을 쌓고 낮 동안 유쾌한 순간들을 맛보고 주어진 신뢰를 경험할 수 있는 좋은 기회다. 부모 편에서 볼 때 이것은 물론 두어 시간 동안의 불안을 받아들여야 하는 일이다. 왜냐하면 그동안 자녀가 무엇을 하는지 정확히 어디 있는지 모르기 때문이다. 이것은 자녀의 자율성을 키워 주기 위해 부모의 평온을 조금 희생시키는 것이다!

부모는 자녀에게 바른 영양 섭취의 기본 원칙(84쪽 22번 질문을 보라)을 일러 주고 점심식사의 식단에 따라 저녁식사의 식단을 예상하면서 하루 식사량을 조절할 수도 있다.

거의 비슷한 나이에 청소년들은 교사가 없을 때 학교로부터 벗어날 수 있는 권리를 요구한다. 이때 자율성을 수용할 수 있는 능력에 따라 적절한 때에 신뢰의 표시로 외출을 허락해 줄줄 알아야 한다. 너무 일찍 그럴 필요도 없고(감당할 수 없는 자유를 위임받았다고 느낄 수 있다) 너무 늦게 그래서도 안 된다(학교가 재미없는 감옥이 되지 않도록).

103
아들이 장래 희망을 결정하지 못한다

3학년(중3)이 되면 계열 선택 문제가 제기되고 학년이 올라가도 그것은 계속된다. 이 모든 선택은 그가 훗날 무엇을 할 것인가에 따라 정해지는 것인데, 사실 아이는 전혀 감을 못 잡고 있다……. 아이가 결정을 내릴 수 있도록 도와주려면 어떻게 해야 할까?

인생의 방향을 어느 쪽으로 정할 것인가 하는 질문은 청소년기에 제기된다. 하지만 청소년들이 이 문제를 부모에게 꼭 털어놓는 것은 아니다. 그들은 대개 두 가지 두려움을 갖고 있다. 그들 스스로 1백 퍼센트 확신하지 못하는 선택에 발목을 잡힐까 봐 두렵거나 자신 있게 내세울 수 없는 야심을 주장하게 될까 봐 두렵다.

오늘날의 청소년들은 같은 나이의 전 세대들만큼 성숙하지 못하다. 과거에는 14세에 도제에 들어가 16세면 훌륭한 대장장이가 되어 평생 그렇게 살 수 있었다. 오늘날 변화의 가능성 없이 훌륭한 대장장이가 되는 길을 택하는 것은 실수가 될 것이다. 세상은 빠르게 변하고 있고 그들이 획득해야 하는 지식과 직업은 점점 더 복잡해지고 있다. 젊은 이들이 그것을 준비하는 데 더 많은 시간(일생의 3분의 1)을 할애하는 것도 당연하다. 전보다 훨씬 더 오래 공부하는 만큼 직장 생활에서 발전하고 뛰어난 유연성과 적응성을 보여줄 수 있을 것이다.

한편 이론적으로 한층 더 넓어진 가능성의 폭 때문에 오늘날 진로를 결정하기가 과거보다 어렵다. 게다가 사람들이 말하는 직업들은 매우 추상적이다. 제빵사라는 직업을 상상하기는 쉽지만 공무원, 종업원, 또는 재무분석가라는 직업을 외부에서 어떻게 이해할 수 있겠는가?

학교에서의 진로 결정은 고등학교 때 확실해진다. 청소년이 자신의 능력, 관심사, 중시하는 것, 한 직업에 바치기를 원하거나 바칠 수 있는 시간과 정력을 의식하기 시작하는 것은 16세 또는 18세쯤 되어야 가능하다. 흔히 유년기에 가졌던 장래 희망은 수정되고 버려지고 새롭게 모색된 길을 취한다. 가장 좋은 것은 1학년(고2)이나 테르미날(고3) 때 상황이 자연스럽게 분명해지는 것이다. 그것은 그때쯤 되면 아이들이 어쩔 수 없이 앞으로 떠밀리게 되는 까닭도 있지만, 또한 미래를 상상하기가 더 쉬워지고 사회적으로 누구를 닮고 싶은지를 알게 되기 때문이며, 제일 중요한 것은 자신의 능력을 정확히 평가할 수 있기 때문이다. 때로 이런 과정이 대학 1-2학년 때까지 계속되는 경우도 있다. 재능 있는 일부 젊은이들은 배우는 데에서 기쁨을 느낀다. 그들은 공부를 오랫동안 계속하면서도 이런 추상적 지식을 가지고 무엇을 할지 질문을 제기할 필요성을 느끼지 못할 수 있다. 그들의 선택을 가능한 오래 허락하는 한 이것은 모두가 마음 편한 전형적인 경우이며 프랑스의 학제는 이를 장려하고 있다. 하지만 공부가 힘든 젊은이들은 좀더 일찍 선택을 강요당하거나 특정 진로를 강요당한다. 따라서 그들은 자기 앞에서 문이 닫히지 않을까, 꿈과 야망을 포기해야 하는 것은 아닐까 하는 두려움을 갖게 된다. 조만간 우수한 학생이 되는 것만으로는 충분한 동기가 되지 못하는 날이 올 것이다. 그날 우리는 진로 결정이라는 선택을 피할 수 없다.

선택한다는 것은 다른 모든 가능성을 포기하는 것이다! 개중에는 자신이 무능하다고 느껴서 실패를 거듭함으로써 결정을 내려야 할 날을 미루고 대기 상태에 머무는 젊은이들도 있다. 상당히 똑똑한 젊은이들이 바칼로레아(대학입학 자격시험)에서 낙제와 실패를 거듭하는 현상은 그렇게 설명할 수 있다. 학교 외의 기준에서 몇 가지 의무적인 선택이 이루어지는 경우도 있다. 다른 도시로 유학한다는 핑계로 부모를 떠날 필요성을 느끼는 아이도 있고 반대로 집을 떠나고 싶지 않아 그곳에서 가능한 것을 택하는 아이도 있다. 친한 친구와 같은 길을 선택하는 아이도 있고, 존경하던 선생님의 발자취를 좇는 아이도 있다. 그 도정들은 훗날 분명해질 것이다.

대응법

특히 "나중에 뭐가 될 거니? 아직도 모르겠니?"라는 질문은 하지 않도록 주의하라. 왜냐하면 그것은 이미 학교에서 끊임없이 카드와 서류를 채우고 단계와 분야를 선택할 것을 요구하면서 귀에 못이 박히도록 해온 질문이기 때문이다.

다양한 직업을 가진 많은 어른들, 자신의 직업에 대해 말해 주고 충고해 주고 그것을 수행하는 데 따르는 기쁨을 보여줄 준비가 된 사람들에게 의지할 수 있다면 청소년은 여러 가지 직업들을 그려 보고 목표도 정할 수 있을 것이다.

따라서 부모는 자녀가 마음에 드는 길을 찾고 이런저런 인물과 동일시하고 이런저런 유형의 업무에 대해 어떻게 대처했는지를 알고 싶은 마음이 들도록 폭넓은 직업과 만남을 제안할 수 있다. 원래 그러던 사람들이 아니라면 왕래하는 사람의 범위를 삼촌·고모·이모·부모의 친구 또는 친구의 부모, 나아가 교사, 자녀가 다니는 스포츠 클럽이나 문화센터의 지도자 같은 성인들의 인맥으로까지 확대하는 것이 부모에게는 수고스러운 일이다. 이렇게 함으로써 부모는 자녀가 가까운 가족이 아닌 다른 사람들을 인생의 모델로 삼는 것을 받아들여야 한다. 하지만 그것이 항상 쉬운 것은 아니다.

학교에서 제안하는 직업 정보는 대개 빈약하거나 시대에 뒤진 경우가 많으므로 적어도 처음에는 그것을 뛰어넘어 주도적으로 행동하고 적극적으로 교섭하도록 자녀를 도와야 한다. 아이들을 돌보는 직업을 원하는 소녀라면 유치원 교사를 찾아가 사흘 동안 실습을 시켜 달라고 청할 수도 있을 것이다. 텔레비전의 스포츠 중계 방송을 좋아하는 청소년은 기자를 만나 궁금한 것들을 물어볼 수 있을 것이다. 기회를 잡을 줄 알고 한두 번 부정적인 대답을 들었다고 실망하지 않으면 우리는 자신의 관심사를 젊은이들과 기꺼이 공유하는 많은 직업인들을 만날 수 있다!

자녀가 어릴수록 부모는 가까이에서 이런 과정들을 함께해야 하겠지만——이를테면 편지 쓰고 전화하는 것을 도와준다든가 친분 있는 사람을 활용한다든가——대신 해주어서는 곤란하다. 그런 다음 자신의 꿈을 현실로 만들 수 있는 방법들을 제공해야 한다. 자신의 능력을 확인하는 것, 자신에게 맞는 진로를 선택하는 것이 그것이다.

104
마음에 드는 직업을 찾을 수 있도록
도와주려면

아들은 래퍼, 프로축구 선수가 되길 원하고, 딸은 배우가 되거나 이공대에 가거나 미술적 재능을 살리기를 원한다……. 이를 말려야 할까?

젊은이에게 야망이 있으면 인생이 풍요로워지고 행복해진다. 하지만 가공하지 않고 있는 그대로 사용할 수 있는 재능은 거의 없다. 모두 노력한다. 날렵한 데생부터 훌륭한 기술까지 모두 연습하고 구상하고 변형해야 한다. 자기가 아무리 음악이나 운동 또는 다른 것에 재능을 타고났어도 노력해야 한다는 걸 깨닫는 순간이 청소년에게 온다. 그리고 현실을 직시하게 된다. 대개 어릴 때에는 이런 재능, 이런 능력이 아이를 돋보이게 하고 주변 사람들의 눈에 조금 뛰어난 아이로 비치게 만든다. 그러다가 그것을 자신의 직업으로 선택하게 되면 대개 자기만큼 재능 있는 다른 젊은이들 사이에 놓이게 되고 노력으로 이 고비를 넘겨야 한다. 이때 그는 두 가지 태도를 보일 수 있다. 우선 일종의 오만 때문에 노력하기를 거부할 수 있다. 왜냐하면 노력한다는 것은 자신이 언제나, 그리고 어디에서나 최고는 아니라는 것을 인정하는 것이기 때문이다. 또는 열정에 이끌려 노력하고 자신의 분야에서 엄청나게 연습하는 경우도 있다. 물론 그것이 훗날 실패할 수도 있고 성공할 수도 있다는 것을 안다.

대응법

각자 자기 몫의 꿈을 꾸도록 내버려두어야 한다……. 배우 루이 주베의 예는 교훈을 준다. 젊었을 때 그는 말더듬이였다. 따라서 배우로 성공하기 위해 발성법을 두 배나 연습해야 했고, 우리가 알다시피 성공을 거두었다…….

부모는 청소년의 열정이 이런 행운을 가져온다는 것을 알고 그것을 비난하지 말아야 한다! 부모의 역할은 자녀의 꿈을 존중하고 격려하고 자녀를 위해 키워 가야 할 재산으로 여기는 것이다. 하지만 부모는 그 길에 놓인 함정들을 보여주고 자녀가 다른 모든 관심 분야나 학업을 포기하고 싶은 유혹에 빠지지 않도록 주의해야 한다. 자녀가 자신의 재능과 성공의 현실성을 정확히 평가할 수 있도록 도와줌으로써 한곳에 지나치게 매달리지 않게 하는 것도 중요하다. 그러려면 자녀로 하여금 자신의 야망과 대면할 수 있는 기회를 주어야 한다. 이를테면 여름 방학 동안 강도 높은 무용 실습을 해보면 자녀는 무용가가 어느 정도로 노력해야 하는 직업인가를 알게 될 것이다.

자녀의 야망이 어떤 것이든, 그리고 그 계획이 아무리 무모하고 비현실적이더라도 "넌 절대 할 수 없어"라든가 "말도 안 돼"라는 식의 말로 자녀의 기를 꺾지 말아야 한다. 이런 말들은 상처로 받아들여진다. 왜냐하면 그것은 자녀의 소중한 꿈을 부정하고 자녀를 꼼짝 못하게 해서 끔찍한 대안을 선택할 수밖에 없게 만들기 때문이다. 이때 두

가지 경우가 있을 수 있다. 우선 자녀는 부모가 옳다는 생각을 받아들이고, 자신을 무가치하게 여기고 자신감을 잃고 실패를 거듭하게 될 수 있다. 또는 부모가 틀렸다는 것을 입증하고 싶어 할 수도 있다. 그러면 나머지 모든 것은 포기하고 궁지에 몰릴 것을 각오하고 '힘으로 밀어붙이기로' 결심하게 된다.

105
학교 심의회에서 요구하는 대로
자녀의 진로를 '지도'해야 할까?

단두대의 칼이 떨어졌다. 아들은 상급반으로 올라오라는 허락을 받지 못했다. 게다가 유급해도 좋다는 허락도 떨어지지 않았다. 담임교사는 잘 알려지지 않은 어떤 직업 과정에 편입할 것을 권하고 있다…….

진로 결정이라는 말을 거론하다 보면 강요당할 우려가 있다……. 이는 특히 인정받기 어렵고 프랑스에서는 무시되기까지 하는 형태의 지능을 가진 젊은이들에게 해당되는 말이다. 종이에 적힌 문제를 볼 때는 풀지 못하지만 손이나 도구를 가지고 생각할 거리를 주면 금방 머리가 돌아가는 젊은이들처럼…….

프랑스의 교육 제도는 학교에서 가장 성과를 드러내지 못하는 학생들에게 빨리 진로를 선택할 것을 요구하도록 만들어져 있다. 대부분의 중학생들은 장차 그들이 뭘 하고 싶은지를 정확히 알지 못한다. 일반적 학교 교육은 그들에게 어떤 가능성도 배제하지 않음으로써 숙고한 뒤 선택할 기회를 준다. 하지만 그것이 어려운 아이들의 경우에는 선택해야 한다. 따라서 부모는 이러한 선택을 가까이에서 지켜볼 권리와 의무가 있다. 그와 동시에 그들이 신뢰감을 느끼는 교사들에게 아이들을 평가할 권리를 주어야 한다.

대응법

중학교와 고등학교의 이익이 각 학생들의 개별적 이익과 반드시 일치하는 것은 아니다. 따라서 CIO(진로정보센터)나 해당 지역의 진로상담가, 학부모 단체들로부터 의견을 구하면서 그들이 제시하는 진로가 자녀의 능력, 개성과 정말로 일치하는지 또는 장래성 없는 일은 아닌지는 부모가 판단해야 한다. 어떤 경우든 도움을 요청해 보는 편이 낫다. 도움을 요청하는 것은 자녀의 미래에 대한 부모의 관련과 지원을 증언하는 만큼 더 환영 받는다. 다른 방안을 고려하는 것도 가능하다. 명성이 좀 떨어지는 학교, 정원이 적은 학급 등.

자녀의 능력과 학교 성적 간에 현저한 격차가 있고, 일부러 공부를 하지 않는 것처럼 보일 때는 진로에 대한 종합 평가가 도움이 될 수 있다. 4학년 또는 3학년으로서 진로를 선택해야 한다면 이 종합 평가서에 포함된 IQ 테스트를 해보는 것이 좋다. 이 아이에게 구체적이고 실용적인 공부가 더 좋을까? 오랜 세월을 투자해야 하는 공부를 시키는 것이 아이를 힘들게 하는 것은 아닐까? 고등학교에서는 이러한 선택이 이미 이루어진 상태며, 대개의 경우 성적이 저조한 것은 지능의 문제가 아니라 동기부여가 안됐기 때문이다.

자녀의 능력에 대한 종합적 평가는 개별적 과정의 기초 자료를 대신할 수 있다. 이를 통해 자녀는 자신의 능력에 대해 자신감을 갖고, 자기 자신에 대해 말하고 생각하고 가족이나 선생님이 아닌 누군가와 미래를 계획할 기회를 갖게 된다. 하지만 이것을 사생활 침해로 여길 수도 있다. 그래서 자신을 보호하기 위해 무의식적으로 결과를 왜곡하고 그것을 알아볼 수 없게 하려고 연막을 칠 수도 있다.

따라서 진로에 대한 종합 평가는 청소년 자신이 원해서 이루어져야 한다. 부모가 자신을 벌거벗기려 하고 자신이 원하는 바를 허락도 받지 않고 알고 싶어 한다는 느낌을 갖게 해서는 안 된다. 일부 상담가들이 청소년에게 정보에 대한 기밀 유지를 처음부터 약속하는 것도 그 때문이다. 심지어 때로는 청소년 혼자 해독할 수 있도록 힌트를 주면서 시험 결과를 가르쳐 주기도 한다.

대개 이공계나 전문직 쪽으로 제시되는 진로가 타당하게 여겨지려면 제시되는 학교들이 학생들을 위한 참된 교육 팀과 계획을 갖고 있다는 확신이 들어야 한다. 이런 학교들은 청소년의 진정한 자아 실현

진로를 파악하기 위한 검사들

많은 진로상담센터에서 젊은이들의 진로 지도를 돕기 위해 성적 평가와 심리 평가를 제안하고 있다. 이런 평가들은 청소년의 지능 유형과 수준을 평가하고, 동기를 판단하고 자기 자신을 좀더 잘 파악할 수 있게 하기 위해 다양한 면담과 검사를 뒤섞은 것이다.

이런 자료와 가능한 교육 과정에 관한 자료에서 출발하여 진로 제안이 이루어진다. 진로정보센터는 이런 개별화된 서비스를 제공해야 하지만 사설 상담소들이 대체할 때도 많으며 그 비용은 몇 십에서 몇 백 유로로까지 다양하다.

IQ 검사는 한 개인의 개념적 지능을 또래 피실험자들의 평균과 비교하여 측정하지만 성공에 필요한 다른 요소들, 즉 사회적 지능, 사람들 속에서 자리를 찾는 방식, 동기 등은 고려하지 못한다. 그것은 또한 제시된 질문들에 따라 청소년들을 '포맷' 한다는 비난을 받을 수 있다.

이때 주의할 것이 있다. 이 평가의 결과들은 평가가 행해지고 분석된 상황에 따라 달라진다. 청소년의 정신 상태와 동기 부여에 따라 10점 또는 15점까지 달라질 수 있다. 일례로 교실에서 행해진 집단 검사는 신뢰도가 떨어진다.

을 가능케 해주고 바칼로레아, 나아가 고등 교육에까지 이를 수 있는
가교가 된다. 그렇지만 청소년들을 실패로 몰아넣는 것 외에 다른 계
획이 없는 쓰레기 학교도 있다.

106
언제까지 학업을 밀어 주어야 할까?

때로는 고통스러운 사실이지만 부모들은 청소년기에 한 공부가 때로는 직장 생활 전체를 좌우한다는 것을 경험으로 알고 있다. 하지만 원치 않는데도 밀어 줘야 하는지 어떻게 알 수 있을까? 자녀가 공부가 '적성인지' 아닌지 어떻게 알 수 있을까? 만약 딸이 학교 제도 안에서 고통을 겪는다는 신호를 보내오면 어떻게 할까? 그리고 만약 아들이 모든 걸 그만두고 싶다고 하면 어떡할까?

고등학생쯤 되어 성숙한 청소년기가 되면 지적 몰입의 즐거움을 아는 새로운 단계에 접어든다. 그것은 기초 지식을 습득하기 위해 중학교에서 요구하는 '억지 공부' 너머에 존재한다. 다양한 분야에서 가장 재능 있는 아이들은 논리정연하고 탄탄한 작문, 재치있게 해결된 수학 문제의 환상적인 즐거움을 발견하게 된다. 그리고 그러한 즐거움에서 공부를 계속할 수 있는 힘을 얻을 것이다. 하지만 공부를 해야 하는 세월은 길고 막연하다. 공부에 필요한 능력은 차치하고라도 기쁨, 습관, 부모에게 기쁨을 안겨 주겠다는 바람만으로는 충분치 않다. 우리는 왜 공부해야 하는지를 알 때에만, 출구에 대한 확실한 표상을 가졌을 때에만 끝까지 갈 수 있고 필요한 노력을 기울일 수 있다. 그런데 일반 고등학교에서는 그것이 매우 모호하다. 기술 고등학교나 전문 고등학교에서는 수업이 더 구체적이고 직업과 관련되어 있으며 미래에 대해 좀 더 뚜렷한 생각을 품게 해준다.

그랑제콜 입시 준비반이라는 프랑스 제도는 탁월한 재능과 넘치는 의욕을 가진 학생들——'반에서 선두를 달리는 아이들'——에게는 많은 자극을 주지만 다른 학생들에게는 도움이 못 되고 상처만 준다. 그들도 공부를 충분히 잘할 수 있는 좋은 구성원들임에는 틀림없다! 이 제도는 '머리는 좋지 않으나 꾸준히 노력하는 학생들'에게 우울증을 야기한다. 그들은 모든 과목에서 항상 우수한 성적을 거둬 왔지만 일단 목표에 도달하고 나면 무너지고 만다. 왜냐하면 그들의 인생에는 다른 의미가 없기 때문이다. 그들은 자기가 누구이며 무엇을 원하는지도 잘 모른다. 그들 자신의 의견은 고려하지 않은 채 항상 우수함을 추구하도록 훈련된 아이들은 남들이 매우 부러워하는 직업들을 갖게 되지만, 어느 날 문득 그 일이 지루하다는 것을 깨닫고 가슴을 치며 후회하다가 마침내 실패하기에 이른다. 학교에서도 그렇게 많이 노력하고 포기했는데.

이 제도의 다른 쪽에서 그들에게 더 이상 아무 의미 없는 공부라는 함정에 '빠진' 학생들은 거의 성공하지 못하며 거기서 어떤 이익도 얻지 못한다. 그들은 전설적인 바칼로레아 또는 어떤 학위를 따겠다는 목표로 낙제를 거듭하지만 그것들은 결국 큰 가치는 없을 것이다. 왜냐하면 그것은 그들이 원치 않는 직업으로 인도하기 때문이다. 잃어버린 세월은 또래 젊은이들과의 격차를 강화함은 물론 그들의 자기 존중감도 떨어뜨린다. 이는 노동 의욕 상실, 나아가 진짜 우울증으로 귀착할 수 있다.

대응법

그 중 일부는 상처받고 중도에 그만둘 수도 있다는 것을 미리 안다면, 소위 우등생의 똑같은 길을 가게 하지 말고 자녀의 성적보다는 능력과 개성을 정확히 파악하려고 노력해야 한다. 그랑제콜 입시 준비반처럼 경쟁이 심한 세계에서 힘든 공부를 따라가면서 편할 수 있을까, 행복할 수 있을까? 바칼로레아 수준에 도달하고 선두 그룹에 끼기 위해 이미 힘들게 공부하는 아이들은 그곳에서 불행할 것이다. 지난 날 그들은 좋은 성적에서 자신감을 얻었지만 이제는 '전락한 것'으로 인해 실망하거나 수치심을 느끼게 된다.

그들은 부모와 함께 이런 현실을 받아들이고 능력에 맞는 계획을 세워야 한다. 외국의 어떤 교육 제도, 어떤 활동 분야는 다른 것들보다 개방적이며 그랑제콜에 필적할 만한 성공 가능성을 제공한다. 그렇게 하지 않으면 그들은 자기 비하나 성적에 대한 지나친 집중에 빠질 수 있다. 그렇다고 그만큼 좋은 성적을 거두지는 못한다.

학교라는 틀이 정말로 적성에 맞지 않는 아이들의 경우에는 '정상적인' 학교생활이라는 관례와 꿈을 포기해야 할 때가 오게 마련이다. 그럴 때에는 취업을 함으로써 직장생활이라는 현실을 직면하고, 성적이 아닌 다른 분야에서 능력을 발휘하고 나중에 선택할 수도 있다……. 개중에는 훗날 다른 분야의 공부를 다시 시작하여 좋은 성적을 거두는 아이들도 있다.

결론
청소년기는 언제, 그리고 어떻게 끝날까?

끝나지 않는 청소년기라고 하는 사람도 있고 아돌레상〔청소년〕이 아니라 '아뒬트상〔어른과 청소년의 합성어: 역주〕' 이라고 하는 사람도 있다. 이 혼란스런 시기는 오래 지속될까? 뭔가를 더 할 수 있을까? 그리고 임무가 끝났으며 이제 어른이 되었다는 것은 어떻게 알 수 있을까?

현대 사회의 복잡성에 비춰 볼 때 청소년기가 과거보다 길어진 것은 놀랄 일도 아니다. 배워야 할 것이 과거보다 훨씬 더 많고 복잡해졌으며 많은 시간을 요구하기 때문이다. 오늘날의 젊은이들은 퇴직 없이 연장된 직장생활을 보장받기 때문에 그들 중 상당수, 특히 여성들은 1백 세가 넘을 때까지 직장생활을 할지도 모른다!

17세 또는 18세경의 청소년 후기부터 20세까지는 혼란이——만일 혼란이 있었다면——점차 약해진다. 이전 단계들이 잘 지나갔고 자녀가 큰 소란 없이 부모와 거리를 두는 데 성공했다면 자기 자신이나 다른 사람들과의 관계가 더 편해질 것이다. 그러면 자신감을 되찾게 되고 부모와의 교류에는 새로운 평온이 깃들게 된다.

이때 미래에 대한 중요한 질문들이 제기된다. "나는 무엇을 하며 살 것인가? 어떤 직업을 가질 것인가? 누구와, 어떤 사랑의 형태로, 어떤 관계를 갖고 싶은가? 주변의 어른들 중 내가 닮고 싶은 사람은 누구인가?" 이런 선택들은 이상적인 삶의 건설과 관계가 있다. 이는 하루아

침에 이루어지는 것이 아니며 가족의 역사라는 뿌리에서 많은 것을 끌
어온다.

또 한 가지 중요한 것은 창의성이다. 청소년은 자기 앞에 펼쳐진 세
상과 자신의 가능성을 발견하고 환희를 느낀다. 그는 자기 두뇌의 모
든 새로운 가능성을 모색하고 열정의 끝을 보고 자신의 한계를 알고
싶어 한다. 요컨대 자기 자신을 찾고 싶은 것이다. 자녀에게 닮고 싶
은 인물들을 제시하고, 사회 활동을 제안하는 등 '쩛을 곡식'을 주기
위해 부모가 할 수 있는 모든 일을 해주면 자녀가 좀더 쉽게 사회생활
을 시작하고 청소년기에서 벗어나게 될 것이다. 유년기부터 청소년은
가정이라는 테두리 밖에서 벌어지는 일들을 조금씩 발견해 왔다. 부모
없이 살고 자신을 돌보고 그동안 조금씩 넘겨받은 자율성을 책임지는
법을 배워 왔다. 이런 기본적 체험들이 있기에 청소년들은 두려움 없
이 도발적이지 않은 태도로 세상과 과감하게 맞서 어린 성인으로서의
자리를 찾을 수 있을 것이다.

반대로 부모가 위험한 세상에 대한 두려움 때문에 자녀를 보호한다
는 핑계를 그들을 끼고 돌았다면 자녀는 어려움을 겪을 수 있다. 자신
을 책임지는 법을 배우지 못한 채 가족들로부터 떨어져 나와야 할 절
대적인 필요성을 느낄 때 '자포자기하고' 경솔한 짓을 저지르다가 다
시 부모에게 의존하는 위험한 짓을 저지른다. 그런데 그 위험을 감내
하기는 점점 더 힘들어진다.

최후의 목적은 육체적으로나 금전적으로나 가정이라는 둥지를 떠나
는 것이리라. 이것은 대개 고등 교육이나 여행, 실습 등을 통해 점진적
으로 이루어진다. 지난 20여 년간 지속되어 온 부모 자식 간의 수직적
관계는 상호 존중과 사랑으로 이루어진 다른 세대 어른들간의 수평적
관계로 변해야 하며, 그래야 오래갈 수 있을 것이다. 그러면 각자 새로
운 삶이 시작될 테고 그것은 또 다른 이야기가 될 것이다……

부록
언제 정신과 의사의 도움을 받아야 할까?

딸의 담임이 성적 때문에 부모를 불렀다. 갑자기 울음을 터뜨리다가 화를 내는 등 딸아이에게 문제가 있는 것으로 여겨진 것이 여러 달 되었다. 하지만 아무도 그애와 말할 수가 없다. 정신과 의사가 아이를 그런 상황에서 구출해 줄 수 있을까?

부모와 자녀의 관계가 힘들어지거나 힘든 사건들을 접했을 때에는 항상 외부의 시선에 문을 열어 다른 사람들의 견해를 듣고 걱정의 무게를 더는 것이 좋다.

이는 일상생활이나 직장생활에서 어른들간의 대화, 경험이나 조언의 교환을 통해 대개는 자연스럽게 이루어진다. 하지만 때로는 이것만으로 충분치 않으며 전문가에게 도움을 청해야 할 때도 있다. 낯선 사람 앞에서 자신의 약점과 한계를 인정하는 것은 약간의 용기가 필요한 일이긴 하지만 '상담을 받으러 가는 것'은 흔한 일이 되었으며, 더 이상 심각한 극단적 수단이나 약간 '미쳤다는' 표시로 간주되지 않는다. 장애가 나타난 것이 오래되지 않았을수록 그만큼 더 빨리 문제를 해결할 수 있으며 반드시 시간이 매우 오래 걸리거나 비용이 매우 비싼 것도 아니다. 이것은 더 큰 위험을 예방하게 해준다.

다른 사람의 도움을 받아야 할 필요성은 각 청소년이 일상의 사건들에서 얼마나 상처를 잘 받느냐에 달려 있다.

이는 또한 그에게 일어나는 일의 심각성과 반복성에 달려 있다. 임상 경험에 따르면 심한 정신적 충격의 누적은 커다란 위험 요소로 나타나고 있다. 심각한 이유(자살 기도, 우울증 또는 약물 중독 등)로 상담을 받으러 온 청소년들 중 상당수가 최근 2년 동안 연속적인 고통스러운 사건들(죽음, 가정 폭력 등)로 인해 충격을 받은 것으로 밝혀졌다.

도움에 대한 필요성은 또한 각자의 저항력에도 좌우된다. 같은 일을 당해도 어떤 사람들은 녹초가 되는 반면 어떤 사람들은 그것을 활력과 성숙함으로 변화시킨다. 어려움을 극복하는 이런 능력은 청소년이 유년기에 받은 것, 이를테면 마음의 안정, 애정, 자신에 대한 믿음 같은 것과 매우 관계가 깊은 것으로 보인다.

대응법

죽음처럼 온 가족이 충격을 받는 사건이 일어났을 때 거기서 벗어나 인생의 의미를 다시 찾으려면 다른 사람의 도움이 필요하다는 것을 어른들 스스로 인정함으로써 본보기를 보여줄 수 있다. 누군가 부모를 맡아 준다는 것을 알게 되면 비록 말은 안 해도 자녀는 한편으로는 마음을 놓게 되며, 다른 한편으로는 자기 자신의 고통을 받아들일 수 있게 된다.

잘 지내지 못하는 것이 청소년 자신이라면 대개, 특히 자녀가 15세 이하인 경우 부모가 자녀의 안정과 행복도를 측정하는 것이 가장 좋다. 자녀를 자주 접하는 사람들(교사, 스포츠 클럽의 지도자, 친하게 지내는 가족 등)의 견해도 다른 시각을 보여줄 수 있기 때문에 그들의 의견을 들어볼 만한 가치가 있다. 모든 사람이 이구동성으로 자녀가 처한 여러 가지 어려움을 증언하거나, 또는 한 가지 어려움이 몇 달 이상 계속되어 자녀 인생의 다른 모든 부분까지 침범하여 영향을 끼치는 것으로 보인다면 다른 사람에게 도움을 청해야 한다.

이때 가장 쉽고 즉각적인 과정부터 시작할 수 있다. 자녀의 이야기를 들어줄 수 있는 동네 의사와의 관계가 이미 형성되어 있다면 대개는 그 의사가 상황을 해결할 수 있다. 왜냐하면 그는 필요한 경우 자녀를 의뢰할 수 있는 전문가들을 많이 알고 있기 때문이다.

만약 이것이 여의치 않으면 청소년 전문상담센터에 의뢰하면 그곳에서 지역 전문가들의 주소를 알려 줄 것이다. 시청이나 구청, 학교 양호실, 사회복지 담당자도 그들의 주소나 전화번호를 알고 있다.

전화번호부의 업종별 페이지에서 우연히 눈에 띈 주소로 찾아가는 것은 피하는 편이 낫다. 반면 믿을 수 있는 사람을 통해 입에서 입으로 전해들은 정보가 유용할 때가 많다. 왜냐하면 사람들이 기대하는 것은 비슷비슷하기 때문이다.

첫번째 만날 약속은 절대 계약이 아니다. 이 분야에서는 스스로 권리를 누리고 청소년에게 권리를 주고, 가장 생각이 잘 통하는 사람을 택하기 위해 두 번, 세 번 만나 보는 것이 중요하다. 그 이상 거듭되면 그것은 자신을 문제시하는 것에 대한 청소년의 반항의 표현이 아닐까 의심해 볼 수 있다.

하지만 청소년에게는 다른 사람의 도움을 받아야 한다는 생각을 받아들이기가 쉽지 않다. 왜냐하면 그것은 자신이 강한 사람이기를 바라는 나이에 반대로 허약함을 인정하는 것이기 때문이다. 그리고 청소년 자신이 마음속으로는 다른 사람의 도움을 받아야 한다고 느끼면서도 겉으로는 그런 제안에 대한 반대 의사를 표현하는 것은 남들과 다르다는 것을 표현하는 하나의 방식이기도 하다. 하지만 우리가 아무것도 할 수 없는 것은 아이가 동의하지 않아서가 아니다. 부모가 직접 절차를 밟을 수도 있다. 처음에는 다른 사람의 도움 없이 그들끼리만 해야 할 수도 있다. 그때 이렇게 말하라. "요즘 잘 지내지 못하는구나 ……. 엄마, 아빠는 왜 그럴까 곰곰이 생각해 보았어. 너의 이런 모습을 보니 마음이 아파. 다른 사람의 의견을 물어보고 누군가와 상담할 필요가 있을 것 같다." 가족이 자신을 중심으로 뭉치는 것을 본 자녀는 여기에 힘입어 이 과정을 '받아들이고' 거기서 도움을 받을 수 있다.

가족 요법

모두와 관련된 어떤 문제를 의논하기 위해 많은 가족 구성원이 모이는 상담은 문제에 접근하는 좋은 방법이 될 수 있다. 한 지붕 아래 사는 부모, 형제, 자매도 각기 다른 의견들을 갖고 있는데 그것들을 대면시키는 것이 좋으며, 그럼으로써 서로간의 상호 작용을 더 잘 이해할 수 있다. 갈등 상황에 처한 청소년은 이런 과정을 거쳐 가족사 안에서 다시 자리잡고 과거의 갈등들, 부모의 청소년기에 관한 이야기들을 들을 수 있다. 거기서 상황을 새로운 시각으로 보는 여유가 생길 수 있고, 그것은 가족을 시간의 흐름 속에서 보게 만들고 부모와 자식 간의 대립을 설명하고 그것을 상대적인 것으로 만든다.

가족 요법이라고 부르는 것은 이런 과정이 형식화되고 변화된 형태로 목적은 같다.

참고 문헌

● 부모용

P. 알뱅 박사, 《청소년기의 식욕부진과 병적 허기증 *Anorexie et Boulimie à l'adolescence*》, 두앙 출판사, 2001년.

A. 브라코니에, D. 마르셀리, 《천의 얼굴을 한 청소년기 *L'Adolescence aux mille visages*》, 오딜 자콥 출판사, 1998년.

P. 들라로슈, 《문제투성이 청소년기 *Adolescence à problèmes*》, 알뱅 미셸 출판사, 2001년.

P. 들라로슈, 《청소년들에게 양보해야 할까? *Doit-on céder aux adolescents?*》, 알뱅 미셸 출판사, 1999년.

P. 위에르, 《상속된 청소년기 *L'Adolescence en héritage*》, 칼만 레비 출판사.

J. C. 마티시아크 박사, 《아들아, 너는 마약 중독자가 되지 말아라! *Tu ne seras pas accro, mon fils*》, 알뱅 미셸 출판사, 2002년.

G. 푸생, E. 마르탱 르브룅, 《이혼의 결과 *Les Enfants du divorce*》, 뒤노드 출판사, 1997년.

V. 시나송, 《장애 있는 자녀 이해하기 *Comprendre votre enfant handicapé*》, 알뱅 미셸 출판사, 〈타비스토크센터 지침서〉, 2001년.

M. 바델, J. 브라들레, H. 뒤빈스키, B. 코플레, G. 윌리엄스, 《청소년기에 접어든 자녀 이해하기 *Comprendre votre enfant à l'adolescence*》, 알뱅 미셸 출판사, 〈타비스토크센터 지침서〉, 2001년.

매달 발행되는 《최고의 가족 *Top Famille*》(아셰트 출판사)는 청소년 교육 문제를 정기적으로 다루고 있다.

● 전문가용

P. 알뱅, D. 마르셀리, 《청소년 의학 *Médecine de l'adolescent*》, 마송 출

판사, 1999년.

D. 마르셀리, 《청소년기와 정신병리학 *Adolescence et Psychopathologie*》, 마송 출판사, 1999년.

D. 마르셀리, 《청소년기의 우울증과 자살 기도 *Dépression et Tentatives de suicide à l'adolescence*》, 마송 출판사, 2001년.

P. A. 미쇼, P. 알뱅(기획), 《청소년들의 건강 *La Santé des adolescents*》, 파요 출판사, 두앙 출판사, 프랑스 재단 공동 발행, 1999년.

● 청소년용

I. 보르탕 크리빈, D. 위나베, 《청소년들의 사랑과 성, 소녀들 편 *Ados, amour et sexualité, version fille*》, 알뱅 미셸 출판사, 2001년.

C. 돌토(기획), 《청소년 백과사전, 생활 용어 *Dico Ado, Les mots de la vie*》, 갈리마르 죄네스, 2001년.

C. 돌토, 《갯가재 콤플렉스 *Le Complexe du homard*》, 갈리마르 죄네스, 1999년.

S. 미문, R. 에티엔, 《청소년들의 사랑과 성, 소년들 편 *Ados, amour et sexualité, version garçon*》, 알뱅 미셸 출판사, 2001년.

마르티니에르 출판사의 〈산소〉와 〈수소〉 전집은 청소년들을 대상으로 질문받은 모든 주제(어른이 되는 건 쉬운 일이 아니야, 각자 자기만의 스타일이 있다, 올바른 중학교 사용법 등 제목이 예순다섯 개에 이른다)를 다루고 있다.

바야르 프레스에서 발행하는 잡지들(《오카피》 《포스포르》)과 밀랑 출판사에서 발행하는 잡지들(《시사 이해의 비결》 《쥘리와 롤리(소녀 독자용)》)도 이 문제들을 정기적으로 다루고 있다.

김교신
서강대학교 불문과 졸업
역서:《라틴 문학의 이해》《노동의 종말에 반하여》
《경제, 거대한 사탄인가?》《위기의 대학》
《문학은 무슨 소용이 있는가?》《맞불 · 2》
《행복해지기 위해 무엇을 배워야 하는가?》
《행복의 단상》《아이들에게 들려주는 선사시대 이야기》
《아이들에게 들려주는 이슬람 이야기》
《사랑, 아이, 일 사이에서》
《알아서 하라고요? 좋죠, 하지만 혼자는 싫어요!》 등

아이들의 고민, 부모들의 근심

초판발행 : 2007년 9월 20일

東文選
제10-64호, 78. 12. 16 등록
110-300 서울 종로구 관훈동 74번지
전화 : 737-2795

편집설계 : 李妊롯

ISBN 978-89-8038-614-7 94370

東文選 現代新書 180

사물들과 철학하기

로제-폴 드루아

박선주 옮김

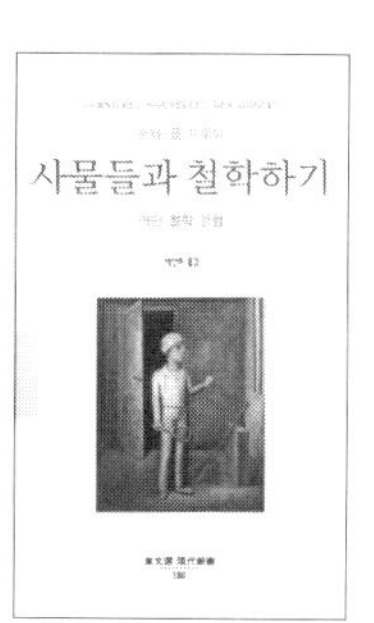

　말 없고 의식도 없으며 무기력하고 감각도 없는 사물들에 대해 생각하는 일이 무슨 소용이 있을까? 우리가 사물들을 대하는 태도는 우리 자신에 대해 말해 주기 때문에 주변의 사물들을 사유하는 일이 결코 무의미하지는 않을 것이라고 저자는 생각한다. 사물들의 세계로의 여행은 끝이 없다. 이제는 우리가 생활 속에서 한번쯤은 이 여행을 떠나 볼 일이다.

　로제-폴 드루아는 프랑스의 철학자로서, 현대인들에게 철학을 쉽게 소개하는 글을 쓰는 것으로 유명하다. 제복에서 알 수 있듯이 그의 사유 방식은 독특하다. 일상적인 인사말을 그냥 지나치지 않고 거기에서 생각할 거리를 찾아낸다. 착상이 매우 기발하고, 우리가 매일 사용하는 주변의 일상적 사물들에서부터 사유를 시작한다는 점에서 친근하며, 어렵지 않으면서도 그 내용이 결코 가볍지 않다.

　"당신들은 클립 하나가 윤리의 한 면을 담고 있다는 사실을 이미 알아차렸나요? 열쇠 꾸러미 또는 가로등이 사랑에 대해 논할 수 있다는 사실은? 세탁기가 영혼의 윤회를, 쇼핑 카트가 감각들의 혼란에 대해 알려 준다는 사실을 알고 있었나요? 쓰레기통의 형이상학과 우산의 지혜, 진공청소기의 회전을 어렴풋이나마 느껴 본 적이 있나요? 당신들 주변을 살펴보세요. 생활 속에 인간들만 존재하는 것은 아니에요! 일상적인 사물들과 철학적인 경험을 해보세요. 그것들로 인해 놀라고, 당황하며, 안심할 수 있다는 사실을 발견해 보세요. 세세한 주의력과 탁월한 유머, 아주 약간의 터무니없는 말들이, 사물들을 다른 식으로 볼 수 있는 어떤 길을 보여 줄 것입니다."

로제-폴 드루아

東文選 現代新書 108

딸에게 들려 주는 작은 철학

롤란트 시몬 셰퍼
안상원 옮김

★독일 청소년 저작상 수상(97)
★청소년을 위한 좋은 책(99, 한국간행물윤리위원회)

작은 철학이 큰사람을 만든다. 아이들과 철학을 이야기하는 것이 요즘 유행처럼 되었다. 아이들에게 철학을 감추지 않는 것, 그것은 분명히 옳은 일이다. 세계에 대한 어른들의 질문이나 아이들의 질문들은 종종 큰 차이가 없으며, 철학은 여기에 답을 줄 수 있다. 이 작은 책은 신중하고 재미있게, 그러면서도 주도면밀하게 철학의 질문들에 대답해 준다.

이 책의 저자 시몬 셰퍼 교수는 독일의 원로 철학자이다. 그가 원숙한 나이에 철학에 대한 깊은 이해를 가지고 자신의 딸이거나 손녀로 가정되고 있는 베레니케에게 대화하듯 철학 이야기를 들려 주고 있다. 만약 그 어려운 수수께끼를 설명한다면 어떻게 할 것인가를 모형적으로 제시하고 있다.
철학은 우리의 구체적인 삶과 멀리 떨어져 있는 삶이 아니다. 우리가 사용하고 있는 말이란 무엇이며, 안다는 것은 무엇인가. 세계와 자연, 사회와 도덕적 질서, 신과 인간의 의미는 무엇인가 등 철학적 사유의 본질적 테마들로 모두 아홉 개의 장으로 나누어 이야기하고 있다. 쉽게 서술되었지만 내용은 무게를 가지고 있어서 중·고등학생뿐만 아니라 대학생과 성인들에게 철학에 대한 평이한 길라잡이가 될 것이다.

東文選 現代新書 96

근원적 열정

뤼스 이리가라이

박정오 옮김

　뤼스 이리가라이의 《근원적 열정》은 여성이 남성 연인을 향한 열정을 노래하는 독백 형식의 산문시로 이루어져 있다. 이 글에서는 여성이 담화의 주체로 등장하지만, 남성 중심으로 이루어진 현존하는 언어의 상징 체계와 사회 구조 안에서 여성의 열정과 그 표현은 용이하지도 자유로울 수도 없다.

　따라서 이리가라이는 연애 편지 형식을 빌려 와, 그 안에 달콤한 사랑 노래 대신 가부장제 안에서 남녀간의 진정한 결합이 왜 가능할 수 없는지를 역설적으로 보여 주려 애쓴다. 연애 편지 형식의 패러디는 기존의 남녀 관계에 의문을 제기하고 교란시키는 적절한 하나의 전략이 되고 있는 것이다.

　서구의 도덕적 코드가 성경 위에 세워지고, 신학이 확립되면서 여신 숭배와 주술은 주변으로 밀려났다. 이리가라이는 그 뒤 남성신이 홀로 그의 말과 의지대로 우주를 창조하고, 그의 아들에게 자연과 모든 피조물을 통치하게 하는 사고 체계가 형성되면서 여성성은 억압되었다고 지적한다. 또한 그녀는 남성신에서 출발한 부자 관계의 혈통처럼, 신성한 여신에게서 정체성을 발견하고 면면히 이어지는 모녀 관계의 확립이 비로소 동등한 남녀간의 사랑과 결합을 가능케 해준다고 주장한다.

　이리가라이는 정신과 육체의 이분법적인 서구 철학의 분류에서 항상 하위 개념인 몸이나 촉각이 여성적인 것과 연관되어 있다는 점을 인식하고 타자로 밀려난 몸에 일찍부터 주목해 왔다. 따라서 《근원적 열정》은 여성 문화를 확립하는 일환으로 여성의 몸이 부르는 새로운 노래를 찾아나선 여정이자, 여성적 글쓰기의 실천 공간인 것이다.

東文選 現代新書 113

쥐비알

알렉상드르 자르댕

김남주 옮김

아버지의 유산, 우리들 가슴속엔 어떤 아버지가 자리하고 있는가?

정신적 지주였던 아버지에 관한 자전적 이야기인 이 작품은, 소설보다 더 소설적인 부자(父子)의 삶을 감동적으로 담아내고 있다. 자녀들에게 쥐비알이라는 애칭으로 불렸던 그의 아버지 파스칼 자르댕은 여러 편의 소설과 1백여 편의 시나리오를 남겼다. 그 또한 자신의 아버지, 그러니까 저자의 할아버지에 대한 소설 《노란 곱추》를 발표하였으며, 이 작품 또한 수년 전 한국에 소개된 바 있다. 하지만 자유 그 자체였던 그의 존재 이유는 무엇보다도 여자를 사랑하는 일에 있었다. 그의 진정한 일은 여인을 사랑하는 것이었다, 특히 자신의 아내를.

그는 열여섯의 나이에 아버지의 여자친구인 거대한 재산 상속녀의 침대로 기운차게 뛰어들어 그녀의 정부가 되었으며, 자신들의 관계를 기념하기 위해 베르사유궁의 프티 트리아농과 똑같은 저택을 짓게 하고 파티를 열어 그의 아버지를 초대하는가 하면, 창녀를 친구로 사귀어 몇 달 동안 하루도 거르지 않고 서너 차례씩 꽃다발을 보내어 관리인으로 하여금 그녀가 혹시 공주가 아닐까 하는 착각에 빠지게끔 만들기도 하였다. 그런가 하면 자신의 어머니의 절친한 연인의 해골과 뼈를 집 안에 들여다 놓고, 그것이 저 유명한 나폴레옹 외무상이었던 탈레랑의 뼈라고 능청스레 둘러대다가 탄로나서 집 안을 발칵 뒤집히게 하는 등, 기상천외한 기행과 사랑의 모험을 한순간도 멈추지 않았다. 심지어 죽어서까지 그의 영원한 연인이자 아내였던 저자의 어머니에게 끊임없이 무덤으로부터 열렬한 사랑의 편지가 배달되게 하는가 하면, 17년이 지난 오늘날까지 그의 아내를 포함하여 그를 사랑했던 30여 명의 여인들을 해마다 그가 죽은 날을 기해 성당에 모여 눈물을 흘리게 하여, 그가 죽음으로써 안도의 숨을 내쉬었던 그녀들의 남자들을 참담하게 만들기도 하였다. 스위스의 그의 무덤에는 하루도 빠짐없이 지금까지도 제비꽃 다발이 놓이고 있다.

東文選 現代新書 148

철학 기초 강의

프레데릭 로피

공나리 옮김

철학하기는 언제나 위험한 일이다. 불경함 때문에 죽은 소크라테스의 음산한 그림자는 사라지지 않았다. 성가시고, 기묘하게 문제 제기된 질문들, 마음을 괴롭히는 의문들과 신랄한 아이러니, 언제나 이런 것들이 철학이다.

스스로 생각하기, 이것이 바로 핵심 단어이다.

하지만 이러한 사유의 자율성은 획득되어야 하는 것이다. 그것은 하나의 의견이나 선입견, 혹은 여론이 아니다.

모순이 있다면, 스스로 생각하기 위해서는 생각하는 법을 배워야 한다는 것이다. 다른 사람들이 던진 질문에 의해 번민하도록 스스로를 내버려둘 줄 알아야 한다. 거기에서 자신을 잃어버리거나, 혹은 유행하는 결과물들에 굴복하지 않아야 한다.

따라서 이 책은 가장 고전적인 스무 개의 문헌들을 소개하고, 그것들을 이용하여 고등학교 졸업반 교과 과정의 핵심적인 주제들과 개념들을 생각하게 만든다. 산만함을 지양하면서 이 책은 철학적인 텍스트를 어떻게 읽는가를 보여 주고, 또한 여러 관념들에 대해 질문하기 위해 철학 텍스트를 어떻게 이용해야 하는가를 보여 주고 있다. 간단하고도 강력한 이 책은 철학하기를 원하고, 또한 고등학교 졸업반 수험생이 갖추어야 할 핵심 사항을 얻고자 하는 이들에게 귀중한 도구가 될 것이다.

　나비가 되어 날아간 한 남자의 치열하고도 아름다운 생의 마지막 노래. 세상에서 가장 아름답고도 애절한 이야기가 비틀스의 노래와 함께 펼쳐진다.

잠수복과 나비

장 도미니크 보비 / 양영란 옮김

　장 도미니크 보비. 프랑스 《엘르》지 편집장. 저명한 저널리스트이며 두 아이를 둔 자상한 아버지. 멋진 말을 골라 쓰는 유머러스한 남자. 앞서가는 정신의 소유자로서 누구보다도 자유를 구가하던 그는 1995년 12월 8일 금요일 오후 갑작스런 뇌졸중으로 쓰러졌다. 3주 후 의식을 회복했으나, 그가 움직일 수 있는 것은 오직 왼쪽 눈꺼풀뿐. 그로부터 그의 또 다른 인생, 비록 15개월 남짓에 불과한 '새로운' 인생이 시작되었다.

　유일한 의사 소통 수단인 왼쪽 눈꺼풀을 20만 번 이상 깜박거려 15개월 만에 완성한 책 《잠수복과 나비》. 마지막 생명력을 쏟아부어 쓴 이 책은, 길지 않은 그의 삶에서 일어났던 일화들을 진솔하게 묘사하고 있다.

　그러나 그의 이야기는 유머와 풍자로 가득 차 있다. 슬프지만 측은하지 않으며, 억지로 눈물과 동정을 유도할 만큼 감상적이지도 않다. 오히려 멋진 문장들로 읽는 이를 즐겁게 해준다. 그리하여 살아남은 자들에게 희망과 용기를 주며, 삶의 그 모든 것들이 얼마나 소중한가를 새삼 일깨워 준다. 아무튼 독자들은 이제껏 경험해 보지 못한 진한 감동과 형언할 수 없는 경건함을 맛보게 될 것이다.

　《잠수복과 나비》는 출간되자마자 프랑스 출판사상 그 유례가 없는 엄청난 베스트셀러가 되었으며, 보비는 자기만의 필법으로 쓴 자신의 책을 그의 소중한 한쪽 눈으로 확인한 사흘 후 옥죄던 잠수복을 벗어 던지고 나비가 되어 날아갔다. 자유로운 그만의 세계로……

　국영 프랑스 TV는 그의 치열하고도 아름다운 마지막 삶을 다큐멘터리로 2회에 걸쳐 방영하였으며, 프랑스 전국민들은 이 젊은 지식인의 죽음 앞에 최대한의 존경과 애도를 보냈다.